AUTORES

GUILHERME CALMON NOGUEIRA DA GAMA
THIAGO FERREIRA CARDOSO NEVES

DIREITO PRIVADO EMERGENCIAL

O REGIME JURÍDICO TRANSITÓRIO
NAS RELAÇÕES PRIVADAS NO PERÍODO DA
PANDEMIA DO COVID-19

EDITORA FOCO

2020 © Editora Foco
Autores: Guilherme Calmon Nogueira da Gama e Thiago Ferreira Cardoso Neves
Diretor Acadêmico: Leonardo Pereira
Editor: Roberta Densa
Assistente Editorial: Paula Morishita
Revisora Sênior: Georgia Renata Dias
Capa Criação: Leonardo Hermano
Diagramação: Ladislau Lima e Aparecida Lima
Impressão miolo e capa: PLENAPRINT

Dados Internacionais de Catalogação na Publicação (CIP) (Câmara Brasileira do Livro, SP, Brasil)

G184d   Gama, Guilherme Calmon Nogueira da
       Direito privado emergencial: o regime jurídico transitório nas relações privadas no período da Pandemia da COVID-19 / Guilherme Calmon Nogueira da Gama, Thiago Ferreira Cardoso Neves. - Indaiatuba, SP : Editora Foco, 2020.

       220 p. : 17cm x 24cm.

       Inclui índice e bibliografia.

       ISBN 978-65-5515-071-1

       1. Direito. 2. Direito privado. 3. Pandemia. 4. COVID-19. I. Neves, Thiago Ferreira Cardoso. II. Título.

2020-935   CDD 346   CDU 347

Elaborado por Vagner Rodolfo da Silva - CRB-8/9410
Índices para Catálogo Sistemático:
1. Direito privado 346   2. Direito privado 347

DIREITOS AUTORAIS: É proibida a reprodução parcial ou total desta publicação, por qualquer forma ou meio, sem a prévia autorização da Editora FOCO, com exceção do teor das questões de concursos públicos que, por serem atos oficiais, não são protegidas como Direitos Autorais, na forma do Artigo 8º, IV, da Lei 9.610/1998. Referida vedação se estende às características gráficas da obra e sua editoração. A punição para a violação dos Direitos Autorais é crime previsto no Artigo 184 do Código Penal e as sanções civis às violações dos Direitos Autorais estão previstas nos Artigos 101 a 110 da Lei 9.610/1998. Os comentários das questões são de responsabilidade dos autores.

NOTAS DA EDITORA:

Atualizações e erratas: A presente obra é vendida como está, atualizada até a data do seu fechamento, informação que consta na página II do livro. Havendo a publicação de legislação de suma relevância, a editora, de forma discricionária, se empenhará em disponibilizar atualização futura.

Erratas: A Editora se compromete a disponibilizar no site www.editorafoco.com.br, na seção Atualizações, eventuais erratas por razões de erros técnicos ou de conteúdo. Solicitamos, outrossim, que o leitor faça a gentileza de colaborar com a perfeição da obra, comunicando eventual erro encontrado por meio de mensagem para contato@editorafoco.com.br. O acesso será disponibilizado durante a vigência da edição da obra.

Impresso no Brasil (07.2020) – Data de Fechamento (07.2020)

2020
Todos os direitos reservados à
Editora Foco Jurídico Ltda.
Rua Nove de Julho, 1779 – Vila Areal
CEP 13333-070 – Indaiatuba – SP
E-mail: contato@editorafoco.com.br
www.editorafoco.com.br

PREFÁCIO

Nos últimos meses, assistimos angustiados à chegada de uma crise sanitária sem precedentes na história da sociedade contemporânea. Uma pandemia que, no dizer de Luigi Ferrajoli, nos faz perceber o quanto somos, simultaneamente, frágeis e interdependentes.[1] A pandemia do Sars-CoV-2 impactou, sobremaneira, a vida dos seres humanos, provocando severos riscos à saúde da população mundial. Demais disso, o temor do vírus invisível alterou profundamente o convívio social, que foi substituído pelo isolamento nos lares e pelos encontros virtuais. Os mais simples hábitos do dia a dia foram abruptamente interrompidos, obrigando grande parte dos habitantes do planeta a viverem, diuturnamente, sob os limites das paredes de suas residências.

A inesperada crise epidêmica levou à necessidade da tomada de diversas medidas legais e administrativas pelos Poderes da República e pelos variados entes da Federação, culminando com a proibição ou restrição de circulação, o fechamento de prédios públicos e particulares, a impossibilidade de realização de eventos públicos e de entretenimento, além de reuniões privadas, repercutindo, assim, de modo drástico nas relações sociais e, consequentemente, jurídicas.

Dentre essas medidas estatais, ganha destaque a recém-editada Lei nº 14.010/2020, que instituiu o Regime Jurídico Emergencial e Transitório das relações jurídicas de Direito Privado – RJET. A referida norma jurídica tem como propósito estabelecer regras temporárias em diversas e relevantes matérias de direito privado durante o período da pandemia. Desde já, é preciso destacar que o novo regime temporário criado para o Direito Privado vem em boa hora, porquanto destina-se a materializar a completude do ordenamento jurídico a que se refere Norberto Bobbio. No dizer do filósofo, historiador e político italiano, a completude do ordenamento significa que "um ordenamento jurídico tem uma norma para regular qualquer caso".[2] A nova lei, portanto, apaga lacunas normativas que existiriam diante do caráter inédito da magnitude desta crise sanitária.

A emergência da crise evidencia a relevância do regime extraordinário estabelecido pelo RJET, e justifica o regramento especial trazido pelo legislador, que provocou mudanças substanciais, mas temporárias, em diversas matérias alusivas ao Direito Civil, ao Direito do Consumidor e ao Direito de Empresa, em particular o Direito Societário. A necessidade de criação de uma regra de caráter temporário exsurge, assim, como um valioso imperativo para a redução das injustiças sociais que advirão com a crise provocada pelo COVID-19. E, consoante lição de Amartya Sem, "se alguém tem o poder de mudar

---

1. FERRAJOLI, Luigi. *O vírus põe a globalização de joelhos.* Disponível em: http://www.ihu.unisinos.br/597204-o-virus-poe-a-globalizacao-de-joelhos-artigo-de-luigi-ferrajoli?fbclid=IwAR0WfrAJ5twl3PtpKhlmh1v387zL2PN-ToqFCiXu4exEYucyWdyQqruA2Yzk. Acesso em 17/05/2020.
2. BOBBIO, Norberto. *Teoria do Ordenamento Jurídico.* 5ª edição. Brasília: Editora UNB, 1994, p. 115.

algo e se, além disso, consegue perceber que essa mudança irá reduzir a injustiça existente no mundo, então teremos aí uma forte razão social para que se faça isso mesmo".[3]

Em razão das modificações promovidas pela Lei nº 14.010/2020, os operadores do Direito se viram provocados a enfrentar os inúmeros desafios que virão durante este período, e terão de se debruçar sobre as novas linhas regulatórias introduzidas pelo RJET, impondo-se uma análise detida e cuidadosa sobre os diversos dispositivos desta tábua normativa.

Neste contexto, e com imensa bravura, os Professores Guilherme Calmon Nogueira da Gama e Thiago Ferreira Cardoso Neves, detentores de uma vasta e reconhecida experiência no exercício das suas atividades profissionais, respectivamente, na magistratura e na advocacia, bem como na docência, se propuseram a enfrentar as polêmicas e desafios do novo regramento nesta obra que ora chega à lume.

O texto, de leitura agradável, lança luzes sobre este momento histórico em que vivemos, bem como sobre as sensíveis questões teóricas e práticas que serão apreciadas pelo Poder Judiciário, cuja inafastabilidade do seu controle, previsto no art. 5º, XXXV, da Magna Carta, confere a todas as pessoas o amplo e irrestrito direito de dele se socorrer.

Os autores discorrem, com a desenvoltura e a clareza que lhes são peculiares, sobre os mais tormentosos aspectos do RJET, colaborando, sobremodo, para a interpretação e a aplicação das normas sobre os institutos regulados pela legislação extraordinária de regência.

Iniciam, pois, o seu trajeto analisando, no Capítulo 1, a não menos tortuosa e delicada temática da temporariedade da lei e da projeção dos seus efeitos no tempo, enquanto perdurarem as repercussões dos eventos ocorridos durante o período da crise epidêmica. Quanto ao tópico, ressaltam, com exata precisão, a inaplicabilidade do RJET a fatos pretéritos, a demonstrar oa necessidade de se limitar o alcance do regime extraordinário às relações impactadas pelo COVID-19.

No Capítulo 2, os Professores Guilherme e Thiago examinam, com a profundidade e a objetividade necessárias, as disposições da Lei nº 14.010/2020 voltadas à Parte Geral do Código Civil. Em especial, a abordagem gravita em torno dos aspectos atinentes à momentânea e transitória suspensão e impedimento do transcurso dos prazos de prescrição e de decadência, e quanto ao regime especial de deliberação no âmbito das pessoas jurídicas, com ênfase nas sociedades, que também receberam especial atenção e regramento pela Medida Provisória 931 de 30 de março de 2020.

Em seguida, em seu Capítulo 3, se ocupam os Professores do exame dos impactantes efeitos do Coronavírus sobre as relações obrigacionais e contratuais, que tantas preocupações têm trazido às partes das relações de direito privado. Neste ponto, e com particular cuidado, são expostas as bases teóricas do inadimplemento das obrigações e da inimputabilidade pela ocorrência de eventos de efeitos inevitáveis ao indivíduo, como o caso fortuito e a força maior. No ambiente do direito contratual, é apresentada a evolução e os fundamentos da teoria da imprevisão e da histórica cláusula *rebus sic stantibus*, tão cara à manutenção do equilíbrio da base econômica dos contratos quando da ocorrên-

---

3. SEN, Amartya. *A Ideia de Justiça*. Lisboa: Almedina:2012, p. 287.

cia de eventos supervenientes que afetam a balança da justiça contratual. Ainda neste Capítulo, as particularidades de diversas situações concretas são enfrentadas, como as dos contratos imobiliários, de consumo, de prestação de serviços continuados, públicos e particulares, e das relações bancárias.

O quarto Capítulo é reservado à regulamentação transitória dos direitos reais. Confere-se ênfase à suspensão da contagem dos prazos para a aquisição da propriedade pela usucapião, e ao importante poder conferido aos síndicos em condomínios edilícios para a tomada de decisões que obstem a utilização de áreas comuns pelos condôminos, desde que tal medida não afete a propriedade exclusiva dos cotitulares. Analisa-se, ainda, a prorrogação dos prazos para realização de assembleias e, consequentemente, do mandato do próprio representante do condomínio.

No quinto e penúltimo Capítulo, as relevantes relações atinentes ao direito de família e das sucessões são apresentadas com especial cuidado, enfrentando-se questões de alta indagação e sensibilidade como o regime da guarda dos filhos e o dever de prestar alimentos no período da propagação do COVID-19. Quanto aos inventários, há uma cuidadosa abordagem acerca da previsão da prorrogação dos prazos para a sua abertura, o que levará à isenção do pagamento de eventuais multas de natureza tributária pela sua não observância.

Por fim, o Capítulo 6 é destinado à repercussão do estado de crise sobre o regime da livre concorrência, em que disposições constantes do art. 36, § 3º, XV e XVII e do art. 90, IV, da Lei 12.529/2011, tiveram a sua eficácia suspensa, a fim de viabilizar, de modo mais amplo possível, o exercício das atividades econômicas tão duramente afetadas pelas restrições impostas pelas autoridades públicas visando conter o avanço do Coronavírus.

Enfrentando, de modo exauriente, todos esses relevantes aspectos trazidos pelo RJET, a presente obra chega a público em importante momento da vida nacional, esclarecendo as dúvidas mais pulsantes envolvendo as relações de direito privado durante o período da epidemia do COVID-19, prestando um notável serviço ao país e àqueles que tem o Direito como ferramenta de trabalho.

Luiz Fux
Ministro Vice-Presidente do STF.
Professor Titular de Direito Processual Civil da UERJ.

SUMÁRIO

PREFÁCIO III

INTRODUÇÃO XI

1. LEI TEMPORÁRIA EM PERÍODO DE CRISE EPIDÊMICA 1

    1.1   Contornos teóricos de lei temporária 1

    1.2   Vigência e eficácia de lei temporária 3

    1.3.   Vigência e eficácia da lei nº 14.010/2020 4

2. MEDIDAS EXCEPCIONAIS SOBRE INSTITUTOS DA PARTE GERAL DO CÓDIGO CIVIL E DAS RELAÇÕES SOCIETÁRIAS 9

    2.1   Os impactos do COVID-19 sobre as pessoas jurídicas de direito privado 9

        2.1.1   As deliberações nas pessoas jurídicas de direito privado durante o período da pandemia da COVID-19 11

            2.1.1.1   Associações 14

            2.1.1.2   Sociedades 16

                2.1.1.2.1   Sociedades limitadas 18

                2.1.1.2.2   Sociedades anônimas 22

            2.1.1.3   Fundações 33

    2.2   Os impactos do COVID-19 sobre os prazos de prescrição e decadência 34

        2.2.1   A diferenciação entre prescrição e decadência 35

        2.2.2   Novos critérios de diferenciação entre a prescrição e a decadência 37

        2.2.3   O impedimento e a suspensão do transcurso dos prazos prescricionais e decadenciais durante o período da epidemia do COVID-19 48

3. MEDIDAS EXCEPCIONAIS SOBRE AS OBRIGAÇÕES E OS CONTRATOS 55

    3.1   O inadimplemento das obrigações e a isenção de responsabilidade pela ocorrência do caso fortuito ou de força maior 56

    3.2   Resolução, resilição e rescisão dos contratos em decorrência do COVID-19 .. 67

        3.2.1   Resilição 69

        3.2.2   Resolução 74

		3.2.3	Rescisão	76
3.3		Resolução e revisão contratual por onerosidade excessiva		78
	3.3.1		O princípio do equilíbrio econômico-financeiro dos contratos	79
	3.3.2		A teoria da imprevisão e a onerosidade excessiva	84
	3.3.3		A onerosidade excessiva nos contratos em geral no período de pandemia	89
	3.3.4		A onerosidade excessiva nos contratos de locação de imóvel urbano no período de pandemia	93
		3.3.4.1	A revisão e resolução dos contratos de locação de imóvel residencial em decorrência do COVID-19	96
		3.3.4.2	A revisão e resolução dos contratos de locação de imóvel para fins comerciais localizados em shoppings centers em decorrência do COVID-19	98
		3.3.4.3	A revisão e resolução dos contratos de locação de imóvel para fins comerciais em decorrência do COVID-19 ("lojas de rua")	103
		3.3.4.4	Proibição de concessão de liminares em ação de despejo pelo inadimplemento em contratos de locação de imóvel urbano	104
	3.3.5		A aplicação da teoria da onerosidade excessiva pelo COVID-19 nas relações de consumo	107
		3.3.5.1	Os efeitos do COVID-19 sobre os contratos de prestação continuada de serviços	109
		3.3.5.2	Os efeitos do COVID-19 sobre os contratos de empréstimo e financiamento (mútuo) bancário	115
		3.3.5.3	Suspensão do direito de arrependimento nas aquisições de bens com entrega domiciliar (*delivery*)	121

4. MEDIDAS EXCEPCIONAIS SOBRE OS DIREITOS REAIS		125
4.1	Nova modalidade de causas de impedimento e de suspensão dos prazos de usucapião	126
4.2	Poderes atribuídos aos síndicos nos condomínios edilícios	129
4.3	Deliberações urgentes em assembleia condominial	141
4.4	Obrigação de contribuir para o rateio das despesas condominiais	143

5. MEDIDAS EXCEPCIONAIS SOBRE AS RELAÇÕES FAMILIARES E A SUCESSÃO HEREDITÁRIA		147
5.1	Alimentos: prisão civil, "quantum"	149
5.2	Guarda de filhos menores	155

5.3	Abertura e encerramento de inventário, adjudicação ou partilha	164
5.4	Elaboração de cédula testamentária	167
5.5	Diretivas antecipadas: "testamento vital" e "mandato duradouro"	172

6. MEDIDAS EXCEPCIONAIS NAS RELAÇÕES CONCORRENCIAIS 177

6.1	Suspensão de eficácia quanto a algumas infrações	180
6.2	Regra de interpretação a respeito das demais infrações	182
6.3	Suspensão da eficácia a respeito de certos atos de concentração	183
6.4	Termo final das medidas excepcionais	187

CONCLUSÃO 189

REFERÊNCIAS 193

ANEXO – LEI Nº 14.010 DE 10 DE JUNHO DE 2020 203

INTRODUÇÃO

> "O azul de nosso céo, o verde de nossas mattas, o crystallino de nossas constelações, o mavioso de nossa lingua, a generosidade de nossos peitos, o amor de nossa terra – sejam a nossa primeira paixão e a derradeira pulsação de nossas artérias. Tenhamos confiança em nossos destinos" (Spencer Vampré. *O que é o Código Civil? Conferências.* São Paulo: Livraria Magalhães, [s.d.], p. 154)

A comunidade internacional, nela incluída a sociedade brasileira, foi surpreendida em razão dos inesperados acontecimentos atrelados à pandemia do novo coronavírus (COVID-19), que rapidamente se estenderam ao território brasileiro com efeitos devastadores nas existências e nas atividades das pessoas físicas e jurídicas. Na China, primeiro país em que foram noticiados os relatos impactantes de contaminações de pessoas, culminando com a morte de vários chineses e pessoas de outras nacionalidades que estavam no território chinês, foram adotadas, após algum tempo do início da disseminação do vírus, medidas sanitárias de isolamento social, fechamento de estabelecimentos e outros lugares públicos, entre outras, com objetivo de conter a larga disseminação da doença com risco letal. Por isso, as palavras de Spencer Vampré do início do século XX, no texto de abertura desta introdução do livro, parecem ser muito atuais quanto à esperança de retomada à normalidade institucional e sistêmica da realidade política, social e econômica, após superada a fase aguda e profunda da crise sanitária vivenciada na realidade brasileira e, quiçá mundial.

A Organização Mundial da Saúde (OMS) identificou a gravidade dos acontecimentos referentes ao surto da nova doença e, por isso, reconheceu a existência da pandemia – conhecida como pandemia do COVID-19 –, recomendando uma série de medidas aos países afetados pelo vírus, entre as quais a interrupção de atividades sociais e econômicas, o isolamento social de pessoas em centros urbanos mais adensados populacionalmente, o desestímulo às reuniões fisicamente presenciais das pessoas (no sentido de evitar aglomerações de pessoas). E no Brasil não foi diferente. Em razão da urgência, houve a aprovação do Decreto Legislativo 6, de 20.03.2020, quando então reconheceu-se o estado de calamidade pública no território nacional em razão dos efeitos nefastos da pandemia.

Paralelamente ao reconhecimento formal do estado de calamidade pública no território brasileiro, alguns governadores e prefeitos passaram a adotar medidas de proibição, de restrição ou de recomendação quanto à continuidade de certas atividades (sociais, econômicas, culturais). Assim, por exemplo, atividades consideradas não essenciais para a sociedade e para a população em geral foram interrompidas ou reduzidas a proporções bem aquém da média em épocas de normalidade, ao mesmo tempo em que houve estímulo ao isolamento social das pessoas como modo de prevenir a disseminação do vírus na população brasileira.

Com este propósito, algumas medidas foram adotadas regionalmente em certas unidades da Federação brasileira – quanto à atuação de alguns governadores – e outras foram empregadas no âmbito local – a respeito da atuação de alguns prefeitos –, a princípio em consonância com o pacto federativo brasileiro que, com base na normativa constitucional, reparte as competências legislativas e materiais entre a União, os Estados e os Municípios (Constituição Federal – CF/88 –, arts. 21, 22, 23, 24, 25 e 30), como reconheceu o Supremo Tribunal Federal em Ação Direta de Inconstitucionalidade proposta contra a Medida Provisória 926/2020, que dispõe sobre as medidas para enfrentamento da emergência de saúde pública de importância internacional decorrente do coronavírus[4].

Em âmbito federal, a situação não foi diferente. A necessidade de um ato normativo de âmbito nacional, em cumprimento à competência constitucional da União, levou à edição da Lei 13.979, de 06.02.2020, aprovada com urgência, que passou a dispor "sobre as medidas para enfrentamento da emergência de saúde pública de importância internacional decorrente do coronavírus responsável pelo surto de 2019", com vistas à proteção da coletividade (art. 1º, § 1º). Entre tais medidas, a referida lei prevê o "isolamento" – "separação de pessoas doentes ou contaminadas, ou de bagagens, meios de transporte, mercadorias ou encomendas postais afetadas, de outros, de maneira a evitar a contaminação ou a propagação do coronavírus" – e a "quarentena" – "restrição de atividades ou separação de pessoas suspeitas de contaminação das pessoas que não estejam doentes, ou de bagagens, contêineres, animais, meios de transporte ou mercadorias suspeitos de contaminação, de maneira a evitar a possível contaminação ou a propagação do coronavírus" (art. 2º, I e II), além das medidas de determinação de realização compulsória de exames médicos, testes laboratoriais, coleta de amostras clínicas, vacinação e outras medidas profiláticas; de tratamentos médicos específicos, de estudo ou investigação epidemiológica, de exumação, necropsia, cremação e manejo de cadáver, de restrição excepcional e temporária de entrada e saída do País, conforme recomendação técnica e fundamentada da Agência Nacional de Vigilância Sanitária (ANVISA), por rodovias, portos ou aeroportos, de requisição de bens e serviços de pessoas naturais e jurídicas, hipótese em que será garantido o pagamento posterior de indenização justa e de autorização excepcional e temporária para a importação de produtos sujeitos à vigilância sanitária sem registro na ANVISA (art. 2º, III a VIII).

Ao prever a possibilidade do emprego das medidas restritivas ou proibitivas, a Lei 13.979/20 ainda estabelece que estas "somente poderão ser determinadas com base em evidências científicas e em análises sobre as informações estratégicas em saúde e deverão ser limitadas no tempo e no espaço ao mínimo indispensável à promoção e à preservação da saúde pública." (art. 3º, § 1º). Ademais, as pessoas atingidas pelas medidas legalmente previstas têm assegurados: a) o direito à informação permanente sobre seu estado de saúde e a assistência à sua família; b) o direito à gratuidade do tratamento; c) "o pleno respeito à dignidade, aos direitos humanos e às liberdades fundamentais das pessoas", nos termos do art. 3º, do Regulamento Sanitário Internacional (anexo ao Decreto 10.212,

---

4. Nesse sentido, ver trecho da decisão proferida pelo Ministro Marco Aurélio (Relator) no âmbito da Medida Cautela na ADI 6341, posteriormente referendada pelo Pleno do Supremo Tribunal Federal em sessão virtual: "Vê-se que a medida provisória, ante quadro revelador de urgência e necessidade de disciplina, foi editada com a finalidade de mitigar-se a crise internacional que chegou ao Brasil, muito embora no território brasileiro ainda esteja, segundo alguns técnicos, embrionária. Há de ter-se a visão voltada ao coletivo, ou seja, à saúde pública, mostrando-se interessados todos os cidadãos. O artigo 3º, cabeça, remete às atribuições, das autoridades, quanto às medidas a serem implementadas. Não se pode ver transgressão a preceito da Constituição Federal. As providências não afastam atos a serem praticados por Estado, o Distrito Federal e Município considerada a competência concorrente na forma do artigo 23, inciso II, da Lei Maior". BRASIL, STF, ADI 6341. Rel. Ministro Marco Aurélio. DJe 25.03.2020.

de 30.01.2020), a demonstrar que as medidas implementadas pelas autoridades públicas têm claros limites decorrentes das conquistas civilizatórias envolvendo o cumprimento dos tratados e convenções internacionais sobre direitos humanos e as normas constitucionais que tratam dos direitos fundamentais (art. 3º, § 2º).

Antes de prosseguir, contudo, a primeira observação a ser feita, e que é extremamente necessária, diz respeito à nomenclatura a ser empregada no livro para designar a pandemia que vem acometendo o Brasil e o mundo. Desde o início da crise epidêmica, três termos têm sido frequentemente empregados nos meios de comunicação para designá-la: Coronavírus, Sars-Cov-2 e COVID-19. Coronavírus diz respeito ao nome da família deste novo vírus, cuja primeira identificação se deu no ano de 2002 na China. Naquele momento, foram detectados os primeiros casos de Coronavírus, razão pela qual o atual vem sendo também chamado de "novo Coronavírus", a designar, informalmente, este novo vírus. Quanto ao termo Sars-Cov-2, este corresponde ao nome oficial e científico do novo Coronavírus, tendo sido escolhido pela OMS para designá-lo, em diferenciação ao Sars-Cov-1 ou, simplesmente, Sars. Por fim, tem-se o termo COVID-19, que se refere à doença causada pelo novo Coronavírus. Sua construção é, em verdade, uma sigla representada pelas seguintes expressões em inglês: CO (*Corona*), VI (*virus*), D (*disease*).[5] Na presente obra se optará pela utilização da expressão "do COVID-19", em que pese este termo se refira à doença (no feminino), isso porque o legislador assim o fez, de modo que, em se tratando de um texto que visa analisar o Regime Jurídico Emergencial e Transitório das relações privadas no período da pandemia do coronavírus (COVID-19) – informação esta que consta da ementa da Lei 14.010/2020 –, optar-se-á por este emprego.

É certo que, a par das medidas e consequências que a pandemia do COVID-19 e os atos das autoridades públicas têm gerado nos institutos tradicionalmente conhecidos como pertencentes ao Direito Público, as relações jurídicas de Direito Privado[6] também foram impactadas pelos dois fatores anteriormente identificados – não apenas pela pandemia oficialmente reconhecida no Brasil, mas também por atos de império a cargo das autoridades públicas (integrantes do Poder Executivo e do Poder Legislativo). Atividades presenciais de ensino (tais como aulas e reuniões de grupos de pesquisa etc.), em alguns casos, passaram a ser realizadas à distância. O parlamento brasileiro passou a deliberar também através de votações à distância em tempo real, o mesmo acontecendo em tribunais brasileiros, como é o exemplo das sessões virtuais realizadas pelo Supremo Tribunal Federal e pelo Superior Tribunal de Justiça, tendo o primeiro, inclusive, implementado o sistema de sustentação oral virtual para advogados,[7] tudo com o propósito de evitar aglomerações, a demonstrar a preocupação dos poderes públicos com a crise epidêmica.

---

5. A referida explicação pode ser encontrada no informativo da OPAS – Organização Panamericana de Saúde. Disponível em: [https://www.paho.org/bra/index.php?option=com_content&view=article&id=6101:covid19&Itemid=875]. Acesso em: 18.05.2020.
6. No Brasil, na linha doutrinária mais tradicional, o Direito Privado compreende o Direito Civil e o Direito Comercial, sendo que relativamente ao modo que cada qual encara os bens, "o Direito Civil considera-os no valor de uso. O Direito Comercial, no valor de troca" (GOMES, Orlando. *Introdução ao Direito Civil*. 12. ed. Rio de Janeiro: Forense, 1996, p. 19).
7. A realização de sustentações orais por áudio ou vídeo enviado à Corte foi viabilizada pela Emenda Regimental 53/2020 do Supremo Tribunal Federal e pelas Resoluções 669/2020 e 672/2020 do próprio Tribunal.

Com esse mesmo propósito, a Lei 13.979/20 também impôs às pessoas em geral o dever de colaborar com as autoridades sanitárias a respeito da comunicação rápida de possível contatos com agentes infecciosos da COVID-19, bem como de sua circulação em áreas consideradas como regiões de contaminação pela COVID-19 (art. 5º). Como o tema envolve a saúde pública no que se refere à prevenção e à busca de cura das pessoas contaminadas pela doença, fica evidenciado o interesse coletivo e social e o interesse público nas questões que geram deveres ao particular.

Devido à competência legislativa exclusiva da União para legislar sobre direito civil e direito comercial (CF/88, art. 22, I), por iniciativa do Senador Antonio Anastasia foi apresentado projeto de lei com o fim de instituir o Regime Jurídico Emergencial e Transitório das relações jurídicas de Direito Privado (RJET) no período previsto como da pandemia do COVID-19, o qual foi convertido na Lei nº 14.010, de 10 de junho de 2020. Após a aprovação do texto proposto com as devidas alterações realizadas no âmbito do Congresso Nacional, o Presidente da República vetou as regras contidas nos arts. 4º, 6º, 7º, 9º, 11, 17, 18 e 19. Como será analisado no desenvolvimento deste trabalho, à exceção do art. 7º, da Lei nº 14.010/20, os demais vetos ao Projeto de Lei nº 1.179/20 não se justificam e, desse modo, vão de encontro ao espírito do RJET em temas bastante sensíveis nas relações privadas no período emergencial e transitório.

A instituição do RJET, como será percebido ao longo deste livro, é bastante oportuna e necessária por instituir normas de caráter transitório e emergencial a respeito de importantes institutos do Direito Privado, tais como o contrato, a propriedade, o consumo, a empresa, a família e a sucessão hereditária, além de haver disciplinado outros temas relacionados à concorrência entre agentes econômicos e o adiamento do início de vigência de alguns dispositivos da Lei Geral de Proteção de Danos (LGPD; Lei nº 13.709/2018).

Não obstante, neste livro será ressaltado o caráter temporário e provisório do RJET, cuja aplicação e incidência tem como objetivo regular as relações tratadas na Lei nº 14.010/20, e os seus respectivos efeitos, apenas durante o período da crise epidêmica. A temporariedade da lei é questão de extrema relevância, dada a excepcionalidade do regime que ela impõe, de modo que não é possível aplicá-la a eventos ocorridos antes ou depois do período da pandemia.

É preciso destacar, por oportuno, que a gravidade da crise trouxe a necessidade de edição de outros instrumentos legislativos, também emergenciais, a fim de regular as relações jurídicas durante o período da pandemia. Assim, outro exemplo de norma temporária no âmbito do Direito Privado é aquela decorrente da Medida Provisória 948, de 08.04.2020, que visa regular as consequências do cancelamento de serviços, de reservas e de eventos dos setores de turismo e cultura em razão do estado de calamidade pública reconhecido pelo Congresso Nacional, e da emergência de saúde pública de importância internacional decorrente do coronavírus (COVID-19)[8].

---

8. A MP 948/2020 busca conciliar os interesses das pessoas envolvidas nas atividades de turismo e de cultura e, ao mesmo tempo, dos consumidores dos serviços, e expressamente reconhece que a pandemia que afetou as relações de consumo regidas pelas normas da referida MP caracteriza hipótese de caso fortuito ou força maior para este fim, além de não ensejar a configuração de dano moral (art. 5º), circunstâncias que deverão ser aferidas à luz do caso concreto, não cabendo ao legislador antecipar juízo de valor que eventualmente será feito no exercício da jurisdição.

O objetivo da Lei nº 14.010/20, então, e como ficará demonstrado, é buscar pacificar as relações neste momento de crise, assegurando um convívio social baseado nos valores da segurança jurídica e da justiça social, ainda que não atenda, de modo pleno, os interesses de institutos nela previstos. Afinal, nenhum ato normativo é perfeito, e situações como a que hoje se apresentam ainda trazem inúmeras incertezas.

Por isso, diversos atos normativos emergenciais e transitórios têm sido editados, com diferentes alcances, mas sempre com o propósito de amenizar a insegurança causada por esta inesperada pandemia.

A Lei 13.979/20, que cuida das medidas que podem ser impostas pelo Poder Público no combate à pandemia do COVID-19, também como uma lei temporária, ressalva expressamente que as medidas serão limitadas no tempo e no espaço ao "mínimo indispensável à promoção e preservação da saúde pública" e não poderão representar violação à "dignidade, aos direitos humanos e às liberdades fundamentais" da pessoa (art. 3º, §§ 1º e 2º, III).

O fenômeno do poder não se insere exclusivamente nas relações entre cidadãos e o Estado, mas também se manifesta no âmbito da sociedade civil, além do que a Constituição Federal atualmente é compreendida como "ordem de valores da comunidade", ou seja, o estatuto axiológico que objetiva ordenar todas as áreas e esferas da vida social e, por isso, "as relações privadas devem guardar conformidade com os valores" constitucionalmente enunciados[9].

Um dos principais aspectos a se considerar, neste momento, é concretamente "até que ponto podem particulares impor limitações a outros iguais, em razão da pandemia"[10], sendo caso de revisitar a noção e os contornos da eficácia das normas de direitos humanos e de direitos fundamentais nas relações privadas, como por exemplo nas questões atuais e emergenciais que envolvem os condomínios edilícios quanto aos poderes e atribuições dos síndicos no meio condominial. Trata-se de saber "se e como os direitos fundamentais podem ser empregados como critérios normativos para solução dos problemas"[11] que envolvam as relações entre particulares.

Outro aspecto relevante a ser destacado diz respeito às medidas sanitárias que as autoridades públicas podem vir a empregar. A natureza de atos do príncipe ou do império é expressamente indicada na Lei 13.979/20, ao estatuir que as pessoas deverão sujeitar-se ao cumprimento das medidas previstas (art. 3º, § 4º), além de terem sido indicadas as autoridades federais e gestores locais para praticá-las (art. 3º, §§ 5º, 6º e 7º)[12].

---

9. PEREIRA, Jane Reis Gonçalves. Apontamentos sobre a aplicação das normas de direito fundamental nas relações jurídicas entre particulares. In: BARROSO, Luís Roberto (coord.). *A nova interpretação constitucional*. Rio de Janeiro: Renovar, p. 144.
10. BAHIA, Saulo José Casali. Pandemia, relações privadas e eficácia horizontal dos direitos fundamentais: o caso dos condomínios edilícios. In: BAHIA, Saulo José Casali (Org.). *Direitos e deveres fundamentais em tempos de coronavírus*. São Paulo: Editora Iasp, 2020, p. 251.
11. PEREIRA, Jane Reis Gonçalves. Apontamentos sobre a aplicação das normas de direito fundamental nas relações jurídicas entre particulares. In: BARROSO, Luís Roberto (Coord.). *A nova interpretação constitucional*. Rio de Janeiro: Renovar, p. 141.
12. BAHIA, Saulo José Casali. Pandemia, relações privadas, ..., *op. cit.*, p. 254.

1
LEI TEMPORÁRIA EM PERÍODO DE CRISE EPIDÊMICA

O caráter temporário do RJET fica evidente já na disposição inaugural da Lei nº 14.010/2020. Segundo o disposto em seu art. 1º, "Esta Lei institui normas de caráter transitório e emergencial para a regulação de relações jurídicas de Direito Privado em virtude da pandemia do Coronavírus (Covid-19)".

Da redação acima transcrita, vê-se, desde logo, a natureza temporária da Lei nº 14.010/2020, que tem como propósito unicamente se aplicar aos eventos derivados da pandemia do COVID-19. A sua transitoriedade se reforça, ainda, pelo parágrafo único do mesmo art. 1º, segundo o qual "Para os fins desta Lei, considera-se 20 de março de 2020, data da publicação do Decreto Legislativo 6, como termo inicial dos eventos derivados da pandemia do coronavírus (Covid-19)".

Do mesmo modo, em relação a vários institutos há previsão de incidência das normas da lei temporária até 30.10.2020 (arts. 3º, 5º, 8º, 10, 12 e 14), o que evidencia se tratar efetivamente de uma lei com prazo determinado de vigência. Há alguns artigos vetados do Projeto de Lei nº 1.179/20 que também se referiam à data de 30.10.2020 para cessação de sua vigência (arts. 9º, 11, 17, 18 e 19).

1.1 CONTORNOS TEÓRICOS DE LEI TEMPORÁRIA

Sobre o tema, o art. 2º, *caput*, da Lei de Introdução às Normas do Direito Brasileiro (LINDB) ressalva que, em não sendo editada para ter vigência temporária, a lei terá vigor até que outra lei posterior venha a modificá-la ou revogá-la. O referido dispositivo, então, em que pese não defina o que é uma lei temporária, deixa implícito a abrangência limitada da sua eficácia, em confronto com as demais leis tidas por permanentes. Estas, ao contrário das leis temporárias, são promulgadas para vigerem por tempo indeterminado, somente cessando sua vigência em razão de lei revogadora, seja em razão de revogação expressa ou tácita (LINDB, art. 2º, § 1º).

Sobre esse último aspecto, a doutrina distingue o Direito comum do Direito especial de caráter transitório, sendo este destinado a resolver situações anormais, tal como ocorre na legislação de guerra que objetiva disciplinar não apenas as pessoas dos militares, seus bens, relações obrigacionais, familiares, mas também as relações patrimoniais em geral entre os "inimigos" e entre eles e os nacionais, ou ainda nas leis relativas à locação de prédios urbanos nos períodos de desvalorização da moeda nacional e de crise habitacional[1].

As leis temporárias, então, são aquelas editadas com o propósito de vigorar por um período determinado de tempo, ou para reger determinada situação eventual, em que advindo o termo ou cessado o evento transitório, não é ela mais aplicável. Como exceções que são ao princípio da continuidade – preservação da incidência da norma de modo perene[2] – as leis de vigência temporária têm efeitos limitados até o advento do termo, do implemento de condição resolutiva ou a consecução de seus fins[3]. Sua edição, pois, visa atender situações excepcionais, em que se reclama a existência e a aplicação de uma lei apenas para regular as relações durante este período. As leis temporárias, então, e ao contrário do que deve ocorrer naturalmente com as leis de um modo geral, são editadas para não se perpetuarem no tempo.

A cessação da sua vigência ocorre, desse modo, por um fato intrínseco a ela,[4] que é o prazo fatal ou o evento que ela visa acobertar, e não necessariamente pela edição de uma lei revogadora, a qual, a toda evidência, pode ser editada para pôr fim antecipadamente à lei temporária, antes do cumprimento de seu propósito. O que se quer demonstrar é que morte da lei temporária se dá, como regra, por causas naturais, já previstas em seu próprio texto.

Inúmeros são os exemplos dessas espécies de leis. Além das leis orçamentárias – como exemplo típico de lei temporária, como regra –, parcela da doutrina tradicionalmente apresenta hipóteses de temporariedade da lei relacionada à cessação da sua autoridade em consequência da cessação do "estado de coisas" que teria ensejado a promulgação da lei. "Durante o período de guerra, várias disposições são tomadas, atendendo às condições anormais da época"[5], sem que haja razão para sua permanência uma vez reconquistado o estado de normalidade institucional. O exemplo se amolda perfeitamente ao estado de calamidade pública que a República brasileira e a sociedade civil vêm passando em decorrência da pandemia do COVID-19 e dos atos das autoridades públicas em relação à uma série de atividades e ações no âmbito das relações privadas e, por isso, a Lei nº 14.010/2020 tem, inclusive, a expressa menção

---

1. RAÓ, Vicente. *O Direito e a Vida dos Direitos*. 5. ed. São Paulo: Ed. RT, 1999, p. 214.
2. TEPEDINO, Gustavo; OLIVA, Milena Donato. *Fundamentos do Direito Civil*. v. 1. Rio de Janeiro: GEN/Forense, 2020, p. 85.
3. EHRHARDT JR., Marcos. *Direito Civil*: LICC e Parte Geral. v. 1. Salvador: Jus Podivm, 2009, p. 34.
4. Conforme ESPÍNOLA, Eduardo; ESPÍNOLA FILHO, Eduardo. *A lei de introdução ao código civil brasileiro*. v. 1. 3. ed. Rio de Janeiro: Renovar, 1999. p. 57. Ao lado das leis temporárias, os referidos autores também têm sustentado a possibilidade de cessação da vigência da lei por outras causas intrínsecas, como a cessação do estado de coisas ou do instituto jurídico pressuposto pela lei, entendimento este que não é compartilhado de modo unânime. Serpa Lopes e Zeno Veloso inserem essa hipótese também como um caso de lei temporária, pois a lei igualmente vigeria temporariamente, pelo advento de um termo que está, em verdade, implicitamente nela previsto. Ver, VELOSO, Zeno. *Comentários à lei de introdução ao Código Civil: artigos 1º ao 6º*. 2. ed. Belém: Unama, 2006. p. 38; LOPES, Miguel Maria de Serpa. *Comentários à lei de introdução ao código civil*. v. I. 2. ed. Rio de Janeiro: Freitas Bastos, 1959. p. 53.
5. ESPÍNOLA, Eduardo; ESPÍNOLA FILHO, Eduardo. Op. cit. p. 58.

a respeito da sua incidência em relação aos fatos, atos e negócios jurídicos realizados no período de tempo nela referido.

1.2 VIGÊNCIA E EFICÁCIA DE LEI TEMPORÁRIA

Entretanto, em que pese a lei temporária tenha como propósito viger temporariamente, seus efeitos se protraem no tempo, produzindo-se mesmo após o término da sua vigência, fenômeno esse chamado de ultratividade. Cuida-se de tema afeto ao Direito Intertemporal, especialmente relacionado às consequências referentes aos atos, fatos e negócios jurídicos ocorridos no período de vigência da lei temporária, de modo que se faz necessário diferenciar a vigência da lei da sua produção de efeitos.

A vigência da lei é a sua aptidão para a produção de efeitos, ou seja, é a possibilidade de a lei vir a produzir efeitos, o que pode se dar imediatamente após a sua publicação ou em momento posterior, como nos casos de *vacatio legis*, em que a lei, embora existente e válida e, portanto, vigente, ainda não produz efeitos. A vigência, então, não deve ser confundida com a eficácia da lei, que corresponde à sua plena produção de efeitos, de modo que é eficaz a lei que efetivamente produz efeitos, e não aquela tão somente apta a produzi-los.[6]

Por certo, a regra é a de que o momento da entrada em vigor da lei e, consequentemente, da sua vigência se confunda com a sua plena produção de efeitos. Na esmagadora maioria dos casos, quando a lei entra em vigor, ela se torna, no mesmo instante, eficaz, de forma a inexistir a mera aptidão ou expectativa de produzir efeitos, pois ela já os produzirá plena e concretamente no exato momento da sua vigência. Há casos, contudo, que esses momentos não se confundem, podendo a lei ser vigente e não eficaz, assim como poderá ser eficaz e não vigente.

No primeiro caso tem-se, como exemplo, os casos das leis tributárias que criam ou majoram tributos, nos termos do art. 150, III, *b* e *c* da Constituição Federal. Segundo o texto constitucional, é vedado à União, aos Estados, ao Distrito Federal e aos Municípios cobrar tributos no mesmo exercício financeiro em que haja sido publicada a lei que os instituiu ou aumentou, bem como cobrá-los antes de decorridos noventa dias da data em que haja sido publicada a lei que os instituiu ou aumentou, observada a exigência anterior.

---

6. Em sentido contrário, entendendo que a eficácia é a aptidão para a produção de efeitos, RAMOS, André de Carvalho; GRAMSTRUP, Erik Frederico. *Comentários à lei de introdução às normas do direito brasileiro – LINDB*. São Paulo: Saraiva, 2016. p. 26. Cumpre-nos observar, ainda, que a eficácia da lei não se confunde com a eficácia da norma, notadamente aquela objeto de estudo do direito constitucional. Muitos confundem a eficácia da norma, particularmente a constitucional, a qual pode ser plena, limitada ou contida, com a eficácia da lei. Trata-se de um equívoco de ótica, pois a análise recai sobre institutos jurídicos distintos. A lei não se confunde com a norma, e tampouco com os dispositivos legais, razão pela qual defende-se que a aptidão para produzir efeitos, definição essa aplicada, por exemplo, às normas constitucionais de eficácia limitada, que dependem de uma lei regulamentadora, não se aplica à eficácia das leis. Por fim, para um estudo aprofundado sobre a aplicabilidade das normas constitucionais, ver, especialmente, SILVA, José Afonso da. *Aplicabilidade das normas constitucionais*. 7. ed. São Paulo: Malheiros, 2007.

Consagrou-se, nessas hipóteses, os princípios da anterioridade tributária e da anterioridade nonagesimal, consoante os quais uma lei que crie ou majore tributos só terá eficácia no ano seguinte (ou exercício financeiro seguinte) da sua publicação, observando-se um prazo mínimo de 90 dias.[7] O propósito do constituinte é atender aos princípios da segurança jurídica e da não surpresa, evitando-se que o contribuinte seja surpreendido com a incidência imediata de uma lei criadora ou majorante de tributos, que atinja desde logo o seu patrimônio jurídico, a fim de que ele possa fazer uma programação econômica.[8]

Então, nesses casos, em que pese a lei seja vigente, ela ainda não tem eficácia, ou como preferem alguns, fica com sua eficácia "paralisada", não produzindo efeitos imediatamente, do que se conclui que tais princípios atingem a eficácia e não a validade e a vigência da lei.[9]

Já na segunda hipótese, de leis que produzem efeitos, embora não mais vigentes, tem-se o exemplo das leis temporárias, as quais são aplicáveis mesmo após a sua revogação, desde que sobre fatos ocorridos durante a sua vigência. As leis temporárias, à toda evidência, se aplicam imediatamente a todo e qualquer evento por ela previsto, e enquanto estiver em vigor. No entanto, mesmo após a cessação da sua vigência, ela continua a ser aplicável, mas sobre os fatos ocorridos antes da sua revogação.

A esse fenômeno dá-se o nome de ultratividade das leis, que reconhece a continuidade da produção de efeitos de uma lei mesmo após cessar a sua vigência. Portanto, embora revogada, ainda será ela aplicável, ainda que apenas sobre fatos ocorridos durante a sua vigência, cujos efeitos podem se protrair no tempo, a revelar uma "sobrevida", como ocorre, por exemplo, com as leis penais temporárias, segundo o disposto no art. 3º do Código Penal,[10] as quais são tidas como naturalmente ultrativas.[11]

Assim, é possível afirmar, com absoluta segurança, que as leis temporárias têm efeito ultrativo, pois se aplicam aos fatos ocorridos quando ela estava em vigor, ainda que a exigência do seu cumprimento se dê após não mais estar vigente.

1.3. VIGÊNCIA E EFICÁCIA DA LEI Nº 14.010/2020

Estabelecidas as premissas nos tópicos anteriores, questões importantes a serem examinadas são aquelas referentes à vigência e à eficácia da própria Lei nº 14.010/20.

---

7. ROSA JR., Luiz Emygdio Franco da Rosa. *Manual de direito financeiro & direito tributário*: doutrina, jurisprudência e legislação atualizadas. 20. ed. Rio de Janeiro: Renovar, 2007. p. 238-240.
8. CARRAZA, Roque Antonio. *Curso de direito constitucional tributário*. 22. ed. São Paulo: Malheiros, 2006. p. 186 e 188.
9. CARRAZA. Op. cit. p. 185 e 189.
10. "Art. 3º A lei excepcional ou temporária, embora decorrido o período de sua duração ou cessadas as circunstâncias que a determinaram, aplica-se ao fato praticado durante sua vigência".
11. Nesse sentido, Alberto Silva Franco (FRANCO, Alberto Silva; STOCCO, Rui (Coord.). *Código penal e sua interpretação*: doutrina e jurisprudência. 8. ed. São Paulo: Ed. RT, 2007. p. 75) e Damásio de Jesus (JESUS, Damásio Evangelista de. *Direito penal*: parte geral. v. 1. 28. ed. São Paulo: Saraiva, 2006. p. 95-100).

Desde logo é preciso destacar, ainda uma vez, que o RJET é uma lei temporária, cujo propósito é regular inúmeras questões atinentes às relações jurídicas de direito privado em decorrência da pandemia do coronavírus. Mas, para que possa fazê-lo, é preciso que a Lei nº 14.010/20 esteja vigente e, portanto, seja apta a produzir efeitos. É neste momento que surge uma relevante questão: a do momento da entrada em vigor da Lei nº 14.010/20.

Em que pese se trate de uma lei fruto de um projeto de lei cuja origem se deu no mês de março de 2020, o RJET apenas foi sancionado em 10 de junho de 2020, sendo publicada em 12 de junho do mesmo ano, data em que entrou em vigor. Portanto, a Lei nº 14.010/20 só entrou em vigor no festejado "Dia dos Namorados".

Ocorre, entretanto, que em seu art. 1º, a Lei nº 14.010/20 dispõe que "Para os fins desta Lei, considera-se 20 de março de 2020, data da publicação do Decreto Legislativo nº 6, como termo inicial dos eventos derivados da pandemia do coronavírus (Covid-19)", dando a falsa impressão de que essa seria a data de início da sua vigência. Mas não é, conforme será em seguida justificado.

Como visto anteriormente, o RJET tem como propósito estabelecer um regime jurídico temporário para algumas relações jurídicas de direito privado durante a pandemia, de modo que a data do reconhecimento do estado de calamidade sanitária, em decorrência da crise epidêmica, é fundamental para o atingimento dos propósitos da lei. Nada obstante, quando da edição do Decreto Legislativo nº 6/20, o RJET ainda estava em um estágio embrionário, não existindo como lei e, portanto, inapto à produção de qualquer efeito jurídico.

No entanto, o próprio texto da Lei nº 14.010/20, em diversos dispositivos, trata de certas relações durante o período da pandemia, se limitando ao marco temporal da entrada em vigor do próprio RJET. Esse é o caso, por exemplo, do vetado art. 6º. Então, a disposição do art. 1º da Lei nº 14.010/20 cumpre um importante papel, na medida em que alguns dispositivos do RJET estabelecem como marco, para a produção de efeitos, "os eventos derivados da pandemia", como no já mencionado art. 6º do RJET, vetado pelo Chefe do Poder Executivo. Segundo o mencionado art. 6º, "*As consequências decorrentes da pandemia do coronavírus* (Covid-19) nas execuções dos contratos, incluídas as previstas no art. 393 do Código Civil, não terão efeitos jurídicos retroativos".

Então, no referido dispositivo, a regulação dos efeitos transitórios remonta a uma data anterior à vigência da própria Lei nº 14.010/2020, qual seja, o dia 20 de março de 2020, na medida em que faz referência "às consequências decorrentes da pandemia", e não a data de entrada em vigor do próprio RJET que se deu, como visto, apenas em 12 de junho de 2020.

Mas não foi apenas nesse dispositivo em que se previu uma data anterior à da vigência do RJET para a sua produção de efeitos. Veja-se, no mesmo sentido, o disposto no parágrafo único do art. 12 da Lei nº 14.010/20. O referido dispositivo trata da possibilidade de prorrogação dos mandatos dos síndicos nos condomínios em que não for possível a realização da AGO de eleição do seu representante na modalidade virtual durante o período da pandemia. Nesses casos, previu-se na mencionada norma que "Não sendo possível a realização de assembleia condominial na forma prevista no caput, os mandatos de síndico vencidos a partir de 20 de março de 2020 ficam prorrogados até 30 de outubro de 2020".

Vê-se, pois, que também neste caso o legislador não limitou a produção de efeitos da lei à data do início de sua vigência, pois previu que os mandatos dos síndicos de condomínios edilícios que se encerraram a partir de 20 de março de 2020 – antes, portanto, da entrada em vigor do RJET – consideram-se prorrogados, *ope legis* – isto é, independentemente de declaração formal –, até 30 de outubro de 2020.

Em outros dispositivos o legislador foi ainda mais longe, prevendo como marco inicial dos efeitos da lei data anterior à da própria edição do Decreto Legislativo nº 6/2020, como foi o caso do art. 16 da Lei nº 14.010/20. Segundo a referida norma legal, "O prazo do art. 611 do Código de Processo Civil para sucessões abertas a partir de 1º de fevereiro de 2020 terá seu termo inicial dilatado para 30 de outubro de 2020".

Nesta hipótese, a Lei nº 14.010/20 suspendeu os prazos de abertura de inventários desde o dia 1º de fevereiro de 2020, momento bem anterior ao da sua vigência. Então, previu o RJET a sua produção de efeitos em data mais de 04 (quatro) meses anterior à da sua entrada em vigor, a demonstrar nitidamente uma feição retroativa.

A Lei nº 14.010/20 tem nessas situações, então, efeitos retroativos, os quais estariam limitados, contudo, à data de 20 de março de 2020 ou, no caso da suspensão dos prazos para abertura de inventário, ao dia 1º de fevereiro de 2020. O RJET seria, pois, para esse propósito, uma lei retroativa ainda que em períodos limitados de tempo.

Quanto à possibilidade de retroação, dúvidas não há de que uma lei pode ser retroativa. Ao contrário do que comumente se afirma, a irretroatividade não é um princípio absoluto, sendo admissível que a lei produza efeitos retroativos, desde que não atinja o direito adquirido, o ato jurídico perfeito e a coisa julgada. E tal conclusão encontra amparo no texto constitucional e também na LINDB – Lei de Introdução às Normas do Direito Brasileiro.

No que tange à Constituição, prevê o seu art. 5º, XXXVI, que "a lei não prejudicará o direito adquirido, o ato jurídico perfeito e a coisa julgada". No mesmo sentido, prevê o art. 6º da LINDB que "A lei em vigor terá efeito imediato e geral, respeitados o ato jurídico perfeito, o direito adquirido e a coisa julgada". Em ambos dispositivos está consagrado o princípio da intangibilidade do direito adquirido, do ato jurídico perfeito e da coisa julgada", e não propriamente a irretroatividade das leis.

As leis, em verdade, podem ser retroativas, isto é, podem produzir efeitos sobre fatos que lhe são anteriores, desde que expressamente o prevejam e que não violem o direito adquirido, o ato jurídico perfeito e a coisa julgada. É isso que ocorre com a Lei nº 14.010/20 em algumas situações, como em seu vetado art. 6º.

Hipótese diversa se dá nos casos de prescrição e decadência. Nestes o legislador deixou evidente que o marco para a suspensão ou impedimento do transcurso dos referidos prazos é a data da entrada em vigor da lei. Nesse sentido, prevê o art. 3º da Lei nº 14.010/2020 que "Os prazos prescricionais consideram-se impedidos ou suspensos, conforme o caso, a partir da entrada em vigor desta Lei até 30 de outubro de 2020".

Portanto, não se poderá falar, nos casos de prescrição e de decadência, de retroatividade dos efeitos do RJET, pois o legislador expressamente os limitou à data de entrada em vigor da referida Lei até 30 de outubro de 2020. Embora criticável a posição do legislador, na medida em que diversas relações foram duramente impactadas entre as datas de 20 de março de 2020 e 12 de junho de 2020, assim está previsto expressamente, não dando margem a interpretação contrária. Quando o legislador quis tratar de modo diverso, ele assim o fez, como na já exaustivamente mencionada hipótese do art. 6º do RJET, em que o marco regulatório remonta à data do Decreto Legislativo nº 6/2020.

Definido o momento inicial de vigência e eficácia da Lei nº 14.010/20, questão não menos relevante e tormentosa é a do marco final desta mesma vigência e eficácia. Como visto, o RJET é uma lei temporária e, como tal, se destina a viger durante um certo período de tempo estabelecido na própria lei, ou quando esvaziados e extintos os motivos que levaram à sua edição. Neste sentido, diversos dispositivos da Lei nº 14.010/20 preveem como termo final de vigência a data de 30 de outubro de 2020. É o caso do já citado art. 3º, que trata do período de suspensão dos prazos de prescrição e decadência; do art. 5º, que prevê a possibilidade de realização de assembleias virtuais de pessoas jurídicas mesmo sem previsão nos atos constitutivos destas; do art. 8º, que prevê a suspensão do direito de arrependimento do consumidor nas compras por *delivery*; do art. 10, que dispõe sobre a não fluência dos prazos para aquisição de bens pela usucapião; do art. 12, *caput* e parágrafo único, em que se admite a realização de assembleias de condomínio virtuais, bem como a extensão dos mandatos dos síndicos até 30 de outubro de 2020; do art. 14, que prevê a suspensão da eficácia de alguns dispositivos da Lei nº 12.529/11 como infrações à ordem econômica; do art. 15, que estabelece que a prisão por dívida de alimentos deverá ser cumprida exclusivamente na modalidade domiciliar até 30 de outubro de 2020; e, finalmente, o art. 16, segundo o qual estão suspensos os prazos para a abertura de inventário até 30 de outubro de 2020.

Em verdade, ao examinar o mencionado rol, é possível perceber que a quase totalidade dos dispositivos não vetados estabelece como marco final a data de 30 de outubro de 2020, a transparecer que esta é a data do término de vigência da Lei nº 14.010/2020.

Mas, assim como o fez com o marco inicial da produção de efeitos – e não da vigência, propriamente –, o legislador também previu simultaneamente o período de vigência e de eficácia da Lei nº 14.010/20 para além do dia 30 de outubro de 2020. Este é o caso do disposto no art. 16 do RJET. Neste caso, previu o legislador que "Ficam sem eficácia os incisos XV e XVII do § 3º do art. 36 e o inciso IV do art. 90 da Lei nº 12.529, de 30 de novembro de 2011, em relação a todos os atos praticados e com vigência de 20 de março de 2020 até 30 de outubro de 2020 *ou enquanto durar o estado de calamidade pública reconhecido pelo Decreto Legislativo nº 6, de 20 de março de 2020*".

Disso se infere que, por expressa previsão legal, o legislador previu a possibilidade de a vigência da lei ultrapassar o dia 30 de outubro de 2020, que é o período da duração do estado de calamidade previsto no Decreto Legislativo nº 6/2020, que prevê como termo final o dia 31 de dezembro de 2020, nos termos do seu art. 1º.

Há de ser salientado, no entanto, que o prazo previsto no Decreto Legislativo nº 06/20 pode vir a ser estendido de acordo com as circunstâncias que ainda possam existir no Brasil no final do ano de 2020, a ensejar a alteração do prazo para data posterior a 31.12.2020. Como se sabe, a lei temporária pode ser instituída em duas modalidades: i) com termo final de vigência certo e determinado (exemplo: 30.10.2020); ii) com termo final de vigência incerto e indeterminado, como ocorre no caso de a lei ser vinculada ao período de duração da calamidade pública reconhecida oficialmente pelo poder público, como ocorre no exemplo do art. 16, da Lei nº 14.010/20. No caso, o Decreto Legislativo nº 06/20 delimita o período de reconhecimento oficial de duração do estado de calamidade pública, ao prever a data de 31.12.2020; contudo, é possível que tal data seja alterada em virtude da identificação da continuidade dos efeitos da pandemia para o período posterior ao final do ano de 2020 e, caso a situação ainda esteja muito crítica, pode realmente condicionar a manutenção do estado de calamidade pública ao período indeterminado de tempo de duração dos efeitos da pandemia do COVID-19.

Sem prejuízo, além dos casos de termo diferido de vigência, poderá o RJET também ser ultrativo, produzindo efeitos mesmo depois do término da sua vigência. Em virtude de ostentar, inequivocamente, a natureza de lei temporária, sua eficácia se protrairá no tempo, aplicando-se a todos os eventos ocorridos enquanto estava em vigor, mesmo que exigido o seu cumprimento após a sua revogação natural, que se dará com o advento do termo nela previsto, a saber, o dia 30.10.2020, ou na hipótese da regra antitruste enquanto durar o estado de calamidade pública decorrente da pandemia.

Assim, a Lei nº 14.010/20 continuará a poder ser invocada mesmo após o término de sua vigência, aplicando-se aos conflitos ocorridos durante o período em que esteve em vigor, mesmo que suscitados em momento posterior.

Tal circunstância, é preciso destacar, não se confunde com os casos de normas revogadas, mas que ainda podem ter aplicação a fatos recentes e atuais, ocorridos sob a égide de uma nova lei, em razão do fenômeno da ultratividade da lei revogada. Um desses exemplos é o do Código Civil de 1916 que, apesar de expressamente revogado pelo Código Civil de 2002 (art. 2.045), ainda é aplicável para as hipóteses de enfiteuses anteriormente instituídas até o desaparecimento completo dos imóveis em regime enfitêutico (CC/2002, art. 1.039).

2
MEDIDAS EXCEPCIONAIS SOBRE INSTITUTOS DA PARTE GERAL DO CÓDIGO CIVIL E DAS RELAÇÕES SOCIETÁRIAS

Após explicitar o caráter temporário e transitório do Regime Jurídico Emergencial e Transitório das relações jurídicas de Direito Privado – REJT – estabelecido pela Lei nº 14.010/2020, deixando evidente que o seu propósito é apenas regular questões atinentes às relações privadas durante o período crítico da pandemia, o legislador ocupou-se de importantes questões atinentes ao regime jurídico aplicável à prescrição e à decadência, bem como da forma de tomada de decisões no âmbito das pessoas jurídicas de direito privado, durante este tortuoso momento histórico.

Com esse propósito, o legislador previu um tratamento específico de alguns institutos previstos na Parte Geral do Código Civil, estabelecendo uma nova hipótese excepcional de impedimento e suspensão dos prazos de prescrição e de decadência, bem como inovando quanto alguns aspectos das relações das pessoas jurídicas de direito privado, especialmente no tocante às sociedades, como a forma das deliberações e tomada das decisões sociais no período, o que reclama a análise de alguns aspectos atinentes ao Direito Empresarial e, em particular, o Direito Societário, que é o que se fará neste Capítulo.

2.1 OS IMPACTOS DO COVID-19 SOBRE AS PESSOAS JURÍDICAS DE DIREITO PRIVADO

As pessoas jurídicas têm uma importância ímpar no seio da sociedade. Por meio delas há uma reunião de esforços para o exercício das mais diversas e variadas atividades, econômicas ou não, que não seriam passíveis de realização isoladamente.[1] Dito

---

1. Na lição de Alexandre Ferreira de Assumpção Alves, "É cada vez mais raro a pessoa física conseguir isoladamente suas ambições e metas. Seus desejos vão muito além das suas possibilidades materiais e mesmo intelectuais; a complexidade da vida civil aconselha e estimula com assaz razoabilidade que uma pessoa procure outras a fim de juntas, diminuindo o esforço individual, desenvolvam com maior êxito suas potencialidades". ALVES, Alexandre Ferreira de Assumpção. *A pessoa jurídica e os direitos da personalidade*. Rio de Janeiro: Renovar, 1998. p. 9. Há que se observar que essa afirmação vem se relativizando com a admissibilidade de criação das chamadas pessoas jurídicas unipessoais, como a Empresa Individual de Responsabilidade Limitada e as sociedades limitadas unipessoais, que são compostas integralmente por uma única pessoa.

deste modo, não seria exagero afirmar que a sociedade em que vivemos não existiria se a capacidade intelectual e inventiva do homem não tivesse criado as pessoas jurídicas. As pessoas jurídicas são, assim, uma criação humana, não existindo naturalmente como as pessoas naturais. A vontade criadora do homem, portanto, é requisito essencial para o seu nascimento.[2]

Uma vez criadas, é possível atingir fins certamente não alcançáveis pelas simples mãos humanas, de modo que inúmeros objetivos e metas sociais e econômicas não seriam atingidas sem a existência dessas pessoas. Mas, como dito, elas não existem tal qual os seres humanos, não nascendo do desenvolvimento biológico de uma gestação.

Para a sua criação, então, reclama-se o preenchimento de requisitos legais, também ditados pela vontade humana, por intermédio da lei, uma vez que as pessoas jurídicas são entes ficcionais, e que se tornam realidade por força do Direito. Daí a predominância do entendimento de que as pessoas jurídicas têm a natureza jurídica de uma realidade técnica ou jurídica.[3]

Ainda no que toca à identificação das pessoas jurídicas, elas ainda se dividem em pessoas jurídicas de direito público e pessoas jurídicas de direito privado. As primeiras compreendem todas as pessoas de caráter público criadas pela Constituição ou pela lei, como os entes da Federação – União, Estados, Municípios, Distrito Federal e territórios –, as autarquias e fundações de direito público. As pessoas jurídicas de direito privado são aquelas criadas pela vontade dos particulares – associações, sociedades, fundações, organizações religiosas, partidos políticos e empresas individuais de responsabilidade limitada –,[4] pela comunhão da vontade destes com pessoas de direito público – sociedades de economia mista –, e pela vontade exclusiva de entes públicos, mas mediante a utilização de ferramentas comuns à constituição de pessoas jurídicas de direito privado, e mais particularmente às sociedades – empresas públicas.

Então, ao contrário das pessoas jurídicas de direito público, que são criadas diretamente pela Constituição e pela lei, as pessoas jurídicas de direito privado são criadas mediante a elaboração de um ato constitutivo, comumente privado (podendo-o ser por escritura pública), o qual deverá ser levado ao registro competente, nos termos do art. 45 do Código Civil. Em certas situações, a sua criação dependerá de autorização do Poder Público, o que não significa que ela será criada por lei, como é caso, por exemplo, das sociedades anônimas de capital aberto, que dependem de prévio registro e autorização da Comissão de Valores Mobiliários para seu funcionamento (art. 4º da Lei 6.404/76), e das instituições financeiras, as quais dependem de prévia autorização do Banco Central do Brasil para seu funcionamento (art. 25 da Lei 4.595/64).

---

2. Cf. FRANCESCHET, Júlio César. Pessoa jurídica e direitos da personalidade. In: ALVES, Alexandre Ferreira de Assumpção; GAMA, Guilherme Calmon Nogueira da. *Temas de direito civil-empresarial*. Rio de Janeiro: Renovar, 2008. p. 119.
3. Cf. COELHO, Fábio Ulhoa. *Curso de direito comercial*: direito de empresa. Sociedades. v. 2. 20. ed. São Paulo: Saraiva, 2016. p. 26-30. No mesmo sentido, ALVES. Op. cit. p. 39-40.
4. MARTINS, Fran. *Curso de direito comercial*. 40. ed. Rio de Janeiro: Forense, 2017. p. 161.

No tocante ao Regime Jurídico Emergencial e Transitório das relações jurídicas de Direito Privado instituído pela Lei nº 14.010/2020, este restringiu o seu tratamento às pessoas jurídicas de direito privado, e mais particularmente às pessoas indicadas no art. 44, I, II e III do Código Civil, a saber: as associações, as sociedades e as fundações. Estas foram aquelas mais severamente impactadas pelos tormentosos efeitos do COVID-19, tendo o seu funcionamento verdadeiramente afetado pela pandemia. Por essa razão, necessário se faz examiná-las, o que se dará com foco nas disposições da Lei nº 14.010/2020 que, como se verá no item 2.1.1 a seguir, se preocupou, fundamentalmente, com a forma de tomada de decisões dessas pessoas jurídicas.

2.1.1 As deliberações nas pessoas jurídicas de direito privado durante o período da pandemia da COVID-19

As pessoas jurídicas, enquanto entes ficcionais que se tornam realidade por força do Direito, não têm aptidão para tomar, por si, as decisões inerentes à sua atividade e funcionamento. Dependem elas, para tal, das pessoas que as compõem, as quais irão exteriorizar, por meio de deliberações, a vontade coletiva.

Diante desse cenário, o Projeto de Lei nº 1.179/2020, posteriormente convertido na Lei nº 14.010/20, em seus artigos 4º e 5º, revelou sua preocupação com a realização presencial e física de reuniões e assembleias no âmbito das pessoas jurídicas de direito privado e, consequentemente, com a possibilidade de formação de aglomerações de indivíduos quando das deliberações coletivas, o que pode acarretar um grande risco de contágio e disseminação do COVID-19.

Com esse receio, os referidos dispositivos trouxeram particular regulação sobre a forma de deliberação e tomada de decisões das pessoas jurídicas de direito privado enumeradas no art. 44, I a III do Código Civil, mais especificamente as associações, as sociedades e as fundações de direito privado.

Objetivando viabilizar, amplamente, as tomadas de decisões no âmbito das associações, sociedades e fundações, previu-se no art. 4º do Projeto de Lei nº 1.179/2020 certas restrições à realização de reuniões e assembleias presenciais, por estes entes ficcionais, até 30 de outubro de 2020, devendo ser observadas as determinações sanitárias das autoridades públicas locais.

O referido dispositivo, contudo, foi vetado pelo Executivo Federal, de modo a não integrar a redação final da Lei nº 14.010/20. Isso, contudo, não significa que não possam ser realizadas assembleias ou reuniões presenciais neste período, e tampouco que, uma vez sendo realizadas, não se deva observar as determinações sanitárias locais.

Primeiro, não há que se falar, com o referido veto, em proibição à realização de reuniões e assembleias presenciais, porque, evidentemente, estas só estariam proibidas se houvesse expressa previsão legal, dado o princípio da legalidade. Uma vez que a realização de reuniões e assembleias é essencial à vida e ao funcionamento das pessoas jurídicas, na medida em que elas dependem da manifestação coletiva de seus sócios, associados e gestores, a possibilidade de reunião de seus membros é imprescindível para a exteriorização da vontade da pessoa jurídica. Como visto, enquanto entes sem existência concreta, a tomada de decisões exige o consenso daqueles que integram os seus quadros sociais e administrativos, sempre baseado no princípio da maioria.

Mais grave seria se houvesse tal proibição diante das circunstâncias extraordinárias que se apresentam, uma vez que pelo inevitável quadro de crise econômica que já se revela, as pessoas jurídicas enumeradas no art. 44, I, II e III do Código Civil precisam tomar diversas decisões, as quais só serão válidas se observadas as formalidades legais.

A proibição para a realização de deliberações, ainda que este impedimento se limitasse aos encontros presencialmente "físicos", agravaria ainda mais a situação das pessoas jurídicas de direito privado dentro do cenário caótico que já se apresenta, e que tende a se agravar nos próximos meses. Apenas para ilustrar a gravidade da situação, recente levantamento feito pelo SEBRAE revelou que mais de 600 (seiscentas) mil micro e pequenas empresas já encerraram, em definitivo, as suas atividades em decorrência da pandemia, com uma projeção de 9 (nove) milhões de empregados demitidos.[5] Assim, revela-se essencial a possibilidade de realização de deliberações entre os sócios e associados das pessoas jurídicas.

Afastada, então, a possível ideia de que há uma vedação à tomada de decisões coletivas presencialmente, no âmbito das pessoas jurídicas de direito privado, é preciso destacar que, em que pese não haja essa proibição, há restrições à sua realização, uma vez que se deve observar as determinações sanitárias das autoridades públicas locais.

Sobre este aspecto, é preciso observar que o veto ao art. 4º do PL nº 1.179/2020 não alterou ou suprimiu a necessidade de observância de tais restrições. Isso porque, a Lei nº 13.979/2020, que dispõe sobre as medidas de enfrentamento da emergência de saúde pública decorrente do Coronavírus, já dispõe expressamente sobre a observância de diversas medidas de contenção de propagação do vírus, cuja aplicação ficam a cargo, consoante o disposto em seu art. 3º, das autoridades públicas dentro do âmbito de suas competências.

Cumprindo com a legislação federal, os governos locais, cada qual nos limites de sua competência, efetivamente editaram atos normativos tratando, dentre outros temas, de reuniões e encontros públicos, visando evitar aglomerações e o risco de contaminação pelo vírus.

Ainda sobre esse aspecto, cumpre-nos destacar que na hipótese de ausência de regramento local, e mesmo sem prejuízo deste, quando existir, deverão também ser observadas todas as cautelas possíveis, como as recomendações da OMS acerca da matéria, como, por exemplo, o distanciamento mínimo de certa medida – como, por exemplo, 1 (um) metro – entre as pessoas e o uso de máscaras, visando conter a propagação do vírus.

---

5. https://www.cnnbrasil.com.br/business/2020/04/09/mais-de-600-mil-pequenas-empresas-fecharam-as-portas--com-coronavirus. Acessado em 20/04/2020

A par dessa determinação, para os casos de realização de reuniões e assembleias presenciais, o legislador autorizou, em seu art. 5º, que estas se deem, alternativamente, pelo meio virtual. Segundo o mencionado dispositivo, "A assembleia geral, inclusive para os fins do art. 59 do Código Civil, até 30 de outubro de 2020, poderá ser realizada por meios eletrônicos, independentemente de previsão nos atos constitutivos da pessoa jurídica". Tal disposição deve ser complementada pela não menos recente Medida Provisória nº 931/2020 que, alterando a Lei nº 6.404/1976, que trata das sociedades anônimas, expressamente autorizou a realização de assembleias nas companhias abertas por meios virtuais, desde que autorizado pela Comissão de Valores Mobiliários.

Sobre a questão, a primeira observação a ser feita é a da menção, no art. 5º da Lei nº 14.010/20, apenas à realização de assembleias por meio virtual. Embora assim preveja, a interpretação sistemática da Lei nº 14.010/20, com as demais regras constantes do ordenamento acerca das deliberações sociais, impõe que a autorização constante da regra legal também se estenda à reunião. Isso porque a norma está prevista no Capítulo III da Lei, que dispõe sobre as pessoas jurídicas de direito privado, notadamente aquelas indicadas nos incisos I a III do art. 44 do Código Civil, a quais admitem, especialmente as sociedade contratuais, como será analisado no item 2.1.2.2 deste Capítulo, a deliberação por meio de reunião.

Portanto, há que se reconhecer a possibilidade de realização tanto de reunião, quanto de assembleia, por meio eletrônico, não sendo justificável a discriminação legal, especialmente quando as sociedades serão as mais afetadas pela pandemia, uma vez que são exercentes de atividades econômicas, e a crise que já agora se instala as atingirá de modo muito mais impactante do que em relação às associações e fundações.

Ainda no tocante às reuniões e assembleias virtuais, revela-se também ser possível a sua realização nos mesmos moldes das sessões judiciárias dos Tribunais, com cada um dos participantes consignando suas posições, opiniões e votos, não necessariamente em tempo real. Neste caso, o ato convocatório deverá estabelecer o período de tempo em que os sócios ou associados poderão se manifestar, de modo que, ao seu final, serão computados para que produzam seus efeitos.

A segunda questão a merecer observação diz respeito à parte final do dispositivo, segundo o qual deverá ser admitida a deliberação por meio eletrônico independentemente de previsão no ato constitutivo da pessoa jurídica. Tal regra, por certo, só se aplica nos casos de omissão do contrato social ou do estatuto, haja vista que diz respeito à matéria dispositiva, na qual deve prevalecer a vontade das partes contratantes ou aderentes. Assim, caso haja expressa proibição no ato constitutivo, a realização da reunião ou assembleia por meio virtual estará vedada. A alteração de tal regra no ato constitutivo somente poderá ser objeto de deliberação presencial, se for o caso.

Por fim, no parágrafo único do art. 5º da Lei nº 14.010/2020, o legislador atribuiu ao administrador o poder de decidir qual o meio eletrônico (leia-se a plataforma virtual ou o aplicativo) será empregado para a deliberação, o qual deverá necessariamente permitir e assegurar a identificação do participante e a segurança do voto, caso em que produzirá todos os efeitos legais de uma assinatura presencial.

Primeira questão a ser examinada é a de que a outorga de poder ao representante da pessoa jurídica para definir qual meio eletrônico será empregado para as deliberações tem como propósito, por certo, otimizar a decisão, evitando-se discussões prévias entre os sócios ou associados. A escolha, portanto, da ferramenta a ser utilizada dispensa a submissão ao crivo dos integrantes dos quadros sociais, o que não impede, contudo, que seja feita preliminarmente essa consulta a eles.

Outro aspecto que se evidencia da regra disposta no parágrafo único do art. 5º da Lei nº 14.010/2020, é que as plataformas de reunião *on-line*, em que as partes mantêm contato por áudio e vídeo em tempo real, não são suficientes para atender à exigência legal, na medida em que se reclama a assinatura dos participantes, a qual produzirá todos os efeitos de uma assinatura presencial. Por certo, poderão eles se reunir através dessas ferramentas, mas deverão reduzir a termo o que for decidido em reunião ou assembleia, mesmo que através de um simples *e-mail*, o qual deverá ser enviado com a perfeita identificação do signatário, ou mesmo de uma ata que seja sucessivamente subscrita pelos participantes da reunião ou assembleia através de assinaturas eletrônicas ou físicas, estas últimas posteriormente digitalizadas.

Embora possível, destaca-se, contudo, que não é obrigatória a aposição de assinatura eletrônica, mediante o uso de certificados digitais, por se revelar um rigor excessivo, além do fato de que inúmeras pessoas físicas não têm esse mecanismo de segurança digital. Frise-se que neste momento de quase absoluto isolamento social e comunitário, a própria obtenção desses certificados está inviabilizada, de modo que deverá ser utilizado um instrumento eletrônico apto a identificar, com razoável segurança, a autenticidade da manifestação do sócio ou associado, o que poderá se dar, como já se observou, através de e-mail.

Feitas essas observações gerais, impõe-se a análise das particularidades de cada uma delas no âmbito das pessoas jurídicas indicadas na Lei nº 14.010/20, e também na Medida Provisória nº 931/2020, como observado anteriormente.

2.1.1.1 Associações

As associações se consubstanciam em uma importante ferramenta social. Consistem elas na união de pessoas para fins não econômicos,[6] como objetivamente já explicitava a regra do art. 22 do Código Civil de 1916, hoje reproduzida no art. 53 do Código Civil de 2002, segundo o qual "Constituem-se as associações pela união de pessoas que se organizem para fins não econômicos". As associações, então, e ao contrário do que ocorre com as sociedades, como se verá no item 2.1.1.2 deste capítulo, têm como propósito a reunião de pessoas para o atingimento de fins morais, pios, literários, artísticos

---

6. REQUIÃO, Rubens. *Curso de direito comercial*. v. 1. 32. ed. São Paulo: Saraiva, 2013. p. 438.

ou de lazer,[7] isto é, finalidades voltadas à satisfação de interesses não econômicos, mas existenciais dos sujeitos.[8]

Isso não significa, contudo, que não possam as associações perseguir, acessoriamente, vantagens materiais. Nada impede que as associações exerçam atividades econômicas, mas desde que o façam com o propósito de atender os interesses morais e existenciais dos seus associados.[9] A perseguição do lucro, nestes casos, tem como propósito assegurar a vida e o funcionamento da própria associação, devendo-se ser revertido em seu prol, a fim de que ela possa, enquanto ente coletivo, melhor satisfazer os interesses do seu corpo de associados.[10]

Vê-se, pois, que as associações têm um propósito diverso das sociedades, de índole social, que se revela em inúmeros aspectos. Como exemplo, é possível citar a legitimidade conferida pelo Código de Defesa do Consumidor, em seu art. 82, IV, para a defesa de interesses difusos, coletivos e individuais homogêneos, ao lado do Ministério Público, dos entes da Federação e das entidades e órgãos da Administração Pública – direta e indireta.

A referida legitimidade das associações é uma importante ferramenta jurídica conferida pelo legislador à sociedade civil. Isso porque, nos demais casos previstos no art. 82 do CDC, a legitimidade é conferida apenas a pessoas e órgãos públicos, de modo que se faz necessária, naqueles casos, a existência de interesse e disponibilidade daquelas figuras em atuar em favor da coletividade, o que nem sempre ocorre.

Assim, caso não fosse assegurada a essas pessoas jurídicas de direito privado a legitimidade para atuar em prol da coletividade, ficariam eles manietados diante de uma inércia estatal em buscar judicialmente a defesa dos particulares, impossibilitando-lhes o manejo de mecanismos coletivos e eficazes para a defesa dos seus interesses. Desse modo, com a legitimação das associações, é possível que os próprios particulares, legalmente organizados, possam defender os seus interesses através de uma pessoa jurídica criada para esses fins.[11]

---

7. PEREIRA, Caio Mário da Silva. *Instituições de direito civil*: introdução ao direito civil. Teoria geral de direito civil. 20. ed. Rio de Janeiro: Forense, 2004. p. 349.
8. Como observa Clóvis Beviláqua, as associações "são apenas uma segunda forma pela qual se afirmam os interesses humanos, que não recebem plena satisfação com a simples prossecução dos fins individuais; porém, conduzem também às coligações para realização de fins comuns, ao agirem na qualidade de membros de um todo mais elevado. Quanto mais claramente o homem se reconhece como produto do seu grupo social, tanto mais lucidamente se vê que as associações são também, na vida do direito, uma forma natural e necessária pela qual o próprio sujeito individual do direito provê seus interesses" (BEVILÁQUA, Clóvis. *Teoria geral do direito civil*. 2. ed. Campinas: Servanda, 2015. p. 158).
9. Ibidem. p. 350.
10. Como assevera Sérgio Mourão Correa Lima, "Neste ponto reside a diferença entre a associação e a sociedade. Na primeira, não há propósito lucrativo dos associados (sem fins econômicos); os lucros têm, necessariamente, que ser reaplicados na associação. Na segunda, os sócios têm propósito lucrativo (fins econômicos); consequentemente, os resultados são partilhados entre eles" (LIMA, Sérgio Mourão Correa. A natureza jurídica das associações. In: FRAZÃO, Ana; GONÇALVES, Oksandro; CAMINHA, Uinie (Org.). *Associações*: constituição, fundamentos e perspectiva. Rio de Janeiro: Processo, 2017. p. 38).
11. Para um aprofundamento do tema ver, NEVES, Thiago Ferreira Cardoso. Da defesa do consumidor em juízo. In: SOUZA, Sylvio Capanema de; WERNER, José Guilherme Vasi; NEVES, Thiago Ferreira Cardoso. *Direito do consumidor*. Rio de Janeiro: Forense, 2018. p. 279-281.

Por conta dessa relevante função social exercida pelas associações, o legislador cuidou de tutelá-las no Regime Jurídico Emergencial e Transitório, particularmente no tocante ao direito de reunião de seus associados para a tomada de decisões sociais, assegurando seu pleno funcionamento e o exercício das suas atividades.

Segundo o art. 5º da Lei nº 14.010/2020, "a assembleia geral, inclusive para os fins do art. 59 do Código Civil, até 30 de outubro de 2020, poderá ser realizada por meios eletrônicos, independentemente de previsão nos atos constitutivos da pessoa jurídica". O legislador transitório, então, fez expressa menção ao dispositivo da lei civil que trata das matérias privativas da assembleia das associações, a fim de deixar evidente o alcance de suas regras às pessoas jurídicas não econômicas.

A regra estatuída pela Lei nº 14.010/2020 tem extrema importância no âmbito das associações, especialmente porque muitas delas têm um funcionamento simplificado, de modo que não terão em seus estatutos a previsão de realização de suas assembleias por meio eletrônico. Por essa razão, autorizou-se, no art. 5º do RJET, a realização das deliberações por esse meio ainda que não haja autorização ou previsão no ato constitutivo da pessoa jurídica.

Diante dessa omissão, competirá aos administradores da associação estabelecer a forma como serão realizadas as assembleias, indicando a ferramenta eletrônica que será empregada, que deverá assegurar a participação efetiva de todos os associados, bem como a perfeita identificação deles.

2.1.1.2 Sociedades

As sociedades são espécies de pessoas jurídicas de direito privado que se caracterizam pelo exercício de atividades econômicas empresárias ou não empresárias. São formadas por pessoas, naturais ou jurídicas, que comungam esforços e/ou recursos para o atingimento de um fim comum, consistente no exercício de uma atividade econômica visando a obtenção e a partilha de lucros. Desse modo, caracterizam-se as sociedades pelos fins econômicos perseguidos, como previsto, por exemplo, no revogado art. 23 do Código Civil de 1916.[12]

No que toca à forma como esta atividade econômica é exercida pelas sociedades, ela poderá ser empresária ou não empresária (simples). Sociedades empresárias são aquelas que exercem atividade econômica organizada para a produção ou circulação de bens ou serviços, na forma do art. 966 do Código Civil, sendo que a organização se infere pela presença coordenada e organizada dos fatores ou elementos de produção, quais sejam, o capital, o trabalho, os insumos e a tecnologia.[13] Assim, a organização empresa-

---

12. Observa, nesse sentido, Rubens Requião que a principal característica das sociedades é a sua criação com fins econômicos, de modo "destinaríamos a palavra *sociedade* para designar a entidade constituída por várias pessoas, com objetivos econômicos" (REQUIÃO. Op. cit. p. 439).
13. Como observa Ana Lúcia Alves da Costa Arduin, "A empresa tem por pressuposto a organização estável, através da qual a atividade econômica possa ser exercida. Isto ocorre, preponderantemente, de forma contínua, padroni-

rial reclama o investimento de capital e o emprego de força de trabalho[14] necessários à produção ou distribuição de bens e serviços, com o uso de equipamentos, maquinários ou ferramentas, com um mínimo de tecnologia, afastando-se do conceito de empresa as atividades exercidas de forma rudimentar, literalmente simples.[15]

Por outro lado, as sociedades não empresárias são aquelas que exercem uma atividade econômica sem a organização empresarial. Por essa razão, também são chamadas de *simples*, haja vista que o exercício da atividade não reclama a organização da empresa. Isso significa que a diferença existente entre uma sociedade empresária e uma não empresária não reside na ausência ou na presença de uma atividade econômica, pois ao contrário do que se possa pensar, ambas exercem atividade econômica visando o lucro. O que as diferencia é a forma como essa atividade é exercida, sendo que as empresárias o fazem com organização empresarial, e as simples sem esta organização.[16]

Quanto aos tipos societários, as sociedades podem se estruturar, segundo o art. 983 do Código Civil, em sociedade em nome coletivo, sociedade em comandita simples, sociedade limitada, sociedade por ações (que compreendem as sociedades anônimas e sociedades em comandita por ações), sociedades simples e cooperativas. Os tipos sociedades por ações só podem ser empregados por sociedades empresárias (parágrafo único do art. 982 do Código Civil), enquanto que as sociedades cooperativas e sociedades simples, são tipos exclusivos das sociedades não empresárias, sendo que no último caso serão chamadas de sociedades *simples simples*, *simples pura*[17] ou *simples stricto sensu*.[18]

---

zada, duradoura, pois assim exige o mercado de consumo em massa. Afastam-se, pois, as formas improvisadas e acidentais de produção, dando lugar às formas especializadas, profissionais, mediante um organismo econômico dotados de recursos necessários para o cumprimento de sua finalidade" (ARDUIN, Ana Lúcia Alves da Costa. A teoria jurídica da empresa. In: COELHO, Fábio Ulhoa (Coord.). *Tratado de direito comercial*: introdução ao direito comercial; teoria geral das sociedades. v. 1. São Paulo: Saraiva, 2015. p. 75).

14. Na conjugação desses elementos, não se faz necessário que estejam presentes em seu nível máximo. Não se exige, por exemplo, que no emprego de tecnologia, esta seja de ponta. O grau de organização será proporcional ao grau em que esses elementos estarão presentes. Nesse sentido, leciona Haroldo Duclerc Verçosa que "Não há empresa sem organização, diferenciando-se uma das outras, entre outras circunstâncias, pelo nível e pela dimensão da organização. Microempresários ou pequenos empresários ou, ainda, empresas altamente especializadas em sua atividade atuam em níveis restritos de organização. Outras empresas de maior porte e de objeto diversificado e complexo atuam em níveis diversos, fazendo uso de uma grande multiplicidade de institutos jurídicos – o que se reflete na organização de sua atividade. O porte do estabelecimento não tem necessária e essencial relação com a complexidade da organização" (VERÇOSA, Haroldo Malheiro Duclerc. *Direito comercial*: teoria geral. v. 1. 4. ed. São Paulo: Ed. RT, 2014. p. 123).

15. Na lição clássica do italiano Alberto Asquini, "o conceito de atividade empresarial implica uma atividade voltada, de um lado, a recolher e organizar a força de trabalho e o capital necessários para a produção ou distribuição dos determinados bens ou serviços, e de outro, a realizar a troca dos bens ou serviços colhidos ou produzidos" (ASQUINI, Alberto. Profili dell'impresa. *Rivista del diritto commerciale*. v. 41, I, 1943. Tradução de Fábio Konder Comparato. *Revista de direito mercantil, industrial, econômico e financeiro*. a. 35, n. 104, São Paulo, p. 117, out.-dez., 1996).

16. No mesmo sentido, BORBA, José Edwaldo Tavares. *Direito societário*. 14. ed. São Paulo: Atlas, 2015. p. 20. Já Sérgio Campinho emprega critério distinto para a divisão entre as duas espécies societárias. Segundo ele, "simples serão as sociedades que adotarem forma de cooperativa ou que exercerem objeto atinente à atividade própria de empresário rural ou executarem atividade definidas por lei como não empresariais, como as localizadas no parágrafo único do art. 966 do Código Civil de 2002" (CAMPINHO, Sérgio. *Curso de direito comercial*: direito de empresa. 15. ed. São Paulo: Saraiva, 2018. p. 51).

17. Cf. CAMPINHO. Op. cit. p. 91.

18. Cf. BORBA. Op. cit. p. 89.

Não obstante todas essas possibilidades conferidas pelo ordenamento, os tipos societários comumente empregados na prática são os das sociedades limitadas e sociedades anônimas, que dominam as atividades econômicas. Talvez não seja exagerado afirmar que praticamente a totalidade das atividades exercidas sob formas societárias são ocupadas pelas limitadas e as companhias. Por essa razão, o presente estudo se limitará à análise desses dois tipos societários, e as repercussões que o COVID-19 e a Lei nº 14.010/2020 trouxeram sobre eles, particularmente na forma de tomada de suas decisões.

2.1.1.2.1 Sociedades limitadas

As sociedades limitadas são espécies de sociedades reguladas no Código Civil em seus arts. 1.052 a 1.087. Constituem-se, como regra, por um contrato pluripessoal ou plurilateral, também chamado de contrato de comunhão de escopo,[19] em que os sócios se unem e comungam esforços em prol do atingimento de um fim comum, qual seja, o exercício de uma atividade econômica visando a obtenção e a partilha de lucros. Excepcionalmente, e conforme regra recém criada pela Lei 13.874/2019 – Lei da Liberdade Econômica –, admitiu-se a sua criação unipessoal, caso em que uma única pessoa titularizará a integralidade das cotas da sociedade, não havendo, pois, uma coletividade de pessoas no quadro social. A regra, contudo, ainda é a da constituição pluripessoal das sociedades limitadas, em que dois ou mais sócios consentem na constituição deste tipo societário.

Característica marcante das sociedades limitadas diz respeito à responsabilidade dos sócios. Ao contrário do que o nome deste tipo societário possa sugerir, a sociedade limitada não tem responsabilidade limitada. Em verdade, todas as sociedades respondem integralmente pelas obrigações sociais, com toda a força do patrimônio social. Então, o que é limitada, no caso das sociedades limitadas, é a responsabilidade dos sócios. São os sócios responsáveis subsidiária, solidária e limitadamente pelo valor de suas cotas sociais. Enquanto não integralizadas as cotas subscritas por cada um, todos responderão subsidiariamente em relação à sociedade, e solidária e limitadamente entre si, pelo valor das obrigação contraídas pela pessoa jurídica, até o montante não integralizado das suas cotas e, consequentemente, do capital social. Mas uma vez integralizadas todas as cotas e, consequentemente, o capital da sociedade, nenhuma responsabilidade subsistirá para os sócios em relação às obrigações sociais. Assim, caso não estejam totalmente

---

19. A expressão é do jurista alemão Rudolf von Ihering. Conforme lição de Eros Roberto Grau, Ministro aposentado do Supremo Tribunal Federal, "Nos contratos de comunhão de escopo – von Ihering refere-se aos contratos de sociedade – os interesses dos contratantes são paralelos. Se um dos contratantes sofre prejuízo, os outros também o suportam. Do espírito de solidariedade de interesses que os caracteriza, o lema: a vantagem dele é a minha vantagem, minha vantagem é a sua vantagem (*sein Vorteil mein Vorteil, mein Vorteil sein Vorteil*)". E conclui o Professor Titular da USP: "Se nos contratos de intercâmbio o elemento fundamental é o *sinalagma* – vínculo de recíproca dependência entre as obrigações do contrato bilateral – na associação, como na sociedade e no consórcio, o elemento fundamental é o *escopo (objetivo) comum*. Daí a observação, ainda de von Ihering: o contrato de intercâmbio tem por pressuposto a *diversidade*, enquanto que o contrato de sociedade – contrato de comunhão de escopo – a *identidade* de objetivo". (GRAU, Eros Roberto. Princípio da equivalência e o equilíbrio econômico e financeiro dos contratos. *Revista de direito público*. n. 96, v. 24, 1990. p. 61).

integralizadas as cotas dos sócios, se o patrimônio da sociedade for insuficiente para o cumprimento das obrigações da sociedade, poderão os credores demandar em face deles, os quais responderão solidariamente até o limite do valor não integralizado do capital.

Questão, contudo, que merece destaque, particularmente no exame das repercussões da Lei nº 14.010/2020 sobre as relações societárias, diz respeito à forma de deliberação das sociedades limitadas. E para que se possa examinar a questão, impõe-se verificar como se dão as deliberações sociais no âmbito das sociedades limitadas.

No âmbito das sociedades limitadas, assim como ocorre, de um modo geral, com os demais tipos societários e espécies de pessoas jurídicas, a tomada de decisões sobre matérias rotineiras, acerca do funcionamento da sociedade e da realização de seus negócios, bem como a execução destes, compete aos órgãos de administração. Pelo funcionamento dinâmico destes órgãos e a necessidade de celeridade de atuação no âmbito das atividades econômicas, especialmente as empresárias, a dependência de realização de deliberações para a tomada de decisões por órgãos complexos, como a assembleia, por exemplo, poderia trazer grandes entraves e graves prejuízos à pessoa jurídica. Por essa razão, impõe-se, no varejo da atuação das sociedades, a tomada de decisões e, consequentemente, a execução destas, pelos administradores.

Nada obstante, e particularmente no tocante às sociedades limitadas, o legislador impôs a subordinação de determinadas matérias à deliberação dos sócios, afastando a mera atuação do órgão de administração, dadas as repercussões que podem causar às relações sociais e à própria estrutura da sociedade. Nas hipóteses exemplificativamente previstas no art. 1.071 do Código Civil, apenas os sócios, por meio de deliberação conjunta, podem decidir sobre o tema. Além destas, admitiu o legislador, no próprio *caput* do art. 1.071 CC, que o contrato social possa prever outras matérias que dependam de deliberação social. Por fim, o Código Civil também prevê outros casos em que a exteriorização da vontade social depende de deliberação dos sócios, como aquelas matérias obrigatoriamente submetidas à reunião ou assembleia anual (art. 1.078 CC), além da mudança de nacionalidade da sociedade (art. 1.127 CC), a eleição de membros do Conselho Fiscal (art. 1.068 CC) e a transformação do tipo societário (art. 1.114 CC).

No que toca à forma de deliberação, as sociedades limitadas podem adotar a reunião ou a assembleia, competindo aos sócios, no contrato social, definir qual será a utilizada, como preceitua o art. 1.072 do Código Civil. No entanto, caso a sociedade tenha mais de 10 (dez) sócios em seu quadro social, obrigatória será a adoção da assembleia (art. 1.072, § 1º CC), cujas regras de convocação, instalação e deliberação estão formalmente estabelecidas nos arts. 1.072 a 1.075 e 1.152, §§ 1º e 3º do Código Civil.

Optando-se pela forma de reunião, compete ao contrato social estabelecer as regras de convocação, instalação e deliberação, as quais são dispositivas. O Código Civil, acerca desta forma de deliberação, deixou a cargo dos sócios a decisão sobre as formalidades de sua realização. Havendo, contudo, omissão no ato constitutivo da sociedade no tocante às regras a serem adotadas para a reunião, aplicar-se-ão a ela as disposições referentes à assembleia, nos termos do art. 1.072, § 6º do Código Civil.

Neste ponto é importante destacar a previsão do art. 5º da Lei nº 14.010/2020. Esta, ao tratar da possibilidade de realização de assembleias no âmbito das sociedades, e aqui abrangidas, à toda evidência, as sociedades limitadas, admite, por extensão, a sua aplicação às reuniões. Por certo, diante da inexistência de previsão legal anterior autorizando a realização de deliberações por meio eletrônico, os contratos sociais das sociedades limitadas também não regulavam, na prática, essa forma de tomada de decisões. É preciso destacar, ainda, que no âmbito das limitadas esse modo de deliberar não estava vedado, uma vez que o art. 1.072 do Código Civil permite, no âmbito da autonomia privada dos sócios, que os sócios estabeleçam livremente as regras de convocação, instalação e realização das reuniões. No entanto, crê-se que dificilmente esta possibilidade tenha sido prevista na prática, de modo que, em sendo omisso o contrato social, poder-se-á aplicar às reuniões as regras atinentes às assembleias.

Com efeito, diante da omissão dos contratos sociais das sociedades limitadas, será plenamente possível a realização de reuniões por meio eletrônico, na medida em que o art. 5º da Lei nº 14.010/2020, em conjunto com o art. 1.072, § 6º, do Código Civil, expressamente autoriza a sua adoção para as assembleias.

A referida interpretação, e a consequente autorização de realização, tanto de assembleias, quanto de reuniões, pelo meio virtual, se reforça pela criação do art. 1.080-A do Código Civil promovida pela Medida Provisória 931/2020. Segundo o novo dispositivo, "O sócio poderá participar e votar a distância em reunião ou assembleia, nos termos do disposto na regulamentação do Departamento Nacional de Registro Empresarial e Integração da Secretaria Especial de Desburocratização, Gestão e Governo Digital do Ministério da Economia". A referida regulamentação se deu por meio da Instrução Normativa DREI 79/2020, a qual dispôs sobre a participação e votação à distância em reuniões e assembleias de sociedades anônimas fechadas, limitadas e cooperativas. Assim, não há mais dúvidas acerca da ampla possibilidade de realização dos atos de deliberação por meio virtual.

Quanto à assembleia, prevê o legislador regras rígidas para a sua realização. A sua convocação, nos termos do art. 1.072 do Código Civil, compete aos administradores. Sem prejuízo, e especialmente quando estes se omitem no exercício da sua competência, o legislador atribuiu subsidiariamente o seu exercício a outras pessoas ou órgãos. Consoante o disposto no art. 1.073 do Código Civil, compete a qualquer sócio, se não for convocada a reunião ou a assembleia pelos administradores no prazo de 60 (sessenta) dias contados daquele estabelecido na lei ou no contrato para a sua realização, a convocação da assembleia. Compete também aos sócios que representem 1/5 do capital social a convocação da assembleia quando os administradores não a convocarem no prazo de 08 (oito) dias contados da solicitação de qualquer sócio (para pedir a convocação ao administrador, não se exige quórum mínimo; o quórum exigido na lei é tão somente para a convocação, em si, da assembleia pelos sócios). Por fim, compete ainda ao conselho fiscal a convocação da assembleia quando os administradores não a convocarem no prazo de 30 (trinta) dias, ou sempre que ocorrer fato grave.

A forma de convocação também reclama a observância de certas formalidades que, uma vez descumpridas, podem levar à invalidação da própria assembleia. Nos termos dos §§ 1º e 3º do art. 1.152 do Código Civil, a convocação para a assembleia deverá ser feita por meio de 03 (três) editais publicados no Diário Oficial e em jornal de grande circulação no local da sede da sociedade. Exige-se, ainda, um prazo mínimo entre a publicação do primeiro edital e a realização da assembleia, o qual será de 08 (oito) dias quando realizada em primeira convocação, e 05 (cinco) dias quando realizada em segunda convocação.

A não observância dessas formalidades, como dito anteriormente, levará à invalidação da assembleia, salvo se todos os sócios, antes da sua realização, declararem por escrito estarem cientes da data, horário e local em que será feita, ou se todos comparecerem à assembleia mesmo sem a devida convocação ou declaração escrita, consoante previsão constante do § 2º do art. 1.072 do Código Civil.

Instalada a assembleia, o que ocorrerá se estiverem presentes sócios que representem, no mínimo, 1/4 do capital social, quando em primeira convocação, ou qualquer número, quando em segunda convocação, poderá ser dado início aos trabalhos (art. 1.074 do Código Civil). Observe-se que a dispensa no tocante ao quórum mínimo, quando realizada em segunda convocação, tem como propósito impedir que o desinteresse e a não presença dos sócios embaracem o funcionamento da sociedade no tocante à tomada de certas decisões, particularmente aquelas ordinárias, nas quais o quórum de deliberação é de apenas maioria dos presentes, como previsto no art. 1.076, III, do Código Civil.

Essa instalação, assim como a própria realização, como visto anteriormente, poderá se dar por meio eletrônico, em perfeita consonância com o disposto no art. 5º da Lei nº 14.010/2020. Com efeito, o registro da presença e as deliberações se darão exclusivamente pelo meio virtual, cuja ferramenta eletrônica (aplicativo) será escolhida pelo administrador da sociedade, conforme prevê o parágrafo único do dispositivo em comento.

Após a instalação, então, inicia-se a fase de deliberação e tomada de decisões, em que todos os sócios têm direito a voto. Na sociedade limitada, o direito de voto é essencial, de modo que não pode ser suprimido ou limitado, o que se extrai do disposto no art. 1.072 do Código Civil, o qual faz expressa referência ao art. 1.010 do mesmo Código. Assim, ainda que o contrato da sociedade limitada, nos termos do art. 1.053, parágrafo único, do Código Civil, preveja regência supletiva da Lei das Sociedades Anônimas, no tocante à supressão ou restrição do direito de voto, permitida neste tipo societário, não poderá ser aplicado às sociedades limitadas. A única exceção diz respeito ao voto conflitante, o qual, em verdade, não está vedado. O voto dado em conflito de interesses com o interesse social configura o abuso do direito de voto, caso em que, se o voto conflitante do sócio vier a prevalecer, responderá por perdas e danos. Portanto, não há, nesta hipótese, propriamente uma vedação ao exercício do direito de voto, mas sim a imposição de sanções ao cotista que assim proceder.

O direito de voto é personalíssimo, de modo que apenas o sócio pode exercê-lo. Admite-se, contudo, e excepcionalmente, a representação dos sócios nas deliberações sociais mediante a outorga de mandato a outro sócio ou ao advogado do cotista, como prevê o § 1º do art. 1.074 do Código Civil, devendo estar expressos os poderes, e respectivos limites, no instrumento de procuração. Por se tratar de regra de exceção, sua interpretação é restritiva, não se admitindo a outorga de poderes a outras pessoas que não sejam aquelas previstas.

Sem prejuízo, e com o advento da Medida Provisória 931/2020, que criou o já mencionado art. 1.080-A do Código Civil, passou-se a admitir a possibilidade de participação e voto à distância de sócio em reunião ou assembleia, o que foi regulamentado, como visto, por meio da Instrução Normativa DREI 79/2020. Com efeito, caso optem os sócios pela realização física do ato, o registro de presença, assim como o de voto, poderá se dar por meio eletrônico.

Cumpre observar, ainda, que assim como ocorre com todos os demais tipos societários, também nas sociedades limitadas prevalece o princípio da maioria e da soberania das decisões deliberativas, também chamado de princípio da vinculação. Por ele, as decisões tomadas em reunião ou assembleia pela maioria dos sócios, observando-se os quóruns legais, vinculam todos os sócios, tanto os minoritários quanto os ausentes e os dissidentes.

Por fim, dispensa-se a realização de reunião ou assembleia se todos os sócios, por escrito, decidirem sobre a matéria que seria objeto dela (art. 1.072, § 3º CC), presumindo-se, neste caso, que todos tiveram ciência dos temas que seriam deliberados e optaram por não observar as formalidades legais no tocante à forma de se deliberar e tomar as decisões sociais. Trata-se de medida importante, especialmente durante este período transitório, na medida em que dispensa a realização de atos formais de deliberação, e que decorre da soberania da autonomia da vontade da unanimidade do corpo social, a qual deve prevalecer sobre as disposições legais no tocante à forma de tomada das decisões.

2.1.1.2.2 Sociedades anônimas

Juntamente com a sociedade limitada, a sociedade anônima é um dos tipos societários mais utilizados na prática, tendo grande relevância social e econômica. Mas, enquanto as sociedades limitadas se reservam às atividades de pequeno e médio porte, a sociedade anônima é o tipo societário adotado para a exploração de atividades econômicas de maior vulto.

É ela, no que toca à sua caracterização, e como já visto anteriormente, empresária por força de lei, e isso por conta da própria complexidade da sua estruturação e das atividades para as quais está voltada. Por suas características peculiares, não se afigura compatível com este tipo societário as atividades econômicas não empresariais, isto é, aquelas desprovidas da organização que caracterizam a empresa. Assim, ainda que tal sociedade venha a exercer uma atividade não empresarial, típica das sociedades simples, será ela empresarial em decorrência da sua própria estrutura, e por conta da expressa previsão do parágrafo único do art. 982 do Código Civil.

Outra característica marcante da sociedade anônima é a divisão do seu capital social em ações, impondo aos seus titulares – os sócios acionistas – uma responsabilidade limitada ao pagamento do preço de emissão daquelas subscritas ou adquiridas por eles, nos termos do art. 1º da Lei 6.404/76. Tão relevante é esta regra que foi repetida pelo Código Civil de 2002 em seu art. 1.088, não deixando dúvidas quanto ao regime de responsabilidade dos sócios nas sociedades anônimas. Dela se infere que a responsabilidade do acionista se limita à sociedade, e tão somente ao preço de emissão das ações por ele subscritas ou adquiridas. Como consequência, não há nas sociedades anônimas responsabilidade dos acionistas pelo inadimplemento das obrigações sociais, como ocorre na sociedade limitada quando da não integralização do seu capital social. Com efeito, uma vez pago o preço de emissão das ações subscritas ou adquiridas, está o acionista isento de responsabilidade, seja perante a companhia, seja perante terceiros pelo cumprimento das obrigações sociais.

Em relação às deliberações, a sociedade anônima se submete a um regime com regras mais rígidas e formais. Primeiramente, cumpre destacar que a sociedade anônima é, como visto, uma pessoa jurídica e, como tal, incorpórea, não possuindo vontade própria para decidir e executar as suas decisões, sendo uma verdadeira ficção tornada realidade pelo Direito. Com efeito, ela necessita de órgãos e pessoas para a tomada e implementação das decisões sociais, pessoas essas aptas a administrar os seus negócios e a representá-la perante terceiros, como ocorre com as demais pessoas jurídicas.

Mas, diferentemente do que ocorre com as sociedades contratuais, como são as limitadas, a estruturação das sociedades anônimas é complexa, o que é uma decorrência lógica do vulto e complexidade das atividades que se propõem a ser exercidas sob este tipo societário. Nas companhia reclama-se uma divisão de tarefas no exercício das diversas funções exigidas daqueles que irão administrar, representar e executar o objeto social, diferentemente do que ocorre com as demais sociedades, cuja estrutura é, como regra, rudimentar, pois os próprios sócios, ou grande parte deles, participam ou têm o poder de administração e, quando não o têm, exercem uma fiscalização direta sobre a atuação daqueles que a administram[20].

Por essa razão, o legislador previu inúmeros órgãos responsáveis pelas mais variadas atividades da sociedade anônima – teoria organicista –, desde aqueles capazes de deliberar e tomar as decisões, até aqueles que irão executá-las e, também, fiscalizá-las. Essa divisão, para alguns autores, foi inspirada na separação tripartite dos poderes – ou

---

20. Nesse sentido, Rubens Requião: REQUIÃO, Rubens. *Curso de Direito Comercial*. vol. 2. 30. ed. São Paulo: Saraiva. 2013, p. 214.

funções – do Estado[21], o qual detém um órgão deliberativo de tomada de escolhas e decisões – a criação das leis, através do Legislativo –, um órgão executivo dessas decisões – o Executivo –, e um órgão fiscalizatório, que "controla" a regularidade do processo de tomada dessas escolhas, bem como de sua correta execução – Judiciário[22]. Nessa esteira, temos como órgãos centrais e obrigatórios das companhias a Assembleia Geral – órgão deliberativo –, a Diretoria – órgão executivo – e o Conselho Fiscal – órgão fiscalizatório.

A lei prevê, ainda, a possibilidade de existência e funcionamento de outros dois órgãos: a Assembleia Especial, também de natureza deliberativa, que se instala quando da existência de ações especiais e de classes distintas, ou de outros títulos emitidos pela companhia, como as debêntures ou as partes beneficiárias; e o Conselho de Administração, órgão colegiado que também exerce função administrativa, e que só é necessário nas companhias abertas, nas de capital autorizado e nas sociedades de economia mista.

O legislador admitiu, também, a possibilidade de criação, pela lei ou pelo estatuto, de outros órgãos não previstos na Lei 6.404/76, como preceitua o seu art. 139, sendo que a tais órgãos não poderão ser outorgadas atribuições ou poderes dos órgãos administrativos já existentes, consagrando, deste modo, o princípio da indelegabilidade[23]. Sem prejuízo, a responsabilidade dos membros desses novos órgãos será a mesma aplicável aos demais órgãos de administração, consoante o disposto no art. 160 da LSA.

Dessa separação de funções, extrai-se a regra de que não é possível, salvo exceções expressas na lei,[24] que um órgão exerça a atividade de outro, seja por delegação, seja por

---

21. Cf. LACERDA, J. C. Sampaio de. *Manual das sociedades por ações*. Rio de Janeiro: Freitas Bastos, 1967. p. 147.
22. Fazendo um paralelo com a sociedade anônima, no tocante a essas funções deliberativa, executiva e fiscalizatória, leciona Rubens Requião que "os órgãos sociais estão constituídos em três categorias: o *órgão de deliberação*, que expressa a vontade da sociedade; o *órgão de execução*, que realiza a vontade social; e o *órgão de controle*, que fiscaliza a fiel execução da vontade social" (REQUIÃO. Op. cit. p. 214).
23. CARVALHOSA, Modesto. *Comentários à Lei de Sociedades Anônimas*. vol. 3. 4. ed. São Paulo: Saraiva, 2009. p. 37. Sendo a divisão de funções dos órgãos das companhias uma inspiração da separação de poderes estatais, a indelegabilidade das funções dos "poderes" das sociedades anônimas também decorre da indelegabilidade das funções dos poderes do Estado, a qual só pode ocorrer por expressa autorização da própria Constituição. Note-se que, assim como no Direito Público, aplica-se às sociedades anônimas o sistema de freios e contrapesos, em que um órgão deve, no estrito exercício das suas funções, fiscalizar a atividade dos demais, evitando, assim, usurpações e abusos. Há que se observar, por fim, que, como observa Alfredo Gonçalves Neto, cometeu o legislador, no art. 139 da LSA, uma impropriedade: é induvidoso que o estatuto não pode criar um novo órgão administrativo e lhe conferir poderes e atribuições já pertencentes a outros órgãos; no entanto, não poderia ele impedir que nova lei criasse este órgão, dando-lhe determinadas funções de outros órgãos, inclusive revogando aquelas (NETO, Alfredo de Assis Gonçalves. *Manual das companhias ou sociedades anônimas*. 3. ed. São Paulo: Ed. RT, 2013. p. 159 – nota de rodapé).
24. A regra é a impossibilidade de exercício comum de funções que, inequivocamente, levaria ao conflito de atribuições. Como exemplo tem-se o art. 139 da Lei 6.404/76, que dispõe que "as atribuições e poderes conferidos por lei aos órgãos de administração não podem ser outorgados a outro órgão, criado por lei ou pelo estatuto". Há, entretanto, exceções: uma delas está prevista no art. 138 da LSA, que traz o regime da duplicidade de órgãos (CARVALHOSA. Op. cit. p. 36), admitindo que a administração da companhia poderá, por previsão do estatuto, competir ao conselho de administração e à diretoria, ou só à diretoria; a possibilidade de convocação da Assembleia Geral, a qual é atribuída, de maneira alternativa a diversos órgãos (art. 123 da LSA); a aprovação do aumento de capital, nas sociedades de capital autorizado, a qual pode se dar por decisão da Assembleia Geral ou do Conselho de Administração, o que dependerá de previsão do estatuto (art. 142, VII, c/c art. 168, § 1º, *b*, da LSA); e a emissão de debêntures que, consoante o *caput* e os §§ do art. 59 da LSA, pode ser determinada pela Assembleia ou pelo Conselho de Administração, conforme previsão do estatuto.

usurpação, ou que haja superposição de funções. Então, os órgãos da sociedade anônima devem guardar e executar as funções que lhes são impostas pela lei e pelo estatuto, de modo que não podem invadir a esfera de competência exclusiva de um e de outro, salvo, como já observado, nas exceções expressamente admitidas pela lei, podendo, entretanto, fiscalizarem-se mutuamente quanto ao correto exercício das atribuições e poderes que cada um deles titulariza e exerce, de modo a se lhes aplicar, também, o sistema de freios e contrapesos – *checks and balances* – do Direito Constitucional, através do qual se possibilita aos órgãos da sociedade um controle recíproco, evitando abusos e arbitrariedades no campo de atuação de cada um deles.[25]

Para o presente estudo, revela-se importante a análise particular dos órgãos de deliberação, os quais fundamentalmente são as assembleias e, quando existente, o conselho de administração.

A. Assembleias

As assembleias das sociedades anônimas podem ser gerais ou especiais. As assembleias gerais são aquelas que, dentro dos limites da lei e do estatuto, têm competência para deliberar sobre todo e qualquer assunto de interesse da companhia, enquanto que as assembleias especiais têm como propósito deliberar sobre matérias envolvendo direitos e interesses de titulares de ações de classe especial ou de outros títulos emitidos pelas companhias. Ainda em relação a essas últimas, poderão as assembleias especiais ser: (i) prévias ou originárias, quando de iniciativa dos titulares dessas ações e títulos para tratar de assuntos de seu interesse, sem que tenha havido deliberação social anterior; e (ii) posteriores ou supervenientes, realizadas nos casos em que discutidas e decididas em uma assembleia geral, questão que atinja a esfera jurídica de acionistas titulares de ações de classes especiais ou terceiros não acionistas detentores de outros títulos emitidos pela companhia.[26]

Questão de grande relevância no estudo das assembleias é aquela atinente à assembleia geral. A assembleia geral é o órgão máximo e soberano da companhia. É ela o órgão máximo porque é constituída por todos os acionistas da sociedade, tenham eles, ou não, direito a voto (no segundo caso, terão o chamado *direito de voz*, isto é, de participar e opinar, mas não decidir por meio do voto); e é ela soberana porque, ressalvadas as limitações legais, tem poderes para decidir sobre todos os assuntos de interesse da

---

25. Como bem observa Modesto Carvalhosa, ao explicitar a aplicação do sistema aos órgãos societários, "atribuiu a lei soberania à assembleia geral, que seria, no âmbito societário, um poder constituinte permanente e, ao mesmo tempo, fiscalizador da legalidade e da legitimidade das funções exercidas pelos órgãos da administração. Outrossim, o Conselho Fiscal exerce o papel de Tribunal de Contas, julgando a fiel movimentação financeira da companhia. Esse Conselho julga, também, a legitimidade dos atos praticados pelos administradores e sua consonância, portanto, com as leis e com o estatuto social" (CARVALHOSA. Op. cit. p. 40).
26. BORBA. Op. cit. p. 378.

companhia, sendo que suas decisões, desde que respeitem a lei, o estatuto e o edital de convocação, são imutáveis e inderrogáveis pelos outros órgãos.

Essa soberania, entretanto, não significa ilimitação de poderes, isto é, a assembleia geral não pode tudo, de modo que nem todas as questões que envolvem a companhia podem ser subordinadas à assembleia, devendo-se observar os limites legais e estatutários. Por exemplo, matérias cujas competências são legalmente atribuídas a outros órgãos não podem ser objeto de deliberação, derrogação e usurpação pela assembleia; há casos, também, em que estão envolvidos interesses de terceiros não acionistas, no que será necessário, para eficácia da decisão assemblear, também a manifestação de vontade desses interessados por meio da já mencionada assembleia especial.

Mas, do mesmo modo que há restrições à assembleia geral, também prevê a lei matérias que são privativas dela, ou seja, apenas na assembleia geral se poderá deliberar sobre esses assuntos, os quais estão taxativamente previstos no art. 122 da LSA.[27] Então, especificamente para essas matérias, não é possível transferir a sua deliberação e decisão para outro órgão, como, por exemplo, o conselho de administração, sendo que apenas o conclave social poderá deliberar sobre elas.

Quanto às espécies, a assembleia geral se divide em assembleia geral ordinária (AGO) e assembleia geral extraordinária (AGE), cuja diferenciação é feita em razão das matérias que são objeto de deliberação, nos termos do art. 131 da LSA. Segundo o mencionado dispositivo, a AGO deve ter como objeto as matérias descritas no art. 132 da LSA, sendo que todas as demais serão alvo de AGE, isto é, a competência para a assembleia geral extraordinária é sempre residual.

A AGO é aquela que se realiza anualmente, nos 04 (quatro) primeiros meses seguintes ao do término do exercício social, o qual terá, como regra, duração de 01 (um) ano, cuja data do término deverá ser fixada no estatuto (art. 175 LSA), admitindo-se, todavia, a fixação de prazo de duração diverso no estatuto social (art. 175, parágrafo único, LSA).

Em relação ao referido prazo, e por conta dos efeitos danosos da pandemia do COVID-19 sobre as relações societárias, o Chefe do Poder Executivo federal, atento a essas questões, fez editar a Medida Provisória 931 de 2020, que dispôs, assim como a Lei nº 14.010/2020, sobre regras transitórias a serem aplicadas às sociedades, abrangendo-se, pois, as sociedades anônimas.

---

27. Segundo o art. 122 da Lei 6.404/1976, são privativos da assembleia geral (i) a reforma do estatuto social; (ii) eleição ou destituição dos administradores e fiscais da companhia; (iii) tomada anual de contas dos administradores; (iv) autorização para emissão de debêntures, exceto nos casos de emissão de debêntures não conversíveis em ações nas companhias abertas, de emissão de debêntures conversíveis em ações dentro dos limites do capital autorizado, ou quando forem delegados tais poderes, pela assembleia, ao conselho de administração; (v) suspensão do exercício dos direitos dos acionistas; (vi) deliberação sobre a avaliação dos bens para integralização de ações subscritas; (vii) autorização para emissão de partes beneficiárias; (viii) deliberação sobre transformação, fusão, incorporação, cisão, dissolução e liquidação da companhia; e (ix) autorização para os administradores confessarem falência e pedirem recuperação.

Em seu art. 1º, a referida Medida Provisória tratou da prorrogação do prazo de realização das assembleias ordinárias, prevendo que "A sociedade anônima cujo exercício social se encerre entre 31 de dezembro de 2019 e 31 de março de 2020 poderá, excepcionalmente, realizar a assembleia geral ordinária a que se refere o art. 132 da Lei 6.404, de 15 de dezembro de 1976, no prazo de sete meses, contado do término do seu exercício social".

Trata-se, pois, de regra salutar, na medida em que há uma inequívoca limitação à possibilidade de realização de assembleias, dados os riscos de contágio pelo coronavírus. Assim, a par da possibilidade de realização de assembleias virtuais, que serão objeto de análise mais à frente, podem os administradores optar por não realizar imediatamente as assembleias, aguardando-se o prazo estabelecido no art. 1º da MP 931/2020.

Como consequência dessa postergação, prevê o § 2º do art. 1º da MP 931/2020 que os prazos de gestão ou de atuação dos administradores, dos membros do conselho fiscal e de comitês estatutários ficam prorrogados até a realização da assembleia geral ordinária, nos termos do disposto no *caput*, ou até que ocorra a reunião do conselho de administração, conforme o caso.

A medida é imperiosa e lógica, uma vez que havendo a postergação do prazo de realização da AGO, a qual compete eleger os membros desses órgãos, não poderão os seus mandatos ser extintos, sob pena de tornar acéfala a sociedade. Assim, prorrogam-se automaticamente, por força de lei, os referidos mandatos, até a realização de nova assembleia.

Além dessa expressa previsão de prorrogação dos prazos das assembleias gerais ordinárias das companhias, também se previu, no art. 3º da Medida Provisória 931/2020, regra transitória aplicável exclusivamente às sociedades anônimas abertas. Segundo o dispositivo em exame, poderá a Comissão de Valores Mobiliários, no âmbito das companhias de capital aberto, prorrogar, durante o exercício de 2020, todos os prazos impostos a elas e previstos na Lei 6.404/1976.

O complexo funcionamento das companhias abertas, muitas vezes tendo em seus quadros sociais um número incontável de acionistas, recomenda essa flexibilização, competindo à CVM, no âmbito da sua função fiscalizatória e regulatória, autorizar a prorrogação dos prazos legais para a prática de atos a certas sociedades.

Também visando proteger de modo amplo os interesses das companhias, previu-se no § 3º do art. 1º da MP 931/2020 que, ressalvada a hipótese de previsão diversa no estatuto social, caberá ao conselho de administração deliberar, *ad referendum*, assuntos urgentes de competência da assembleia geral.

O legislador provisório, então, atribuiu ao conselho de administração uma competência transitória para deliberar sobre certos assuntos que seriam de competência da assembleia, mais particularmente aqueles que forem urgentes e não puderem ser operacionalizados, de modo imediato, sequer por meio de assembleia virtual, a qual, por certo, reclamará a observância dos procedimentos formais de convocação, os quais não foram dispensados pelo legislador, como se verá adiante.

Quanto às regras de convocação, instalação e deliberação nas assembleias, estas são comuns a todas as espécies, isto é, tanto as assembleias gerais, ordinárias e extraordinárias, quanto as especiais, deverão observar as mesmas regras dispostas na Lei 6.404/1976.

A convocação da Assembleia compete à diretoria ou, na hipótese de existir um conselho de administração, a este órgão (art. 123 da LSA). No caso de não existir um conselho de administração, qualquer diretor pode convocar a Assembleia, salvo se o estatuto, ao discriminar os poderes dos diretores, conferir poder de convocação a um determinado diretor. Igualmente, na hipótese de existir um conselho de administração, competirá a qualquer membro deste órgão a convocação da assembleia, salvo se o estatuto conferir tal poder a um conselheiro determinado.

Sem prejuízo, poderá também convocar a assembleia, de modo residual e na forma do art. 123, parágrafo único, da LSA, (i) o conselho fiscal, nos casos previstos no número V, do artigo 163, (ii) qualquer acionista, se os administradores retardarem, por mais de 60 (sessenta) dias, a convocação nos casos previstos em lei ou no estatuto, (iii) acionistas que representem cinco por cento, no mínimo, do capital social, quando os administradores não atenderem, no prazo de 8 (oito) dias, a pedido de convocação que apresentarem, devidamente fundamentado, com indicação das matérias a serem tratadas e (iv) acionistas que representem cinco por cento, no mínimo, do capital votante, ou cinco por cento, no mínimo, dos acionistas sem direito a voto, quando os administradores não atenderem, no prazo de 8 (oito) dias, a pedido de convocação de assembleia para instalação do conselho fiscal.

Em relação à formalidade da convocação da assembleia, esta deverá observar o disposto no art. 124 da LSA, bem como as disposições do art. 289 da Lei. Segundo os referidos dispositivos, a convocação da assembleia será feita sempre através de edital, o qual deverá ser publicado por no mínimo 03 (três) vezes no Diário Oficial e em jornal de grande circulação editado na sede da companhia, podendo a Comissão de Valores Mobiliários, no caso das companhias abertas, também determinar a publicação em jornal que tenha grande circulação nas localidades em que são negociados os valores mobiliários da sociedade. Se no local da sede da companhia não for editado nenhum jornal, a publicação será feita em periódico que tenha grande circulação na localidade. As publicações devem ser feitas sempre no mesmo jornal, sendo que qualquer modificação deverá ser comunicada aos acionistas na última AGO realizada, salvo se este periódico parar de ser publicado repentinamente, caso que esta última exigência não prevalecerá.

No caso das companhias fechadas, poderão os sócios que representem 5% ou mais do capital social solicitar à companhia que sua convocação, além da publicação do edital, também se faça por carta registrada ou telegrama. Esse pedido feito pelo acionista deverá especificar por quanto tempo a convocação será feita por essas duas formas, sendo que tal prazo não pode exceder 02 (dois) exercícios sociais, podendo ser prorrogado, além de ter que explicitar qual é o endereço para o qual será enviada a correspondência.

Nas companhias fechadas de pequeno porte, reguladas no art. 294 da LSA, as quais se caracterizam por serem constituídas por até 20 (vinte) acionistas e patrimônio líquido inferior a R$ 10.000.000,00 (dez milhões de reais), a convocação se dará de forma simplificada, mediante o mero envio de anúncio a cada acionista, mediante contra recibo, sem necessidade de publicação de edital.

A convocação para a assembleia, seja por edital, seja mediante a entrega de anúncios, deverá observar prazos mínimos em relação ao dia de sua realização, os quais estão previstos nos incisos I e II do § 1º do art. 124 da LSA. No caso das companhias abertas, a convocação deverá ser feita até 15 (quinze) dias antes da realização da assembleia, prazo esse que se conta da publicação do primeiro edital, quando em primeira convocação; e 08 (oito) dias antes da realização da assembleia, também contados da primeira publicação, quando em segunda convocação. Nas companhias fechadas, o anúncio convocatório deverá ter uma antecedência de 08 (oito) dias quando em primeira convocação, e 05 (cinco) dias quando em segunda.

Na prática, é comum ser feita a chamada para comparecimento em primeira e segunda convocação no mesmo anúncio, sendo que os período que medeia a tentativa de realização da assembleia em primeira e em segunda convocação é de apenas horas.[28] Veja-se, entretanto, que neste caso prático ambas as convocações deverão feitas previamente no edital ou anúncio, não sendo admissível que, sendo chamada a assembleia apenas em primeira convocação, e no dia e horário designados não haja quórum mínimo para a sua instalação, seja convocada nova Assembleia para o mesmo dia e apenas horas seguintes. Frustrando-se a realização em primeira convocação, e não tendo havido a convocação conjunta para a realização em segunda convocação, obrigatória será a observância de todo o procedimento convocatório anteriormente mencionado.

Ainda no tocante ao prazo de convocação, prevê a lei a possibilidade de a CVM aumentar o prazo de chamada para a realização da assembleia em primeira convocação para até 30 (trinta) dias, quando a matéria que for submetida a deliberação for complexa a ponto de exigir este prazo superior. Admite-se, ainda, que a CVM interrompa o curso do prazo de convocação por até 15 (quinze) dias, quando houver denúncia e suspeita de violação à lei ou a regulamentos do órgão (Art. 124, § 5º da LSA).

A convocação para a Assembleia deverá indicar o local, a data e a hora em que ela se realizará, bem como a ordem do dia, mencionando quais serão os assuntos tratados. No caso de reforma do estatuto, é preciso que seja especificada a matéria que será deliberada, ou seja, deve-se explicitar o que se pretende reformar especificamente, não bastando fazer menção à mera modificação dos atos constitutivos da sociedade.

---

28. Por exemplo, faz-se, no mesmo anúncio ou edital, a chamada para a Assembleia, em primeira convocação, às 20:00hs do dia 31 de março, e em segunda convocação às 21:00hs do mesmo dia 31 de março. No mesmo sentido, GONÇALVES NETO. Op. cit. p. 169.

Caso não sejam observadas essas formalidades, qualquer interessado pode suscitar a invalidade da Assembleia, vício que estará sanado se, apesar de não cumpridas as exigências legais, comparecerem ao ato todos os acionistas da companhia, com ou sem direito a voto, pois neste caso presume-se que todos tiveram pleno conhecimento da convocação para comparecimento à Assembleia (art. 124, § 4º da LSA).

Quando as matérias a serem deliberadas forem de competência privativa da AGO, e também forem de atribuição da AGE, poderão ser convocadas conjuntamente, sendo realizadas no mesmo local, dia e horário, inclusive sob a mesma ata (parágrafo único art. 131 da LSA). Já quando se fizer necessário realizar duas AGO's, em razão da não observância do prazo legal para a realização de uma delas, também poderão ser convocadas no mesmo edital ou anúncio, mas deverão ocorrer em horários sucessivos e sob atas distintas.

Por fim, é preciso observar que a autorização para a realização de assembleias virtuais, tanto na Lei nº 14.010/2020, quanto na Medida Provisória 931/2020, não dispensam a observância das formalidades impostas para a convocação das assembleias. Portanto, em que pese tenha sido permitida a sua realização por meios eletrônicos, esta permissão não exime a companhia do dever de cumprir com as formalidades legais convocatórias. Então, as regras que autorizam a realização das deliberações por meio virtual não influíram nas regras atinentes à observância das formas de se convocar a assembleia. De modo que, ainda que realizadas integralmente por meio eletrônico, a convocação para o ato deliberatório deverá observar todas disposições anteriormente mencionadas, sob pena de nulidade, salvo se, nos termos do art. 124, § 4º da LSA, todos os acionistas da companhia registrarem sua presença, no caso, eletronicamente, consoante regulamentação da Instrução Normativa CVM 622/2020, que alterou a Instrução Normativa CVM 481/2009.

Último e importante aspecto atinente à assembleia diz respeito à sua realização. Ela deve se realizar, como regra, no local da sede da companhia, como exige o art. 124, § 2º da LSA. Excepcionalmente é possível sua realização em outro local, desde que no mesmo Município da sede, caso se verifique evento de força maior que impeça a instalação da assembleia no próprio prédio da sede da sociedade. Nesta hipótese excepcional, os editais e anúncios de convocação deverão ressaltar que o ato se realizará em local diverso da sede, o qual jamais poderá ser em praça – município – distinto daquele indicado no estatuto como sede.

O que se percebe é que a regra imposta pelo legislador é a da necessidade de realização física das assembleias, sendo este o sistema prevalecente até bem pouco tempo atrás. Em 2011, com a edição da Lei nº 12.431, a referida regra foi flexibilizada, particularmente para as companhias abertas, passando-se a admitir o registro de presença e de voto à distância, consoante previsão dos arts. 121, § 1º e 127, parágrafo único, da LSA, mediante preenchimento e entrega do boletim de voto à distância, regulamentado pela Instrução CVM 481/2009, com suas posteriores modificações. Neste caso, é preciso destacar, não se tem a realização da assembleia à distância, mas o mero registro de voto à distância por sócio que não pode estar presente à assembleia ocorrida fisicamente.

No entanto, e por força dos efeitos dramáticos da pandemia do COVID-19, o Chefe do Poder Executivo, atento às necessidades de relevância e urgência em matéria societária, antecipou-se ao editar a Medida Provisória nº 931/2020 para tratar de diversos aspectos atinentes às sociedades, como já se viu anteriormente, regramento este que se soma à aquele previsto no art. 5º da Lei nº 14.010/2020.

A Lei Lei nº 14.010/2020, ao estabelecer o Regime Jurídico Emergencial e Transitório das relações jurídicas de Direito Privado – REJT, o fez de modo amplo, a fim de que todas as pessoas jurídicas de direito privado indicadas nos arts. 44, I, II e III do Código Civil, dentre elas as sociedades anônimas, a elas se subordinem. Tais disposições, por certo, não afastam aquelas especialmente previstas para as companhias, e que foram trazidas pela Medida Complementar 931/2002.

Assim, e de modo geral, a Lei Lei nº 14.010/2020 autorizou que as associações, as sociedades e as fundações possam realizar suas assembleias virtualmente. No que toca às sociedades, viu-se que todas elas poderão adotar essa forma de deliberação, incluindo-se as sociedades limitadas e todos os demais tipos não analisados especificamente nesta obra.

Já quanto às sociedades anônimas, a Medida Provisória 931/2020 teve como propósito trazer regras específicas para elas, regulando, de modo particular, tanto as companhias fechadas, quanto as companhias abertas.

Em relação às companhias abertas, a Medida Provisória 931/2020 incluiu o § 2º-A no art. 124 da Lei 6.404/1976 para prever que "Regulamentação da Comissão de Valores Mobiliários poderá excepcionar a regra disposta no § 2º para as sociedades anônimas de capital aberto e, inclusive, autorizar a realização de assembleia digital".

Conferiu-se, pois, à CVM, no âmbito do seu poder regulatório, a atribuição de estabelecer regras sobre a realização virtual de assembleias no âmbito das sociedades anônimas de capital aberto, e não apenas o mero registro de presença e de voto eletrônico, como já autorizado pela Lei 6.404/1976 em seus arts. 121, § 1º e 127, parágrafo único, da LSA, regulamentados pela Instrução Normativa CVM 481/2009, com suas posteriores modificações.

A Comissão de Valores Mobiliários, atendendo o seu propósito, editou a Instrução Normativa 622/2020, que promoveu novas alterações na Instrução Normativa CVM 481/2009, para prever e regular de modo expresso e minucioso a forma de realização parcial ou exclusivamente digital de assembleias gerais e especiais no âmbito das companhias abertas. Assim, hoje é plenamente possível a sua realização, sendo, inclusive, considerada como realizada na sede da companhia quando exclusivamente digital, nos termos do art. 4º, § 3º da Instrução Normativa CVM 481/2009, alterado pela Instrução Normativa 622/2020.

No âmbito das companhias fechadas, a Medida Provisória 931/2020 também introduziu regra admitindo tanto o registro de presença e de voto à distância, quanto a inteira realização da assembleia pelo meio digital. O ato normativo editado pelo Executivo Federal acresceu ao art. 121 da LSA o seu § 2º, a fim de prever que "Nas companhias fechadas, o acionista poderá participar e votar a distância em assembleia geral, nos termos do disposto na regulamentação do Departamento Nacional de Registro Empresarial e Integração da Secretaria Especial de Desburocratização, Gestão e Governo Digital do Ministério da Economia".

A possibilidade de realização de assembleias virtuais nas sociedades anônimas de capital fechado foi regulamentada Instrução Normativa DREI 79/2020, que de modo minucioso trouxe as regras que devem ser observadas pelos administradores e acionistas, desde a necessidade de se informar, no ato convocatório, que a assembleia será realizada virtualmente, até os elementos mínimos que devem estar presentes no sistema eletrônico a ser adotado pela sociedade.

B. Conselho de administração

O conselho de administração integra o conjunto dos órgãos de administração da companhia, ao lado da diretoria. É ele tido como um órgão facultativo, uma vez que sua existência não é obrigatória em todas as espécies de sociedades anônimas. No entanto, na prática, e ao se examinar as hipóteses em que é obrigatória a sua criação pelo estatuto da companhia, vê-se que ele estará presente na grande maioria das situações concretas relativas às sociedades anônimas. E isso porque, consoante a Lei nº 6.404/76, ele é obrigatório nas companhias abertas (art. 138, § 2º da LSA), de capital autorizado (art. 138, § 2º, da LSA) e nas sociedades de economia mista (art. 239), sendo facultativo nas fechadas, caso em que suas funções serão exercidas pela diretoria quando não criado.

O conselho de administração é um órgão colegiado que tem como função primordial fixar a orientação geral dos negócios da companhia, eleger e destituir os diretores, e fiscalizar a gestão destes. Tem ele, também, amplo poder de deliberação nos assuntos de interesse da companhia, nos limites que dispuser o estatuto, salvo aquelas questões privativas da assembleia geral, isto é, ao ser criado, o conselho de administração passa a exercer, em muitas situações, competências da própria assembleia, tendo poder de deliberar sobre os rumos da companhia, à exceção das matérias previstas no art. 122 da LSA.

O que se vê é que, uma vez criado o conselho de administração, há uma redistribuição das atribuições da assembleia e dos demais órgãos sociais. Com a sua existência, passa a ser dele, e não mais da Assembleia, a eleição e destituição dos diretores e, por determinação do estatuto, a deliberação sobre emissão de novas ações e bônus de subscrição; em detrimento do conselho fiscal, passa a ser do conselho de administração a fiscalização dos diretores, das contas da diretoria, e o exame prévio dos atos e contratos da sociedade, quando o estatuto o exigir; e em relação à diretoria, passa a ser do conselho de administração a convocação da assembleia geral, a fixação da orientação geral dos negócios da companhia, a autorização para celebração de algumas operações, e a escolha e destituição de auditores independentes.

Note-se, contudo, que apesar dessa "usurpação legal" de competências, o conselho de administração não substitui os demais órgãos da companhia. Então, afora essas competências que lhe são atribuídas, que já são muitas, não poderá ele exercer outras funções que competem, por lei, aos demais órgãos e que não estão previstas no rol do art. 142 da LSA.

Quanto à sua constituição, é ele composto exclusivamente por pessoas naturais, em número mínimo de três, não havendo limitação na lei quanto ao máximo de membros que poderão compor o órgão, o que deverá ser feito, todavia, pelo estatuto. A escolha de seus membros é feita pela assembleia, não exigindo mais a LSA, desde o advento da Lei 11.941/2011, que alterou a redação do art. 146, que os conselheiros sejam acionistas da companhia. A inadmissibilidade de pessoas jurídicas integrarem o conselho de administração decorre do fato de que a atuação dos conselheiros deve ser pessoal, uma vez que se trata de um órgão de administração, sendo esta a mesma razão para que também não se admita representação de membros do órgão, ou seja, não é possível outorga de mandato a terceiros para representar os conselheiros em suas funções e atividades.

De tudo o que se disse anteriormente, é possível perceber que o conselho de administração é um órgão também deliberativo, com tomada de decisões colegiadas pelos seus membros, exigindo-se, pois, a realização de reuniões, as quais não há previsão legal de que se deem por meio eletrônico. Sem prejuízo, parece não haver dúvidas de que as disposições constantes da Lei Lei nº 14.010/2020, bem como da Medida Provisória 931/2020, se apliquem também ao referido órgão.

Veja-se, a propósito, a já mencionada regra disposta no art. 1º, § 3º da Medida Provisória 931/2020, segundo a qual "Ressalvada a hipótese de previsão diversa no estatuto social, caberá ao conselho de administração deliberar, *ad referendum*, assuntos urgentes de competência da assembleia geral".

Assim, não havendo vedação estatutária para a tomada de decisões urgentes pelo conselho de administração, este poderá fazê-lo, em substituição à assembleia, mediante deliberação de seus membros, a qual poderá se dar, sem sombra de dúvidas, virtualmente, sob pena de reduzir a eficácia da disposição legal. Neste caso, competirá ao próprio conselho, ou à diretoria de modo amplo, estabelecer a forma como essas reuniões eletrônicas serão realizadas.

2.1.1.3 Fundações

Diferentemente das associações e das sociedades, as fundações não se constituem por pessoas, mas sim por bens. São elas um patrimônio destacado, com personalidade jurídica própria, com o propósito de atingir determinada finalidade descrita em seu estatuto, a qual deverá ser, necessariamente, alguma daquelas constantes do rol taxativo do parágrafo único do art. 62 do Código Civil,[29] tendo todas elas um caráter social. Não há, assim, associados ou sócios em seus quadros, mas apenas bens afetados a uma finalidade.

As fundações, portanto, são pessoas jurídicas de curiosa feição, pois ao contrário da demais espécies examinadas, não se formam pela comunhão de esforços e interesses de variadas pessoas, mas sim pela vontade de um fundador que, por escritura pública ou testamento, reúne um conjunto de bens, dotando-os de personalidade para o atingimento de certos fins.[30]

Uma vez constituída, será ela gerida e representada por aqueles designados no estatuto para fazê-lo, tendo em vista inexistir um quadro associativo ou social como nas associações e sociedades. Por essa razão, é essencial e de suma importância a definição, no estatuto, da forma como será administrada a fundação, a qual deverá seguir as bases determinadas pelo instituidor,[31] como prevê o art. 62 do Código Civil em sua parte final.

No que tange às deliberações, diante da ausência de um quadro de sócios ou associados, estas se limitarão às assembleias dos administradores, isto é, dos diretores e membros do conselho de administração, reguladas conforme o estatuto da pessoa jurídica.

Na prática, é incomum verifica-se em estatutos de fundações a realização dessas assembleias por meio eletrônico. Por isso, e assim como se observou quando da análise das associações, essa omissão não leva à impossibilidade de sua realização, uma vez que o art. 5º da Lei Lei nº 14.010/2020 é expresso em prever a possibilidade de deliberações eletrônicas ainda que sem previsão no ato constitutivo da pessoa jurídica. Neste caso, competirá aos administradores estabelecerem as regras acerca da forma em que será realizada a assembleia virtual, inclusive com a indicação da ferramenta eletrônica a ser utilizada, a qual deverá viabilizar o amplo acesso a todos os participantes, inclusive no tocante à sua perfeita identificação.

2.2 OS IMPACTOS DO COVID-19 SOBRE OS PRAZOS DE PRESCRIÇÃO E DECADÊNCIA

Importante regulação da Lei Lei nº 14.010/2020 é aquela constante de seu art. 3º, segundo o qual os prazos de prescrição e decadência estão suspensos e impedidos de transcorrer desde a data do início de vigência da lei até o dia 30 de outubro de 2020. Mas, para examinar de modo adequado o impacto do COVID-19 sobre os referidos

---

29. CC. Art. 62. […]. Parágrafo único. A fundação somente poderá constituir-se para fins de: I – assistência social; II – cultura, defesa e conservação do patrimônio histórico e artístico; III – educação; IV – saúde; V – segurança alimentar e nutricional; VI – defesa, preservação e conservação do meio ambiente e promoção do desenvolvimento sustentável; VII – pesquisa científica, desenvolvimento de tecnologias alternativas, modernização de sistemas de gestão, produção e divulgação de informações e conhecimentos técnicos e científicos; VIII – promoção da ética, da cidadania, da democracia e dos direitos humanos; IX – atividades religiosas.
30. Cf. BEVILÁQUA. Op. cit. p. 159.
31. LOPES, Miguel Maria de Serpa. *Curso de direito civil*: introdução, parte geral e teoria dos negócios jurídicos. v. I. 9. ed. Rio de Janeiro: Freitas Bastos, 2000. p. 377.

prazos, impõe-se, primeiramente, identificar adequadamente cada um deles, a fim de se aplicá-los corretamente ao Regime Jurídico Especial e Transitório.

2.2.1 A diferenciação entre prescrição e decadência

O estudo da prescrição e da decadência e seus aspectos diferenciadores é um dos mais instigantes da Ciência Jurídica. Sobre ele, diversos juristas já se debruçaram no escopo de obter um resultado capaz de, com segurança, distinguir os dois institutos. A justificativa para tamanho interesse talvez diga respeito ao fato de que ambos lidam com o maravilhoso mistério do tempo, que a todos assombra e estarrece. O tempo, como se sabe, é um fato natural e inexorável, que alcança implacavelmente, e sem distinções, a quem tenta dele fugir. Diante dessa absoluta impossibilidade, tenta-se muitas vezes disfarçar os seus efeitos, evitando transparecer aquilo que é inevitável: a velhice, a decadência e a morte da pessoa natural. O tempo incide sobre qualquer pessoa independentemente de raça, cor, crença ou orientação sexual, daí revelando sua natureza não discriminatória, o que, do ponto de vista jurídico, cumpre com perfeição o postulado inscrito no art. 5º, *caput*, da Constituição Federal.

Ainda sobre a ótica jurídica, a par de ser um fato natural, o tempo traz inequívocas repercussões nas relações jurídicas, incidindo sobre elas com o poder de criá-las, modificá-las e extingui-las, de modo a se qualificar, inegavelmente, como um fato jurídico. Além disso, o tempo cumpre nas relações outro papel fundamental, na medida em que se afigura como uma importante ferramenta de realização do princípio da segurança jurídica, o qual impõe a estabilização das relações sociais, garantindo às partes a não eternização dos conflitos. Com essa função, sobressaem-se esses dois importantes institutos que interferem de modos distintos nas relações, que são a prescrição e a decadência, daí suscitando dúvidas sobre a incidência de um ou de outro nos casos concretos.[32]

Os inúmeros textos já escritos revelam a dificuldade que ainda hoje se apresenta. Tradicionalmente, na doutrina, diversos critérios de diferenciação foram desenvolvidos visando a correta aplicação de cada um desses institutos nos casos concretos.[33] Sem prejuízo de todos eles, importantíssimos para o desenvolvimento do tema, foi o trabalho do Professor Agnelo Amorim Filho, elaborado na década de 1960, que ganhou destaque. Nele, o autor buscou apresentar aquilo que denominou de critério científico

---

32. A questão se revela tão complexa que há autores que, com o nítido propósito de evitar adentrar nesse verdadeiro *vespeiro*, negam qualquer diferenciação entre os institutos da prescrição e a decadência, tratando esta como sinônimo da prescrição extintiva. Nesse sentido, ver TORRES, Guillermo Cabanellas de. *Diccionario jurídico elemental*. Edición actualizada, corregida y aumentada por Guilhermo Cabanella de las Cuevas. Buenos Aires: Heliasta, 2006. p. 313. Com igual pensamento, afirma Aroldo Plínio Gonçalves que "Não existe diferença ontológica entre prescrição e decadência. E modernamente é de todo vazio de significado afirmar-se que na prescrição haveria a perda da ação e na decadência, a perda do direito". GONÇALVES, Aroldo Plínio. *A prescrição no processo do trabalho*. Belo Horizonte: Del Rey, 1983. p. 18.
33. Sobre o tema, relevantes são os trabalhos de Yussef Said Cahali (CAHALI, Yussef Said. *Prescrição e decadência*. 2. ed. São Paulo: Ed. RT, 2012), Câmara Leal (LEAL, Antônio Luís da Câmara. *Da prescrição e da decadência*: teoria geral do direito civil. 4. ed. Rio de Janeiro: Forense, 1982) e Nicolau Nazo (NAZO, Nicolau. *Decadência no direito civil brasileiro*. São Paulo: Max Limonad, 1959).

de distinção entre a prescrição e a decadência a partir de inúmeros aspectos, dentre eles o da natureza dos direitos envolvidos e o das ações que podem ser manejadas em cada um dos casos, assim identificando os institutos.[34]

Primeiramente, o seu trabalho se inicia formulando profundas críticas ao principal critério estabelecido tradicionalmente pela doutrina, de que a decadência importa na perda do direito e a prescrição é causa de extinção da ação. Em sua visão, a identificação dos institutos não deve se dar pelos seus efeitos, mas sim pela sua causa.[35]

A partir dessa premissa, Agnelo Amorim Filho passa a desenvolver seu critério científico tomando emprestado, primeiramente, a classificação de direitos desenvolvida por Chiovenda, segundo a qual os direitos se dividem em duas grandes categorias: a primeira que diz respeito aos direitos que têm como finalidade um bem da vida a ser obtido mediante uma prestação, os chamados *direitos prestacionais* ou *direitos a uma prestação*, como os direitos reais e os pessoais, em que há sempre um sujeito passivo obrigado a cumprir com uma prestação positiva ou negativa; e os direitos potestativos, os quais a lei confere ao titular um poder de influir, através de sua manifestação de vontade, sobre as situações jurídicas de terceiros, sem o concurso de vontade destes.[36]

Posteriormente à essa classificação dos direitos, Agnelo Amorim Filho estruturou sua teoria sobre o que ele chamou de moderna classificação das ações, a qual decorre, em seu entender, da própria concepção dos direitos potestativos, em que estes levaram a uma nova definição das ações, que passaram a ser classificadas não mais pela natureza do direito pleiteado, e sim pela natureza do provimento jurisdicional pretendido.[37]

Por essa orientação, as ações podem ser classificadas em condenatórias, constitutivas e declaratórias. Nas ações condenatórias o autor pretende que o Estado-Juiz imponha ao réu uma prestação, seja de dar, fazer, ou não fazer (por exemplo, pagar uma indenização, derrubar uma construção), ou seja, condena-se o réu para que ele, mediante um agir, satisfaça a pretensão do autor. Já nas ações constitutivas, o autor pretende do réu não uma prestação, mas sim que o próprio Estado-Juiz, mediante o provimento jurisdicional, e independentemente da atuação do devedor, crie, modifique ou extinga uma relação jurídica – por exemplo, a anulação de um ato, desconstituindo a relação. Quanto às ações declaratórias, o autor pretende apenas o reconhecimento jurídico de uma relação jurídica.

---

34. AMORIM FILHO, Agnelo. Critério científico para distinguir a prescrição da decadência e para identificar as ações imprescritíveis. *Revista de direito processual civil*. v. 3. a. 2. jan.-jun. 1961. p. 95-132.
35. "O critério mais divulgado para se fazer a distinção entre os dois institutos é aquêle segundo o qual a prescrição extingue a ação, e a decadência extingue o direito. Entretanto, tal critério, além de carecer de base científica, é absolutamente falho e inadequado, uma vez que pretende fazer a distinção pelos efeitos ou consequências. O critério apontado apresenta-se, assim, com uma manifesta petição de princípio, pois o que se deseja saber, precisamente, é quando o prazo atinge a ação ou o direito. O que se deseja saber, precisamente, é quando o prazo atinge a ação ou o direito. O que se procura é a causa e não o efeito" (AMORIM FILHO. Op. cit. p. 97).
36. Ibidem. p. 98-99.
37. Ibidem. p. 104-105.

Assim, e objetivamente, concluiu Agnelo Amorim Filho que para as ações condenatórias, é imperiosa a existência de uma violação ao direito, o que só ocorre no caso dos direitos subjetivos, os quais pressupõem um dever correspondente, que pode ser descumprido. Com efeito, havendo uma violação ao direito e, consequentemente, uma lesão ao titular, inicia-se para este o prazo para satisfazer, judicialmente, a sua pretensão de ver o seu direito reparado. Nessa hipótese, o prazo será prescricional. Então, a prescrição atinge a pretensão de ver reparado o direito subjetivo violado, de modo que os prazos prescricionais afetam apenas essas espécies de direitos.[38]

De outro modo, e também objetivamente, quando há um direito potestativo, embora não haja a possibilidade de violação ao direito – uma vez que a parte contrária está numa posição de simples sujeição –, se estabelece um prazo para o seu exercício, de modo que, em nome da segurança jurídica, o titular não tem a faculdade, ou o poder, de perpetuamente exercê-lo, subjugando o devedor por toda a vida deste, de modo que ele nunca saberá quando o credor o exercerá ou não. E os direitos potestativos são exercidos através das ações constitutivas, para as quais a lei estabelece um prazo para o seu manejo, prazo esse que é decadencial. Nessa esteira, a decadência atinge os direitos potestativos, os quais são exercitados, via de consequência, pelas ações constitutivas.[39]

Por fim, quanto às ações declaratórias, o autor apenas pretende o reconhecimento jurídico de uma relação jurídica decorrente de um ato ou fato, ou seja, nelas se busca, tão somente, a obtenção de uma certeza jurídica sobre um ato ou fato já existente, de modo que não prescreve a pretensão, e tampouco decai o direito de ver tão somente declarada a existência desse fato.

Esse é, de modo sucinto, o critério científico desenvolvido por Agnelo Amorim Filho, cuja relevância para a definição da prescrição e da decadência ainda persiste, como se poderá comprovar a seguir.[40]

2.2.2 Novos critérios de diferenciação entre a prescrição e a decadência

Desde o desenvolvimento da teoria científica de Agnelo Amorim Filho, os institutos da prescrição e da decadência sofreram alguns impactos, dadas as intervenções legislativas que alteraram alguns aspectos diferenciadores entre esses institutos. Portanto, diante dessas modificações, impõe-se sistematizar adequadamente os novos critérios de diferenciação entre a prescrição e a decadência, que não afastam aquele classicamente desenvolvido pelo Professor Amorim Filho, tão difundido no meio jurídico.[41]

---

38. Ibidem. p. 107-113.
39. Ibidem. p. 103-116.
40. Ibidem. p. 118-121.
41. Para um aprofundamento do tema, ver NEVES, Thiago Ferreira Cardoso. A decadência no direito civil brasileiro: revisitando os critérios de distinção da prescrição. In: MORAES, Maria Celina Bodin; GUEDES, Gisela Sampaio da Cruz; SOUZA, Eduardo Nunes de. *A juízo do tempo*: estudos atuais sobre a prescrição. Rio de Janeiro: Processo, 2018.

Acerca desses novos critérios, 04 (quatro) se destacam, e podem ser identificados da seguinte forma: (i) a prescrição leva à perda da pretensão de ver reparada uma lesão a um direito subjetivo, enquanto que a decadência importa no perecimento de um direito potestativo; (ii) a prescrição emana tão somente da lei, já a decadência pode ser estabelecida pela lei ou pelo contrato; (iii) a prescrição é renunciável, sendo, de outro modo, irrenunciável a decadência; (iv) a prescrição é plenamente passível de suspensão e interrupção, enquanto que na decadência essa possibilidade é relativa.

O primeiro e principal critério de diferenciação entre a prescrição e a decadência, desde a publicação do estudo de Agnelo Amorim Filho, é o de que a prescrição importa na perda da pretensão de ver uma lesão a direito subjetivo reparada, enquanto que a decadência importa na perda de um direito potestativo.

Para compreender a questão, importa discorrer primeiro sobre a decadência, que reclama a compreensão da identificação dos direitos potestativos, cuja ausência de previsão legal, e de critérios bem definidos, muitas vezes são mal compreendidos.

Direito potestativo é o poder conferido pelo ordenamento ao sujeito que, por vontade sua, pode interferir na esfera jurídica de outrem, seja por ato próprio, seja por intermédio de uma decisão judicial, ficando este último numa posição de sujeição, de modo a não poder impedir o seu exercício.[42] Trata-se, portanto, de espécie autônoma e diversa do direito subjetivo.

Em verdade, quando se pensa em exercício de direitos, tem-se primeiramente a ideia de direito subjetivo, isto é, aquela faculdade que o sujeito tem de exigir de outrem um determinado comportamento que, uma vez não adotado, autoriza a invocação do Estado para compelir o sujeito a agir. No entanto, essa faculdade conferida aos sujeitos é apenas uma das facetas dos direitos conferidos pelo direito objetivo, não se limitando aos direitos subjetivos. Isso porque, sob o gênero direitos é possível afirmar, genericamente, a existência de duas espécies bem distintas na esfera patrimonial: os direitos subjetivos e os direitos potestativos. Ambos consistem na faculdade ou poder conferido à pessoa de invocar a norma em seu favor, e através dela exercer o direito propriamente dito.[43] A diferença, entretanto, reside na forma como essa faculdade é exercida, e nos efeitos

---

42. No mesmo sentido, conceitua Pietro Perlingieri o direito potestativo como "o poder de provocar unilateralmente uma vicissitude jurídica desfavorável para outro sujeito" (PERLINGIERI, Pietro. *O direito civil na legalidade constitucional*. Edição brasileira organizada por Maria Cristina De Cicco. Rio de Janeiro: Renovar, 2008. p. 285). Igualmente afirma Carlos Alberto da Mota Pinto que "*Os direitos potestativos* são poderes jurídicos de, por um acto livre de vontade, só de per si ou integrado por uma decisão judicial, produzir efeitos jurídicos que inelutavelmente se impõem à contraparte" (PINTO, Carlos Alberto da Mota. *Teoria geral do direito civil*. 3. ed. Coimbra: Coimbra, 1999. p. 174).

43. Na visão de Silvio Rodrigues, essa faculdade, ou a *facultas agendi*, se limita à classificação dos direitos subjetivos: "O fenômeno jurídico, embora seja um só, pode ser encarado sob mais de um ângulo. Vendo-o como um conjunto de normas que a todos se dirige e a todos vincula, temos o direito objetivo. É a norma da ação humana, isto é, a *norma agendi*. Se, entretanto, o observador encara o fenômeno através da prerrogativa que para o indivíduo decorre da norma, tem-se o direito subjetivo. Trata-se da faculdade conferida ao indivíduo de invocar a norma em seu favor, ou seja, da faculdade de agir sob a sombra da regra, isto é, a *facultas agendi*" (RODRIGUES, Silvio. *Direito civil: parte geral*. v. 1. 34. ed. São Paulo: Saraiva, 2007. p. 6-7).

que se produzem.⁴⁴ Enquanto que nos direitos subjetivos há um dever correspondente à faculdade exercida pelo titular do direito, no direito potestativo esse dever inexiste: há, tão somente, uma sujeição, de modo que o direito poderá ser exercido independentemente da prática de qualquer conduta pelo terceiro, ou mesmo de sua vontade.⁴⁵ E é nessa particularidade que reside o fundamento para a decadência.

Pela decadência, a potestade conferida ao titular do direito não subsiste de modo perpétuo, a deixar o sujeito passivo em uma eterna condição de incerteza acerca do momento em que poderá ser exercida a faculdade.⁴⁶ É nesse primeiro critério, pois, que se revela a primordial função da decadência: promover a segurança jurídica mediante a estabilização das relações. Ao prever a caducidade de certos direitos, o legislador busca evitar conflitos e a eternização de lides, ainda que isso custe a impossibilidade de os titulares dos direitos virem a exercê-los.

Do ponto de vista da justiça social, pode-se até entender que a medida é injusta, haja vista que permite que alguém que obteve, ilicitamente, uma vantagem, possa usufruí-la livremente e sem receios, uma vez ultrapassado o prazo estabelecido pelo legislador para a caducidade do direito da parte prejudicada.

Não obstante, essa é uma ponderação feita pelo legislador,⁴⁷ em que postas na balança a segurança jurídica e a justiça social, optou-se pela primeira, por entender ser melhor a sedimentação de situações ainda que injustas, do que a perpetuidade de um estado de insegurança e incerteza. É o que ocorre, por exemplo, com o direito de anular negócios jurídicos celebrados com vícios de consentimento.

---

44. Defende, igualmente, Orlando Gomes o fato de que tanto o direito subjetivo, quanto o direito potestativo, consistem no exercício de faculdades, sendo que no primeiro há correlacionada uma prestação de outrem, enquanto que no direito potestativo há uma posição de sujeição do terceiro (GOMES, Orlando. *Introdução do direito civil*. 18. ed. Atualização e notas de Humberto Theodoro Júnior. Rio de Janeiro: Forense, 2001. p. 118).
45. Conforme Maria Celina Bodin de Moraes, atualizador da obra do Prof. Caio Mário da Silva Pereira, entre o direito subjetivo e o direito potestativo há uma grande diferença, pois no caso do direito potestativo "não há nada que o titular da sujeição possa ou deva fazer, *não há dever*, mas apenas submissão à manifestação unilateral do titular do direito, embora a manifestação atinja a esfera jurídica do outro, constituindo, modificando ou extinguindo uma situação sua jurídica subjetiva" (PEREIRA, Caio Mário da Silva. *Instituições de direito civil*: introdução ao direito civil. Teoria geral de direito civil. v. I. 20. ed. Revista e atualizada por Maria Celina Bodin de Moraes. Rio de Janeiro: Forense, 2005. p. 37).
46. Como observa San Tiago Dantas, a decadência vida impedir que a insegurança reine na sociedade e produza uma injustiça, pois "não é justo que se continue a expor as pessoas à insegurança que o direito de reclamar mantém sobre todos, como uma espada de Dâmocles" (DANTAS, San Tiago. *Programa de direito civil*: aulas proferidas na faculdade nacional de direito. Parte geral. Rio: Rio, 1979. p. 397)
47. A ponderação é uma técnica de decisão que visa solucionar casos difíceis decorrentes da colisão de normas de mesma hierarquia, como as constitucionais, que possibilite soluções diferenciadas. Cf. BARROSO, Luís Roberto. *Curso de direito constitucional contemporâneo*: os conceitos fundamentais e a construção do novo modelo. 6. ed. São Paulo: Saraiva, 2017. p. 376. Não obstante, a ponderação não é uma técnica exclusiva do Poder Judiciário; muito pelo contrário, o primeiro e principal ator da ponderação é o legislador que dentro de um espaço livre de conformação, decide quais interesses devem prevalecer. Tal poder decorre do princípio democrático, pois é o Poder Legislativo o órgão representativo com a missão precípua de escolher quais interesses da sociedade devem prevalecer. Sobre o tema ver SOUZA NETO, Cláudio Pereira de; SARMENTO, Daniel. *Direito constitucional*: teoria, história e métodos de trabalho. 2. ed. Belo Horizonte: Fórum, 2014. p. 515-516.

Para compreender o que se disse, veja-se a hipótese do art. 138 do Código Civil, segundo o qual são anuláveis os atos jurídicos celebrados sob erro, isto é, quando as declarações de vontade emanam de erro substancial, por exemplo, no tocante à natureza negócio, o seu objeto, ou sobre alguma de suas qualidades essenciais. Tal disposição tem como objetivo tutelar aquele que se obriga em determinada relação ignorando ou se equivocando sobre aspectos essenciais do negócio.

Embora seja uma importante forma de tutela da vítima que contratou sob erro, o exercício desse direito de anular o negócio não é perpétuo. Ainda que prejudicado pelas circunstâncias em que o celebrou, o titular só pode exercê-lo até o prazo de 04 (quatro) anos, conforme o disposto no art. 178, II, do Código Civil, sob pena de perdê-lo. Evita-se, com essa medida, que muitos anos após a celebração do negócio, e quando já socialmente estabilizada a relação – ainda que viciada na sua origem –, a vítima do evento venha a suscitar a nulidade e, assim, destrua tudo aquilo que já se consolidou e pacificou.

Ainda sobre essa estreita vinculação entre a decadência e os direitos potestativos é que se afasta, igualmente, o critério da origem da ação, por meio do qual se sujeitam à decadência aqueles direitos que nascem juntamente com a ação judicial para o exercício do direito.

Em verdade, os direitos potestativos não necessariamente são exercitáveis judicialmente, podendo sê-lo também fora da via judicial,[48] como é o caso da revogação do mandato. Portanto, o critério da origem da ação, cujo nascedouro se daria com o surgimento do próprio direito, torna-se inaplicável ao compreender que a decadência é causa de extinção dos direitos potestativos, exercitáveis, ou não, por meio de uma ação judicial.

Por fim, é aqui que reside a principal diferença entre a decadência e a prescrição, como já alertava Agnelo Amorim Filho. Enquanto a decadência importa no perecimento de um direito potestativo, o qual não pode mais ser exercitado por seu titular, a prescrição atinge, em verdade, a pretensão e, consequentemente, os direitos subjetivos.

Os direitos subjetivos caracterizam-se por um dever correspondente do sujeito passivo, de modo que a satisfação do direito depende do atuar daquele que tem o dever correlato. Pense-se no caso de um direito de crédito, em que o credor tem um crédito a ser satisfeito, o qual depende do pagamento pelo devedor.

Nesse sentido, ao não ser cumprido o dever pelo sujeito passivo, tem-se uma violação ao direito, que faz nascer, como consequência uma pretensão de ver essa lesão reparada. No exemplo citado anteriormente, é o pagamento da dívida. E é neste ponto que incide a prescrição.

---

48. Na lição de Agnelo Amorim Filho, "os direitos potestativos também podem ser exercitados mediante simples declaração da vontade do seu titular, sem apelo à via judicial, mas somente se aquêle que sofre a *sujeição* concordar com tal forma de exercício Se não houver concordância, o titular do direito potestativo pode recorrer à via judicial para exercitá-lo. Tal via funciona, aí, apenas subsidiariamente" (AMORIM FILHO. Op. cit. p. 103).

A prescrição, então, importa na extinção da pretensão de ver uma lesão reparada, de modo que se adota, no caso, a teoria da pretensão.[49] Pela prescrição, fica a pretensão do titular do direito obstada, embora o direito ainda possa ser satisfeito. O que se fulmina, então, é a possibilidade de o titular coercitivamente impor ao sujeito passivo a satisfação do seu direito, mas nada impede que esta se dê voluntariamente pelo devedor. E é desse modo que o Código Civil de 2002 pacificou a questão, ao prever em seu art. 189 que "Violado o direito, nasce para o titular a pretensão, a qual se extingue, pela prescrição, nos prazos a que aludem os arts. 205 e 206".

Com efeito, a prescrição também não importa a extinção do direito de ação, pois ainda que prescrita a pretensão, o titular pode manejar a ação para ver reparada a lesão a seu direito subjetivo. E, ainda que reconhecido judicialmente o transcurso do prazo prescricional, o direito de ação terá sido exercido. Tanto isso é verdade que a decisão que extingue o processo pelo reconhecimento da prescrição é uma decisão de mérito, e não terminativa, como se infere do disposto no art. 487, II, do Código de Processo Civil, o qual prevê que "Haverá resolução do mérito quando o juiz: [...] decidir, de ofício ou a requerimento, sobre a ocorrência da decadência ou prescrição".

O segundo critério de diferenciação entre a prescrição e a decadência diz respeito ao instrumento para a previsão desses institutos. A prescrição só pode emanar da lei, enquanto que a decadência pode estar prevista na lei ou no contrato.

Em relação à decadência, o que se quer dizer com a referida afirmação é que não apenas o legislador pode estabelecer prazos decadenciais, como também as partes poderão, no âmbito de sua autonomia privada, fixar prazos para o exercício de direitos potestativos previstos contratualmente. Como exemplo, é possível citar a previsão, em acordo de acionistas, do exercício do direito de preferência para a aquisição de ações de sociedade anônima quando da subscrição de novos títulos, tanto no caso de aumento de capital, quanto no de alienação de ações titularizadas por sócios que integrem o acordo, o qual tem, inequivocamente, natureza contratual. Tal direito é comumente estabelecido nesse contrato, que irá prever o prazo para o exercício desse direito potestativo, o qual, uma vez não exercido, remanescerá extinto.[50]

---

49. É esse o entendimento prevalente no âmbito da doutrina pós-Código Civil de 2002. Nesse sentido, ver exemplificativamente, TEPEDINO, Gustavo; BARBOZA, Heloisa Helena; MORAES, Maria Celina Bodin de. (Org.) *Código civil interpretado conforme a constituição*: parte geral e obrigações (arts. 1º ao 420). v. I. 2. ed. rev. e atual. Rio de Janeiro: Renovar, 2011. p. 351-361; LOTUFO, Renan. *Código civil comentado*: parte geral (arts. 1º a 232). v. 1. 3. ed. São Paulo: Saraiva, 2016. p. 595-600; LÔBO, Paulo. *Direito civil*: parte geral. 6. ed. São Paulo: Saraiva, 2017. p. 357-361; GAMA, Guilherme Calmon Nogueira da. *Direito civil*: parte geral. São Paulo: Atlas, 2006. p. 208-212; GAGLIANO, Pablo Stolze. As causas impeditivas e suspensivas da decadência no direito do consumidor e os seus reflexos no direito material e processual coletivo. In: DIDIER JR., Fredie. *Execução civil*: estudos em homenagem ao professor Paulo Furtado. Rio de Janeiro: Lumen Juris, 2006. p. 405-407. Sem prejuízo, ainda hoje há quem sustente que a prescrição importa na perda da ação para o exercício do direito, como é o caso dos Profs. Arnaldo Rizzardo, Arnaldo Rizzardo Filho e Carine Ardissone Rizzardo (RIZZARDO, Arnaldo; RIZZARDO FILHO, Arnaldo; RIZZARDO, Carine Ardissone. *Prescrição e decadência*. Rio de Janeiro: Forense, 2015. p. 7-9).
50. Sobre a possibilidade de se estabelecer, em acordo de acionistas, o aludido direito e o prazo para o seu exercício, ver WAISBERG, Ivo. *Direito de preferência para a aquisição de ações*: conceito, natureza jurídica e interpretação. São Paulo: Quartier Latin, 2016.

Quanto à prescrição, esta só poderá decorrer da lei. Isso porque, uma vez que ela diz respeito ao exercício de uma pretensão, não podem as partes criar novas hipóteses além daquelas previstas pelo legislador, sob pena de caracterizar, reflexamente, uma violação ao princípio da inafastabilidade do controle do Poder Judiciário, previsto no art. 5º, XXXV, da Constituição Federal, que impede que não só a lei, mas também o contrato, vedem que um indivíduo leve à apreciação do Judiciário lesão ou ameaça de lesão a direito. Desse modo, não pode um contrato estabelecer um prazo de perda da pretensão e, consequentemente, do exercício do direito de ação.

Tal ofensa é, pois, reflexa porque, como já visto, a prescrição não importa em extinção do direito de ação, mas sim da pretensão. Ocorre que, numa concepção mais ampla do referido princípio, qualquer medida que vise, de alguma forma, dificultar ou impedir que alguém possa buscar a tutela jurisdicional de seus interesses, pode acarretar uma violação a esta garantia constitucional,[51] e é isso que ocorrerá se as partes convencionarem novos prazos prescricionais a obstar o exercício de uma pretensão.

O terceiro critério de diferenciação diz respeito à renunciabilidade da prescrição e da decadência. Sobre este aspecto, tem-se como renunciável a prescrição, enquanto que a decadência, e particularmente a legal, é irrenunciável.

Desde o advento do Código de Processo Civil de 2015, dúvidas não há acerca da possibilidade de a prescrição e a decadência serem reconhecidas, condicionadamente, de ofício pelo juiz. Segundo o disposto no art. 487, II, do Código de Processo Civil, proferirá o juiz sentença de mérito quando reconhecer, de ofício ou por provocação da parte, a decadência ou a prescrição. Então, segundo a previsão legal, pode o juiz reconhecer, de ofício, a ocorrência da decadência e da prescrição.[52]

No entanto, esse reconhecimento não pode se dar de modo incondicionado pelo magistrado, como antes da entrada em vigor do Código de Processo Civil de 2015 poderia dar a impressão de ser admitido. E isso porque, segundo o parágrafo único do mesmo art. 487 do Código de Processo Civil, à exceção da hipótese prevista no § 1º do art. 332 do mesmo Código, o reconhecimento de ofício da prescrição e da decadência depende de manifestação prévia da parte, de modo que, percebendo o juiz que transcorreu o prazo prescricional ou decadencial para o exercício do direito, e que a parte que dela se beneficia não a invocou, deverá instar as partes a se manifestarem sobre a sua ocorrência.[53]

---

51. Cf. MARINONI, Luiz Guilherme. In: CANOTILHO, J. J. Gomes; MENDES, Gilmar Ferreira; SARLET, Ingo Wolfgang; STRECK, Lenio Luiz. (Coord.). *Comentários à constituição do Brasil*. São Paulo/Coimbra: Saraiva/Almedina, 2013. p. 359.
52. É preciso destacar, notadamente no que toca à prescrição, que a possibilidade de reconhecimento de ofício passou a ser admitida, no Código Civil, a partir da entrada em vigor da Lei 11.286/06 que, ao revogar o art. 194 do Código Civil, segundo o qual "O juiz não pode suprir, de ofício, a alegação de prescrição, salvo se favorecer a absolutamente incapaz", passou a admitir, implicitamente, a referida possibilidade. No entanto, no diploma instrumental vigente à época (CPC-1973), não se tinha tal previsão, suscitando dúvidas, particularmente, sobre a necessidade de manifestação prévia das partes acerca da extinção, ou não, do processo.
53. Em sentido contrário, sustenta Humberto Theodoro Júnior que pela impossibilidade de a decadência ser renunciada, para ser acolhida não se faz necessária a provocação da parte para se manifestar, podendo, assim, ser reconhecida incondicionalmente de ofício pelo juiz, o que não ocorre com a prescrição. THEODORO JÚNIOR,

Disso se infere que esse reconhecimento de ofício está condicionado à prévia intimação das partes sobre a possibilidade de extinção do feito, de modo que apenas após a aludida intimação, com a abertura de prazo para a manifestação, é que poderá o magistrado proferir a sentença de mérito.

Nada obstante, aqui se tem o terceiro critério diferenciador entre a prescrição e a decadência, pois esta última, em especial nos casos em que sua estipulação decorre da lei – decadência legal –, não pode ser objeto de renúncia, de modo que o seu reconhecimento pelo magistrado independe de manifestação expressa da parte beneficiada com a caducidade, bastando a mera intimação para a sua manifestação. E isso porque, tendo em vista a impossibilidade de ser renunciar à decadência, a ausência de manifestação não poderá ser interpretada como renúncia, mas sim como assentimento da sua ocorrência.[54]

As razões que justificam a irrenunciabilidade da decadência são simples. Na medida em que a decadência é um prazo fatal, instituído por interesses relevantes, a fim de impedir que o sujeito passivo da relação viva eternamente em uma situação de incerteza acerca do momento em que o titular do direito potestativo exercerá seu direito, não poderá ele renunciar à sua ocorrência, particularmente quando este prazo for estabelecido por imperativo legal.

Inversamente, a conclusão a que se chega é que, sendo a decadência instituída por vontade das partes, no livre e pleno exercício da sua autonomia privada, por certo poderão a ela renunciar aqueles que tinham o direito de invocá-la, fato esse que decorre de um paralelismo: se as partes podem convenciona-la, isto é, criar tais prazos, o que é mais grave, poderão também a eles renunciar. Aplica-se à hipótese, então, o princípio geral de *quem pode o mais, pode o menos*.

Nesse aspecto diferencia-se a decadência da prescrição, pois nesta é plenamente possível a sua renúncia pelo devedor, a fim de admitir o exercício da pretensão pelo credor para a reparação de uma lesão ao seu direito. A questão, pois, é lógica. No caso da decadência, como a perda do direito decorre de uma inércia do titular que, por uma omissão unilateral, sem que houvesse conduta da parte contrária, deixou de exercer seu direito, o esgotamento do prazo é peremptório, não tendo o sujeito passivo a possibilidade de renunciar. De outro modo, como no caso da prescrição a pretensão nasce de uma lesão ao direito do titular, causada pelo sujeito passivo, este pode renunciar ao direito de obstar a pretensão do credor, a fim de reparar a lesão que causou. Trata-se,

---

Humberto. *Curso de direito processual civil*: teoria geral do direito processual civil; processo de conhecimento; procedimento comum. v. 1. 57. ed. Rio de Janeiro: Forense, 2016. p. 1047.

54. Já no caso da prescrição, diante da possibilidade de renúncia, impõe-se a manifestação expressa da parte. Caso ela assim não o faça, entender-se-á por sua renúncia, como se infere da lição de Alexandre Câmara: "suscitada de ofício a questão atinente a ter havido prescrição, e aberta a oportunidade para a manifestação das partes, o silêncio do devedor deve ser interpretado como renúncia tácita à prescrição (art. 191 do CC). Assim, silenciando o devedor sobre a matéria quando provocado de ofício pelo juiz sobre ela manifestar-se, deverá o juiz reputar tacitamente renunciada a prescrição, o que impedirá de a pronunciar" (CÂMARA, Alexandre Freitas. *O novo processo civil brasileiro*. 3. ed. São Paulo: Atlas, 2017. p. 277).

como é possível perceber, de uma possibilidade que dá efetividade e concretude à função social do direito e à boa-fé.

Sem prejuízo do que se disse, e retomando-se a questão da possibilidade de reconhecimento de ofício, embora condicionado, da prescrição e da decadência, é preciso destacar que o parágrafo único do art. 487 do Código de Processo Civil encontra-se em consonância com os novos princípios que norteiam o Direito Processual Civil brasileiro, dentre eles o da não surpresa ou da vedação das decisões de terceira via, previsto no art. 10 do CPC/2015,[55] o qual impede que o juiz decida utilizando-se de fundamentos não invocados ou debatidos pelas partes.[56] Trata-se, tal princípio, de um corolário do contraditório, em que o magistrado não pode decidir antes de ouvir as partes do processo, oportunizando o direito de manifestação.[57]

Vê-se, portanto, que houve uma profunda alteração no procedimento anteriormente previsto pelo Código de Processo Civil de 1973, em que se admitia, de forma irrestrita, o reconhecimento de ofício da decadência pelo juiz, como se inferia do disposto no seu art. 295, IV, o qual impunha ao juiz o indeferimento da petição inicial quando, desde logo, verificasse a decadência. Diferentemente da previsão anterior, atualmente protege-se essencialmente o direito das partes no processo, que é o de ter ciência de todo e qualquer fato e fundamento deduzido nos autos, podendo-se sobre ele se manifestar, evitando-se, desta forma, a lesão a uma garantia fundamental prevista no art. 5º, LV, da Constituição Federal, que é o contraditório. E isso repercute no âmbito da decadência, que impede o seu reconhecimento de ofício sem que as partes possam se manifestar.

Ainda assim, e como se observou anteriormente, o parágrafo único do art. 487 do Código de Processo Civil, ao prever a necessidade de prévia manifestação das partes para fins de reconhecimento da decadência, excepciona o disposto no art. 332, § 1º do próprio Código, para admitir nesta hipótese, e em tese, a possibilidade incondicionada de se reconhecer de ofício a decadência, sem a necessidade de oitiva das partes.

---

55. Segundo o disposto no art. 10 do Código de Processo Civil, "O juiz não pode decidir, em grau algum de jurisdição, com base em fundamento a respeito do qual não se tenha dado às partes oportunidade de se manifestar, ainda que se trate de matéria sobre a qual deva decidir de ofício".
56. Sobre o art. 10 do CPC/2015 e o princípio da não surpresa, leciona Paulo Cezar Pinheiro Carneiro que "O dispositivo em exame também trata do princípio do contraditório, destacando um de seus pilares: a vedação das decisões surpresa. Como examinado no item 15, *supra*, um dos aspectos mais sensíveis do contraditório é aquele que assegura às partes o direito de manifestação sobre todas as questões de fato e/ou de direito postas no processo, incluídas aquelas apreciáveis de ofício pelo juiz. É inerente ao contraditório o direito de as partes influenciarem nas decisões judiciais, as quais deverão enfrentar todos os fundamentos apresentados pelas partes. A inovação do dispositivo em exame põe justamente na obrigação de oportunizar às partes que se manifestem previamente à decisão judicial, seja para aquelas questões conhecíveis de ofício, seja para aqueles fundamentos extraídos das provas constantes dos autos e que as partes não debateram" (CARNEIRO, Paulo Cezar Pinheiro. In: WAMBIER, Teresa Arruda Alvim; DIDIER JR., Fredie; TALAMINI, Eduardo; DANTAS, Bruno. (Coord.). *Breves comentários ao novo código de processo civil*. São Paulo: Ed. RT, 2015. p. 81. Item 17).
57. Essa é a lição de Luiz Fux, segundo a qual "O juiz não pode sacrificar o interesse maior da justiça em prol do interesse subjacente particular de ouvir a parte antes de decidir" (FUX, Luiz. *Teoria geral do processo civil*. 2. ed. Rio de Janeiro: Forense, 2016. p. 53).

O art. 332 do Código de Processo Civil trata das hipóteses de julgamento liminar de improcedência, em que o magistrado poderá julgar improcedente o pedido antes mesmo de determinar a citação da parte contrária. Dentre os casos previstos na lei, está aquele em que o juiz constata a ocorrência da decadência tão logo recebe a petição inicial. Assim ocorrendo, e segundo a previsão legal, pode o juiz, ao verificar que já transcorreu o prazo decadencial, julgar improcedente, de plano, o pedido mesmo antes de citar o réu.

Diante disso, e pelo que já foi explicitado anteriormente, questiona-se se, efetivamente, pode o juiz reconhecer de ofício a decadência, ou se é imprescindível a manifestação da parte. A dúvida que paira é se existe, ou não, um conflito entre o disposto no parágrafo único do art. 487, e o art. 332, § 1º, ambos do CPC.

Desde logo é preciso afirmar que existe, aparentemente, um conflito entre as normas. E isso porque há dois dispositivos com regras aparente e absolutamente distintas, e sem uma razão lógica para tal. Então, para compatibilizar tal aparente contradição, há que se interpretá-las de modo a afastar a incongruência existente. A interpretação mais adequada parece ser aquela que não confere ao § 1º do art. 332 um sentido absoluto. Embora o parágrafo único do art. 487 do Código de Processo Civil excepcione a previsão do art. 332, § 1º do CPC, isso não significa que está absolutamente dispensada a intimação das partes para se manifestarem sobre a decadência. Em verdade, por se tratar de uma decisão liminar e anterior à citação, ao menos o autor deve ser instado a falar sobre a possibilidade de reconhecimento da decadência. Nesta hipótese, não se faz necessário o chamamento do réu para se pronunciar sobre tal questão.

A exceção trazida pelo parágrafo único do art. 487 CPC, no tocante ao art. 332, § 1º da lei, apenas diz respeito à intimação de ambas as partes, até porque, como observado, a hipótese é de julgamento liminar, antes da citação. Mas, isso não significa que não deva ser ouvido o autor da ação, especialmente diante do exposto no já mencionado art. 10 do Código de Processo Civil, que veda a prolação de sentença com base em fatos e fundamentos não existentes, ou suscitados, nos autos.[58] Então, impõe-se ao magistrado, diante da constatação de que há a caducidade do direito invocado pelo autor, intimá-lo a se manifestar, de modo que só poderá julgar improcedente o pedido, antes de citar o réu, após a mencionada intimação com prazo para manifestação do autor.

A última observação a ser feita sobre esse terceiro critério diferenciador, é que diante da possibilidade de ser renunciada a prescrição, é imprescindível a manifestação da parte para falar sobre ela, sob pena de se concluir pela renúncia, caso à parte, intimada, fique silente. Já no caso da decadência, diante da impossibilidade de renúncia, particularmente quando ela decorre da lei, o disposto no parágrafo único do art. 487 do CPC

---

58. Nesse sentido, CÂMARA. Op. cit. p. 277. Já para George Abboud e José Carlos Van Cleef de Almeida Santos, o art. 332 do Código de Processo Civil é inconstitucional por violação ao contraditório, de modo que deve lhe ser dada interpretação conforme a Constituição para determinar que, verificando o juiz que é uma das hipóteses de julgamento liminar do pedido, deverá, no mínimo, intimar previamente o autor da ação para se manifestar, observando-se, também desse modo, o art. 10 do CPC (ABBOUD, George; SANTOS, José Carlos Van Cleef de Almeida. In: WAMBIER; DIDIER JR.; TALAMINI; DANTAS. (Coord.). Op. cit. p. 857-860).

deve ser interpretado de forma a que se exija apenas a intimação das partes, pois mesmo que não haja manifestação delas, não poderá ser interpretado o silêncio como renúncia. O quarto e último critério de diferenciação entre a prescrição e a decadência é o de que a prescrição é plenamente passível de suspensão e interrupção, enquanto que na decadência essa possibilidade é apenas relativa.

O objetivo da prescrição e da decadência é a estabilização das relações sociais. Por meio dela evita-se a eternização de conflitos e tensões, assim como de posições de sujeição, de forma que a passagem do tempo impede o exercício de posições ativas. Por essa razão, as hipóteses de suspensão ou impedimento do transcurso dos prazos prescricionais e decadenciais são interpretadas sempre de modo restritivo, a fim de impedir os efeitos maléficos da perpetuidade de certas situações jurídicas.

No que tange à prescrição, há, contudo, uma infinidade de hipóteses previstas em lei admitindo sua suspensão e impedimento. Uma análise dos arts. 197 a 201 do Código Civil comprova como são amplos os casos em que o legislador admitiu a não fluência dos prazos prescricionais.

Por outro turno, em se tratando de decadência, o legislador foi muito mais rigoroso, embora tenha flexibilizado uma regra anteriormente vigente. Antes da entrada em vigor do Código Civil de 2002, era assente na doutrina tradicional o entendimento de que a decadência não admitia suspensão ou interrupção do transcurso de seu prazo. Vista como um prazo fatal, que fazia perecer o direito de modo fulminante assim que transcorrido o período previsto na lei ou no contrato, não se admitia a interrupção ou suspensão do seu curso, pois isto faria ressuscitar um direito já perecido.

Essa verdade perdurou por longo tempo, até que com o advento do Código Civil de 2002 passou-se a admitir a possibilidade de se interromper ou suspender o curso do prazo decadencial. Prevê o art. 207 do Código Civil que "Salvo disposição legal em contrário, não se aplicam à decadência as normas que impedem, suspendem ou interrompem a prescrição", o que, numa interpretação *a contrario sensu*, leva à conclusão da possibilidade de se interromper ou suspender o curso dos prazos decadenciais, é limitadíssimo, devendo-se restringir às hipóteses taxativamente previstas em lei, que não necessariamente englobam aquelas aplicáveis à prescrição. Muito pelo contrário, o legislador foi categórico em afirmar que as hipóteses impeditivas, suspensivas ou interruptivas da prescrição não se aplicam à decadência, salvo se assim se dispuser em contrário.

Portanto, e em que pese restritas as hipóteses, é expressamente admitida a possibilidade de interrupção e suspensão dos prazos decadenciais. A única condição, como visto, é que os casos deverão estar expressamente previstos em lei, como ocorre, por exemplo, no Código de Defesa do Consumidor e, como se verá no próximo tópico, na hipótese descrita no art. 3º da Lei Lei nº 14.010/2020.

O diploma consumerista, em seu art. 26, § 2º, prevê que "Obstam a decadência: I – a reclamação comprovadamente formulada pelo consumidor perante o fornecedor de produtos e serviços até a resposta negativa correspondente, que deve ser transmitida de forma inequívoca; II – (Vetado); III – a instauração de inquérito civil, até seu encerramento".

Inicialmente, é preciso frisar que as hipóteses ali elencadas dizem respeito às causas obstativas do curso do prazo decadencial para o exercício do direito potestativo do consumidor à *satisfação contratual perfeita*,[59] através do qual o consumidor irá reclamar o perfeito cumprimento do contrato de compra e venda de um bem, ou de prestação de um serviço, cuja prestação contenha algum dos vícios previstos nos arts. 18 a 20 do CDC.

Assim, previu o legislador que há um prazo para o exercício desse direito, em que se estabeleceram hipóteses segundo as quais o seu curso pode ser obstado. Sobre essa questão, contudo, paira severa controvérsia na doutrina acerca do significado da expressão "obstam", havendo dúvidas se ela quer dizer *suspender* ou *interromper* o prazo decadencial.

Para uma primeira parcela da doutrina, as hipóteses versadas na legislação protetiva consumerista são de suspensão do prazo decadencial, e isso porque, se as causas obstativas ali previstas impõem uma paralisação do curso do prazo decadencial apenas durante um lapso de tempo, intui-se que o objetivo era meramente suspendê-lo.[60]

De modo contrário, entende uma segunda parcela da doutrina – entendimento esse que parece ser mais acertado –, que a interpretação do significado da expressão deve se dar em benefício do consumidor, razão pela qual sendo exíguos os prazos estabelecidos pelo CDC para o exercício do direito potestativo, devem-se interpretar tais causas obstativas como interruptivas, de modo a fazer retornar a contagem do prazo a partir do seu início.[61]

Do que se afirmou é possível concluir que, embora seja importante a definição do significado da expressão *obstar*, isso não afasta uma renovada característica da decadência, que é a possibilidade do curso do seu prazo ser freado, impedindo peremptoriamente o exercício do direito, independentemente de qualquer conduta que possa ser adotada pelo titular.

Essa moderna concepção também pode ser vislumbrada em outras hipóteses legais de interrupção ou suspensão do curso do prazo decadencial, como aquelas previstas nos arts. 195 e 198, I do Código Civil, por expressa previsão do art. 208 da lei civil, que estende à decadência algumas causas de suspensão e interrupção de prazos prescricionais.[62]

---

59. MARQUES, Claudia Lima; BENJAMIN, Antonio Herman V.; MIRAGEM, Bruno. *Comentários ao código de defesa do consumidor*: artigo por artigo; doutrina e jurisprudência; conexões rápidas para citação ou reflexão; diálogos entre o Código Civil de 2002 e o Código de Defesa do Consumidor. 2. ed. São Paulo: Ed. RT, 2006. p. 418.
60. Nesse sentido, DENARI, Zelmo. In: GRINOVER, Ada Pellegrini et. al. *Código brasileiro de defesa do consumidor comentado pelos autores do anteprojeto*. 7. ed. Rio de Janeiro: Forense Universitária, 2001. p. 205-206.
61. BESSA, Leonado Roscoe. In: BENJAMIN, Antonio Herman V.; MARQUES, Claudia Lima; BESSA, Leonardo Roscoe. (Coord.). *Manual de direito do consumidor*. 5. ed. São Paulo: Ed. RT, 2013. p. 218.
62. Prevê o art. 208 do Código Civil que "Aplica-se à decadência o disposto nos arts. 195 e 198, inciso I". Sobre a hipótese, explicita Cahali, antes das modificações produzidas pelo Estatuto da Pessoa com Deficiência, que "Nessas condições, não corre o prazo decadencial contra os incapazes de que trata o art. 3°: os menores de dezesseis; os que, por enfermidade ou deficiência mental, não tiverem o necessário discernimento para a prática dos atos da vida civil; os que, mesmo por causa transitória, não puderem exprimir sua vontade" (CAHALI. Op. cit. p. 195).

Então, de tudo o que se disse, pode-se concluir que, em regra, o prazo decadencial não está sujeito às causas de impedimento, suspensão ou interrupção. Essa impossibilidade, contudo, é relativa, na medida em que a lei pode estabelecer hipóteses em que haverá a interrupção, suspensão ou impedimento do seu curso.

Sem prejuízo, é importante observar que diante da possibilidade de se estabelecer prazos decadenciais pela vontade das partes, poderão elas, igualmente, no âmbito da sua autonomia privada e negocial, estabelecer causas obstativas, suspensivas ou interruptivas do curso do prazo de decadência. Também aqui se faz necessária expressa previsão contratual, caso em que as partes poderão invocá-las, uma vez ocorrendo alguma das hipóteses contratualmente previstas.

2.2.3 O impedimento e a suspensão do transcurso dos prazos prescricionais e decadenciais durante o período da epidemia do COVID-19

Como visto anteriormente, a prescrição e a decadência são institutos que exemplificam os efeitos da ação do tempo sobre as relações jurídicas, particularmente aqueles inerentes à inércia do titular de um direito. Externadas por expressões tais como *o direito não socorre aos que dormem*, a prescrição e a decadência levam, respectivamente, e como visto, à perda de uma pretensão e de um direito potestativo pelo seu não exercício dentro de um prazo previamente estabelecido em lei ou, no caso da decadência, também no contrato. A inércia do titular em exercê-los leva, consequentemente, à sua extinção, isso por imperativo de segurança jurídica, uma vez que a indefinição acarretada pelo não exercício de uma legítima pretensão ou de um poder constante do patrimônio jurídico de uma pessoa leva, inequivocamente, a incertezas e inseguranças que mais males causam do que a sanção da sua perda imposta ao titular.

Entretanto, há situações em que o titular de uma posição jurídica não exerce o seu direito porque está impossibilitado de fazê-lo, e não por mera desídia ou desinteresse. Casos há, portanto, em que a pessoa se mostra verdadeiramente impedida de buscar o Judiciário para a satisfação de sua pretensão, ou mesmo de exercer uma situação jurídica de poder, por circunstâncias alheias à sua força e vontade. Diante disso, a dúvida que exsurge é: embora o direito não deva socorrer aos que dormem, não pode socorrer aos que se isolam e não exercem uma pretensão ou um direito potestativo em razão de eventos fortuitos e de força maior, como no presente caso? Questiona-se, então, se não merecem guarida aqueles que não podem exercer uma posição jurídica ativa por conta do isolamento social imposto pela pandemia. A resposta é induvidosamente positiva. A situação excepcional imposta pela COVID-19 não pode punir aqueles que se veem de mãos atadas por conta do recolhimento forçado aos seus lares ou mesmo da impossibilidade imposta por lei de exercer suas atividades.

As inúmeras medidas impostas por atos normativos, com já visto, têm impedido a prática dos atos mais simples do cotidiano, como ir à praia, beber um café na padaria da esquina, ou ir a um restaurante com a família. Mas, para além dessas medidas, outras também têm impedido a prática de atos mais formais, como a interdição do livre ingresso de pessoas nos prédios dos fóruns judiciais e a suspensão de prazos processuais, obstando ou restringindo, desse modo, o regular exercício e a tutela de direitos, de modo que admitir a plena produção dos efeitos da prescrição e da decadência, em tais circunstâncias, poderá acarretar injustas sanções aos titulares de pretensões e direitos que, em verdade, deixam de ser exercidos não por culpa do titular, mas por condições alheias à sua vontade.

Mostrando preocupação com essas situações e, portanto, não estando indiferente a elas, o legislador previu a regra do art. 3º da Lei nº 14.010/2020, a qual estabelece como causa suspensiva ou obstativa do transcurso do prazo da prescrição a pandemia, cujo efeitos se presume que irão perdurar, em princípio, até a data de 30 de outubro de 2020.

Criou o legislador, então, duas causas excepcionais e transitórias de suspensão e impedimento do transcurso do prazo de prescrição, somando-se às causas ordinariamente previstas nos arts. 197 a 201 do Código Civil. É preciso observar que as referidas hipóteses se aplicam, em princípio, apenas à prescrição, como se infere do próprio texto do *caput* do art. 3º da Lei nº 14.010/2020. Segundo a sua redação, "Os prazos prescricionais consideram-se impedidos ou suspensos, conforme o caso, a partir da vigência desta Lei até 30 de outubro de 2020".

Sem prejuízo, e visando atender ao disposto no art. 207 do Código Civil, segundo o qual as causas de suspensão, interrupção e impedimento da prescrição não se aplicam à decadência, salvo se a lei assim dispuser expressamente, previu-se no § 2º do art. 3º da Lei nº 14.010/2020 que a presente hipótese de suspensão e impedimento da prescrição estende-se à decadência, de forma que "Este artigo aplica-se à decadência, conforme ressalva prevista no art. 207 do Código Civil".

Assim, a Lei nº 14.010/2020, ao prever que a pandemia, enquanto causa de suspensão e impedimento da prescrição, também abrange a decadência, não deixa dúvidas de que os prazos decadenciais que fulminam os direitos potestativos também estão impedidos de iniciar, bem como será suspenso o seu curso desde o início da vigência da Lei até o dia 30 de outubro de 2020. Trata-se, certamente, de medida acertada, uma vez que são inúmeras as situações jurídicas potestativas que não podem ser exercitadas durante o período da crise epidêmica, não se limitando os obstáculos ao exercício judicial de pretensões, as quais são fulminadas pela prescrição.

Inúmeros são os exemplos que podem ser trazidos de prazos prescricionais e decadenciais que terão a sua fluência afetada pela Lei nº 14.010/2020. Mas, antes da análise destes, um ponto a se discorrer diz respeito ao próprio significado das expressões *impedir* e *suspender* o transcurso dos referidos prazos. O art. 3º da Lei nº 14.010/2020, assim como seu § 2º, ao prever que os prazos prescricionais e decadenciais estão impedidos ou suspensos quer, no primeiro caso, significar que aqueles prazos de prescrição e decadência que ainda não tiveram início, não o terão até o dia 30 de outubro de 2020, permanecendo impedidos de começar a fluir; enquanto que no segundo caso, se já tiver se iniciado o seu curso, não mais correrão até o dia 30 de outubro de 2020, retomando-se de onde pararam a partir de então.

Feita esta importante observação, impõe-se examinar alguns exemplos de prazos impedidos ou suspensos. No tocante aos prazos decadenciais, inúmeros são exemplos de direitos potestativos atingidos, e que podem ser citados, a demonstrar a relevância da regra disposta no § 2º do art. 3º da Lei nº 14.010/2020.

No Direito Civil, o direito de requerer a anulação de atos jurídicos por vícios de consentimento caracteriza-se, inequivocamente, como potestativo. Assim, na hipótese de negócios jurídicos celebrados por erro, dolo, coação, estado de perigo, lesão e fraude contra credores, previstos nos arts. 138 a 165 do Código Civil, o prazo decadencial de 04 (quatro) anos (art. 178 CC) para obter a sua anulação não correrá, ou não se iniciará, durante o período de vigência transitória da Lei nº 14.010/2020.

Do mesmo modo, o exercício do direito potestativo de preempção ou preferência, contratualmente estabelecido pelas partes, e previsto no art. 513 do Código Civil, que impõe ao comprador a obrigação de oferecer a coisa ao vendedor na hipótese de revenda, no prazo máximo de 180 (cento e oitenta) dias quando a coisa for móvel, e de 02 (dois) anos quando for imóvel, também fica obstado ou suspenso durante o período previsto no art. 3º da Lei nº 14.010/2020.

Diferente não é a solução para o exercício do direito de preferência do locatário, em contrato de locação de imóvel urbano, de adquirir, tanto por tanto, o imóvel do locador quando este pretender vendê-lo. Segundo o disposto nos arts. 27 e 28 da Lei 8.245/1991, no caso de venda, promessa de venda, cessão ou promessa de cessão de direitos ou dação em pagamento, o locatário tem preferência para adquirir o imóvel locado, em igualdade de condições com terceiros, o qual deverá ser exercido no prazo de 30 (trinta) dias a contar da notificação recebida. Tal prazo, durante o período estabelecido na Lei nº 14.010/2020, encontra-se suspenso, ou não inicia o seu curso, caso a notificação tenha sido feita em meio à pandemia.

Ainda nos contratos de locação, importantíssimo exemplo é o do direito potestativo à renovação dos contratos de locação de imóvel para fins empresariais por meio da ação renovatória. O locatário que preencher os requisitos cumulativos do art. 51 da Lei 8.245/91 tem o direito de obter, compulsoriamente, a renovação do seu contrato de locação como forma de tutela do exercício da sua atividade, assegurando a sua continuidade no mesmo imóvel, assim protegendo o seu ponto e a sua clientela. No entanto, o exercício desse direito é condicionado à observância de um prazo decadencial, o qual é de 06 (seis) meses, durante o interregno do penúltimo semestre de vigência do contrato, nos termos do § 5º, do art. 51 da Lei do Inquilinato. Por conta desse período, que está atrelado à vigência do próprio contrato, a referida regra deverá ser interpretada sistematicamente com o disposto no art. 3º da Lei nº 14.010/2020.

Isso porque, a suspensão ou o impedimento do curso do prazo decadencial levará, inexoravelmente, à prorrogação do prazo do contrato de locação proporcionalmente ao número de meses do período de suspensão ou impedimento do prazo de caducidade, sob pena de contrariar os fins da Lei do Inquilinato. O legislador inquilinário, ao prever o exercício do direito potestativo à renovação do contrato no penúltimo semestre do contrato teve como propósito proteger tanto o locador, quanto o locatário. Protege-se o locador na medida em que, se o locatário não exercer o seu direito durante aquele interregno de tempo, significa que talvez não desejará renovar o contrato. Assim, terá o locador 06 (seis) meses, até o fim do contrato, para procurar outro locatário, e não ficar com o seu imóvel desocupado. Por outro turno, protege-se o locatário porque, se ele não obtiver ao menos a liminar na ação renovatória, ou perder o referido prazo, terá ele 06 (seis) meses para procurar outro imóvel e nele se estabelecer. Desse modo, a única forma de se compatibilizar os dois dispositivos é admitindo uma prorrogação do contrato de locação pelo mesmo número de meses do período de suspensão, de modo a não se ter prejuízo para nenhuma das partes.

No Direito do Consumidor, pontual é a incidência da norma do art. 3º da Lei nº 14.010/2020sobre os prazos decadenciais previstos no art. 26 do diploma consumerista. No referido dispositivo estão previstos os prazos decadenciais referentes ao direito potestativo à reclamação, junto aos fornecedores, pelos vícios aparentes e ocultos existentes nos produtos e serviços. Conforme prevê os incisos I e II do *caput* do art. 26 do CDC, decai do direito de requerer o reparo dos vícios aparentes se eles não forem reclamados no prazo de 30 (trinta) dias, tratando-se de bens não duráveis, e 90 (noventa) dias, tratando-se de bens duráveis, da data do aparecimento do vício, sendo que, nos casos de vícios ocultos, os referidos prazos contam-se do momento do aparecimento do vício, na forma do § 3º do art. 26 do CDC. Deste modo, caso o vício tenha aparecido antes da entrada em vigor da Lei nº 14.010/2020, os prazos para reclamá-los encontram-se, até o dia 30 de outubro de 2020, suspensos; e caso o vício apareça durante o período do Regime Emergencial, o curso do prazo para reclamá-lo apenas se iniciará após a mencionada data.

Também no Direito Empresarial, e mais particularmente no âmbito do Direito Societário, têm-se relevantes exemplos de prazos decadenciais que igualmente encontram-se suspensos ou obstados com a entrada em vigor da Lei nº 14.010/2020. Veja-se, neste sentido, o direito potestativo de recesso e de retirada do sócio dissidente, que discorda de certas decisões tomadas em reunião ou assembleia de sociedades, como é o caso do art. 137 da Lei 6.404/76, o qual prevê a possibilidade de o sócio da sociedade anônima, que discordar da decisão assembleia nas matérias que nele taxativamente estão previstas, terá o direito de se retirar da companhia mediante o reembolso do valor de suas ações. Segundo o disposto no art. 137, IV, da LSA, este direito potestativo deverá ser exercido no prazo de 30 (trinta) dias a contar da data da publicação da ata da assembleia em que se deliberou sobre essas matérias. O mesmo se dá na hipótese prevista no art. 1.077 do Código Civil, ao tratar do sócio dissidente nas sociedades limitadas. Segundo o mencionado dispositivo, ocorrendo modificação do contrato social e fusão ou incorporação da sociedade, o sócio que dissentir terá direito de retirar-se da sociedade no prazo de 30 (trinta) dias.

Um outro importante prazo de decadência no âmbito do direito societário também pode ser criado através de acordo de acionistas, previsto no art. 118 da Lei 6.404/76. Neste os acionistas acordantes podem estabelecer o chamado acordo de bloqueio, por meio do qual os aderentes restringem o seu direito de venda de ações, por exemplo, criando um direito de preferência entre eles, de modo que qualquer acionista acordante, se desejar alienar suas ações, deverá conferir aos demais o direito de adquiri-las, em detrimento de terceiros não integrantes do acordo. Neste caso, as partes convencionarão como se dará essa oferta e as condições em que será exercida, inclusive no tocante ao prazo.

Em todos esses casos mencionados, em que se tem um inequívoco direito potestativo, o prazo estabelecido, na lei ou no contrato, caracteriza-se como decadencial, ficando, então, suspensos ou interrompidos durante o período previsto no art. 3º da Lei nº 14.010/2020.

Já quanto à prescrição, inúmeros exemplos podem ser mencionados. Exemplificativamente, e de modo destacado, o prazo decenal do art. 205 do Código Civil, assim como todos aqueles previstos no extenso rol do art. 206 da lei civil, encontram-se suspensos, não havendo o prosseguimento da sua fluência, ou impedidos de ter a sua contagem iniciada.

Igualmente o prazo prescricional de 05 (cinco) anos, previsto no art. 27 do Código de Defesa do Consumidor, para a reparação de danos nas relações de consumo também se encontra suspenso ou impedido.

Nas relações societárias, todos os prazos das pretensões reparatórias ou ressarcitórias previstos no art. 287 da Lei nº 6.404/76, inclusive o trienal para reparação de danos causados à companhia ou terceiros, por atos de fundadores, acionistas, administradores, liquidantes, fiscais ou sociedade de comando, no âmbito das sociedades anônimas, encontram-se suspensos ou impedidos.

Vê-se, pois, que são incontáveis as hipóteses de prazos decadenciais e prescricionais atingidos pelo art. 3º da Lei nº 14.010/20, o que demonstra um grande impacto da legislação emergencial sobre as relações de Direito Privado, particularmente na contagem de prazos para o exercício de direitos no âmbito dessas relações jurídicas.

Por fim, ainda quanto ao regime jurídico emergencial aplicável à prescrição e à decadência, previu-se na Lei nº 14.010/20, particularmente no § 1º do art. 3º, que não se aplicará a hipótese prevista no *caput* e no § 2º do art. 3º, de suspensão e impedimento dos referidos prazos, enquanto vigentes as causas de suspensão, impedimento e interrupção previstas na legislação ordinária.

Quis o legislador destacar que as regras permanentes (ordinárias e aquelas previstas em leis especiais, como no já mencionado art. 26, § 2º do CDC) de impedimento, suspensão e interrupção da prescrição e da decadência continuam a ser aplicadas, prevalecendo sobre aquelas da legislação transitória, não havendo superposição de causas, medida essa salutar de segurança jurídica, evitando posteriores discussões acerca da retomada ou início da contagem de prazos prescricionais ou decadenciais após o período da pandemia, quando ainda vigentes outras causas previstas no ordenamento.

3
MEDIDAS EXCEPCIONAIS SOBRE AS OBRIGAÇÕES E OS CONTRATOS

Com o mesmo propósito de regular certas relações de Direito Privado, em que a pandemia impactará sobremaneira na vida em sociedade e, também, na economia, o Projeto de Lei nº 1.179/2020 trouxe previsões excepcionais sobre as relações obrigacionais e contratuais, as quais deveriam ser observadas tanto durante o período da pandemia, quanto após o seu término, dadas as repercussões futuras do evento presente. Portanto, tais disposições permaneceriam atuais por longo espaço de tempo, enquanto perdurassem os efeitos da crise epidêmica, ainda quando ela tiver sido eliminada.

No entanto, o Poder Executivo vetou os dois dispositivos que compunham o Capítulo IV da Lei nº 14.010/20 e que regulavam as relações obrigacionais e contratuais, perdendo, assim, uma grande oportunidade de definir regras que pacifiquem os inúmeros conflitos que já eclodiram, e que continuarão eclodindo, pós-período de pandemia.

Sem prejuízo, a ausência de regramento legal não impede que diversos pontos controvertidos e tortuosos sejam enfrentados. Ao contrário, dados os impactos do coronavírus sobre as relações obrigacionais, imperiosa é a sua análise nesta obra. Como se verá, a ausência de previsão da lei não impede que as medidas nela previstas sejam tomadas, especialmente no âmbito do Poder Judiciário. Em verdade, a omissão legislativa dará mais liberdade aos juízes, o que tem, por certo, seu lado bom e o seu lado ruim. O lado bom é a possibilidade de um exame casuístico e concreto, evitando-se o engessamento legislativo. O lado negativo, entretanto, é o da possibilidade de decisões díspares e conflitantes, dada a ausência de regras próprias para a solução dos conflitos, gerando certa insegurança jurídica. A busca da uniformização da orientação jurisprudencial, tão enfatizada pelas normas do CPC/15, nunca será tão importante como agora.

Diante deste cenário, importa-nos examinar as diversas nuances da crise epidêmica sobre as obrigações e, particularmente, sobre os contratos, cuja relevância jurídica, social e econômica é destacada.

Principais instrumentos para o tráfico das relações jurídicas, especialmente aquelas que envolvem interesses patrimoniais, os contratos vêm sendo fortemente atingidos pelo estado de calamidade que se instalou não apenas no Brasil, mas nos principais centros econômicos do mundo. Por isso, as questões envolvendo as repercussões que a pandemia vem produzindo sobre as relações contratuais merecem particular atenção.

Sobre a matéria, o Projeto de Lei nº 1.179/2020 regulamentava diversas questões que dizem respeito ao não cumprimento das obrigações contratuais, mais particularmente o afastamento dos efeitos da mora e do inadimplemento pelo caso fortuito e a força maior; a possibilidade ou não de revisão dos contratos por fato superveniente e imprevisível (teoria da imprevisão, teoria da quebra da base objetiva do negócio); o impacto sobre o direito de arrependimento previsto no art. 49 do Código de Defesa do Consumidor; e a impossibilidade de concessão de medidas judiciais antecipatórias visando o despejo de locatários em contratos de locação de imóvel urbano.

A maioria delas, contudo, foi vetada pelo Poder Executivo, o que não foi de todo equivocado. Como veremos, algumas disposições do Projeto de Lei eram desnecessárias, dada a obviedade do texto legal. Outras mereceram, também com razão, o veto presidencial, pois equivocadas. Há, contudo, disposições que deveriam ter sido conservadas, a fim de servir o propósito de pacificação das relações, evitando-se a eternização de conflitos.

Além destas, muitas outras questões poderiam ter sido disciplinadas, como, por exemplo, aquelas envolvendo algumas relações contratuais de trato sucessivo que, embora tenham natureza patrimonial, exercem forte influência sobre interesses existenciais, como contratos de prestação de serviços, dentre eles o escolar, especialmente no ensino básico, além de aspectos materiais envolvendo os contratos de locação residencial e não residencial, bem como contratos bancários de um modo geral e os de financiamento para a compra de bens móveis e imóveis. Tais omissões, contudo, não significam a impossibilidade de aplicação dos regimes próprios de caráter permanente já previstos em lei para negociação e revisão dos contratos, que serão importantíssimos não apenas durante o período da pandemia, mas também depois da superação desta, como se buscará demonstrar ao longo dessas linhas.

3.1 O INADIMPLEMENTO DAS OBRIGAÇÕES E A ISENÇÃO DE RESPONSABILIDADE PELA OCORRÊNCIA DO CASO FORTUITO OU DE FORÇA MAIOR

O PL nº 1.179/2020 dirigia o seu Capítulo IV aos impactos do COVID-19 sobre os contratos, disciplinando diversos aspectos das relações obrigacionais contratuais. O artigo que inaugurava este capítulo, hoje integralmente vetado, tratava particularmente dos efeitos do caso fortuito e da força maior sobre as obrigações não adimplidas em decorrência da pandemia. Segundo o art. 6º, "As consequências decorrentes da pandemia do Coronavírus (Covid-19) nas execuções dos contratos, incluídas as previstas no art. 393 do Código Civil, não terão efeitos jurídicos retroativos".

O referido veto em nada prejudicou o regime legal da isenção de responsabilidade por caso fortuito ou força maior, dada a obviedade da sua disposição, como se demonstrará. Mas antes de se aprofundar no tema, é importante destacar que o veto não impediu que sejam invocadas as duas causas de exclusão de responsabilidade, as quais são plenamente aplicáveis às relações jurídicas durante a pandemia, nos casos em que, de fato, haja um impacto sobre as referidas relações. Por essa razão, imperiosa é a análise desses dois institutos.

Primeiramente é preciso observar que o art. 393 do Código Civil trata da isenção de responsabilidade pelos efeitos do inadimplemento das obrigações em decorrência de um evento fortuito ou de força maior, ou seja, diz respeito às repercussões do atraso ou do não cumprimento de uma obrigação quando estes se dão em razão de um fato que, de modo necessário e absoluto, impede a execução da prestação e cujos efeitos são inevitáveis para a parte, caracterizando-se, pois, como um *inadimplemento fortuito*.[1]

Obrigação é, de modo objetivo, o vínculo jurídico temporário que liga o credor ao devedor, constrangendo-o à entrega de uma prestação, como regra, economicamente aferível. O vínculo obrigacional, então, impõe ao devedor o cumprimento de uma obrigação, que consiste na entrega de uma prestação que pode ser um *dar*, um *fazer* ou um *não fazer*.[2]

Ao não entregar a prestação, tem-se o inadimplemento, o qual pode ser parcial – mora – ou total – inadimplemento absoluto –, e que traz para o devedor repercussões sobre a sua esfera jurídica, as quais variam conforme a causa que leve ao descumprimento.

As repercussões ou consequências do inadimplemento da obrigação perpassam, necessariamente, pela análise das chamadas teorias monista e dualista da obrigação. De acordo com a primeira, entende-se que a obrigação é una, de modo que o seu descumprimento acarreta um mero desdobramento que não se separa da essência da obrigação, enquanto que para a segunda teoria a obrigação se desdobra em dois elementos ou duas fases, quais sejam, o débito e a responsabilidade (*schuld* e *haftung* / *debitum* e *obligatio*).[3] O débito corresponde ao dever jurídico naturalmente imposto pela obrigação ao devedor de cumpri-la voluntariamente no prazo, forma e local acordados. Já a responsabilidade

---

1. RODRIGUES JUNIOR, Otavio Luiz. *Revisão judicial dos contratos*: autonomia da vontade e teoria da imprevisão. 2. ed. São Paulo: Atlas, 2006. p. 100.
2. O conceito de obrigação não é unívoco. A doutrina tem, ao longo do tempo, apresentado e desenvolvido inúmeras definições acerca das obrigações. A visão atual de uma obrigação não é idêntica àquela tradicional do Direito romano encontrado nas *Institutas* de Justiniano, em que a obrigação consiste no vínculo obrigacional que une o devedor ao credor, tornando aquele escravo deste. Sem prejuízo, ambas se centram em um aspecto, a saber, a existência de um vínculo jurídico. Nesse sentido, observam Cristiano Chaves de Farias e Nelson Rosenvald que "Já era possível, pois, perceber que o núcleo essencial da obrigação era o vínculo existente entre o credor e o devedor, pelo qual um poderia exigir, coercitivamente, do outro, uma prestação. Exatamente por isso notava-se que o cerne da obrigação não poderia ser tornar alguém proprietário de algo, mas sim obrigar alguém a dar, fazer ou não fazer alguma prestação" (FARIAS, Cristiano Chaves de; ROSENVALD, Nelson. *Curso de direito civil*: obrigações. v. 2. 11. ed. rev., ampl. e atual. Salvador: JusPodivm, 2017. p. 34).
3. As expressões débito e responsabilidade são comumente encontradas na doutrina para designar as duas fases da obrigação. Nesse sentido ver, exemplificativamente, LOPES, Miguel Maria de Serpa. *Curso de direito civil*: obrigações em geral. v. II. 7. ed. Rio de Janeiro: Freitas Bastos, 2000. p. 332. Há, contudo, diversas outras nomenclaturas empregadas para designar os dois momentos obrigacionais. Orlando Gomes os divide em *dever de prestação* e *sujeição* (GOMES, Orlando. *Obrigações*. 15. ed. Rio de Janeiro: Forense, 2002. p. 12), enquanto que Silvio Rodrigues nomeia a primeira fase de *dívida*, a qual corresponde, em seu entender, "ao dever que incumbe ao sujeito passivo de prestar aquilo a que se comprometeu" (RODRIGUES, Silvio. *Direito civil*: parte geral das obrigações. v. 2. 30. ed. São Paulo: Saraiva, 2008. p. 5).

decorre do descumprimento do débito, autorizando o credor a ingressar no patrimônio do devedor a fim de satisfazer o seu crédito.

É neste segundo momento – o do inadimplemento e, consequentemente, da responsabilidade – que se insere a problemática da incidência da regra do art. 393 do Código Civil, ou seja, sua análise se dá em momento posterior, após o não cumprimento da obrigação, caso em que se deverá examinar se a hipótese é de inexecução por fato imputável ao devedor, ou se há uma impossibilidade superveniente de executá-la.

No primeiro caso, havendo inexecução da obrigação por fato imputável ao devedor, tem-se a imputabilidade, em que se impõe ao sujeito passivo a responsabilidade pelos prejuízos decorrentes do inadimplemento da obrigação, a qual se funda na culpa *lato sensu*. Neste caso, o inadimplemento acarreta repercussões diretamente sobre o patrimônio do devedor, que responde com seus bens e valores pelas obrigações não cumpridas. Desde a *lex poetelia papiria*, dos romanos, abandonou-se a ideia de que a obrigação é um vínculo pessoal que recai sobre a pessoa do devedor e, consequentemente, sobre o seu corpo, a permitir a aplicação de penas aflitivas no caso de descumprimento. A regra, portanto, é a de que o não cumprimento de uma obrigação leva a sanções de índole exclusivamente patrimonial, de modo que é o patrimônio do devedor que responde por suas obrigações.[4]

Nesse sentido, prevê o art. 389 do Código Civil que: "Não cumprida a obrigação, responde o devedor por perdas e danos, mais juros e atualização monetária segundo índices oficiais regularmente estabelecidos, e honorários de advogado". À toda evidência, a hipótese legal se aplica, como regra, aos casos de inadimplemento culposo da obrigação, isto é, nas hipóteses em que, por um fato doloso ou culposo imputável ao devedor, ele não entregar a prestação.[5]

As perdas e danos nada mais são do que os prejuízos sofridos pelo credor em decorrência do não cumprimento da obrigação. Se este não cumprimento se deu por fato

---

4. Como observava Clovis Bevilaqua, ao justificar a substituição do caráter pessoal para o patrimonial da obrigação, "a precariedade de uma tal garantia ou, melhor, a inefficacia della, sob o ponto de vista economico, fez substituir a execução pessoal, crudelissima tantas vezes, pela patrimonial, evidentemente mais util, dando-se, por tal deslocação, um primeiro passo para a despersonalização do vinculo obrigatorio ou, mais exactamente, para a sua indeterminação pessoal" (BEVILAQUA, Clovis. *Direito das obrigações*. Edição histórica. Rio: Rio, 1977. p. 15). Sem prejuízo, há, ainda hoje, e de modo excepcional, a possibilidade de medidas sancionatórias coercitivas a serem aplicadas sobre a pessoa do devedor, como no caso da prisão civil por dívida de alimentos, admitida no art. 5º, LXVII, da Constituição Federal, cuja aplicação, é preciso destacar, não exime o devedor da responsabilidade patrimonial decorrentes do seu inadimplemento.
5. A questão da imputabilidade no inadimplemento da obrigação abranger, ou não, a culpa é questão controvertida na doutrina. Tradicionalmente afirma-se que a noção de culpa e de imputabilidade são indissociáveis, de modo que só é possível falar em inadimplemento com fato imputável ao devedor, não havendo incumprimento sem culpa. Por outro turno, parcela recente da doutrina, inspirada em antiga lição de Pontes de Miranda, afirma ser possível ter-se inadimplemento sem culpa, caso em que basta verificar um ato comissivo ou omissivo do devedor, contrário àquele voltado ao cumprimento da obrigação, para que ocorra o inadimplemento, ainda que sem culpa. Nesse sentido, imputar não é inculpar, pois a imputação corresponde, em verdade, à atribuição de dever e responsabilidade, a qual não necessariamente depende da demonstração de culpa, como no caso da responsabilidade objetiva. Para o aprofundamento do tema, ver, exemplificativamente, MARTINS-COSTA, Judith. *Comentários ao novo código civil*: do inadimplemento das obrigações. v. V. t. II. Coordenação de Sálvio de Figueiredo Teixeira. 2. ed. Rio de Janeiro: Forense, 2009. p. 130-137.

imputável ao devedor, por certo deverá reparar o dano ao credor. Quanto aos juros e à atualização monetária, são eles consectários da mora, isto é, do não cumprimento da obrigação no tempo e no modo acordados.[6]

Contudo, nenhuma dessas verbas será devida se o inadimplemento não for imputável ao agente. Se a hipótese for de impossibilidade superveniente do cumprimento da obrigação, por uma causa obstativa absoluta, em que o devedor não concorreu para a insatisfação do credor, ter-se-á a isenção de sua responsabilidade,[7] e isso por razões que parecem óbvias. Ora, se o não cumprimento da obrigação não decorreu de um agir culposo – ou objetivamente imputável – do devedor, mas de uma causa obstativa absoluta de cumpri-la, não é possível imputar-lhe o dever de reparar eventuais prejuízos sofridos pelo credor em razão do inadimplemento, ante a inequívoca caracterização da hipótese de inimputabilidade pela ocorrência de um caso fortuito ou de força maior.[8]

Sobre o caso fortuito e a força maior, muitos aspectos merecem observação. No entanto, é preciso destacar preliminarmente que a abordagem aqui feita terá como propósito, principalmente, enfrentar as questões que dizem respeito às consequências da pandemia do COVID-19. Desse modo, e em que pese o art. 6º do PL nº 1.179/2020 tenha sido vetado, a ideia que o permeia não foi perdida, qual seja a de que aplicação do caso fortuito e da força maior como causa exonerativa de responsabilidade deve se ater unicamente ao não cumprimento das obrigações exclusivamente motivado pela pandemia, não produzindo efeitos retroativos, isto é, para fatos que lhe são anteriores e que nenhuma relação têm com a crise epidêmica.

Isso significa que eventual inadimplemento de uma obrigação ocorrido anteriormente ao período da pandemia seguirá as regras ordinárias (e permanentes) do não cumprimento das obrigações, inclusive com a possibilidade de isenção de responsabilidade do devedor por eventuais perdas e danos causados ao credor em decorrência do inadimplemento, caso verificada a ocorrência de um caso fortuito ou de força maior diverso da pandemia, e ocorrido antes do alastramento do vírus.

Por outro turno, é preciso destacar que eventual agravamento de eventuais repercussões negativas sobre obrigações inadimplidas antes da pandemia pode ser alcançado e justificado pela situação de calamidade. Nesse sentido, se antes da crise epidêmica um devedor deixou de cumprir culposamente com a sua obrigação, não poderá ele invocar, posteriormente, esta situação excepcional para se eximir dos efeitos do inadimplemento. Entretanto, se por conta da epidemia houve um agravamento dos efeitos decorrentes do seu inadimplemento anterior, como a impossibilidade de entregar, ainda que em mora, a prestação, poderá o devedor invocar o caso fortuito ou a força maior para se isentar dos efeitos posteriores ao surgimento da crise, ou seja, a partir de então, com efeitos *ex nunc*.

---

6. Cf. PEREIRA, Caio Mario da Silva. *Instituições de direito civil*: teoria geral das obrigações. v. II. 20. ed. Rio de Janeiro: Forense, 2004. p. 123.
7. Cf. LOPES. Op. cit. p. 372.
8. PEREIRA. Op. cit. p. 345.

Feitas essas observações, as quais se retornará com maior profundidade mais a frente, é preciso examinar a questão do adequado tratamento jurídico a ser dado aos efeitos do COVID-19 sobre o inadimplemento das obrigações. Deve-se discorrer, neste momento, sobre a correta qualificação jurídica deste evento no mundo das obrigações e, mais particularmente, dos contratos, que é a principal fonte destas.

O vírus Sars-Cov-2, agente etiológico do COVID-19, em razão do seu elevado nível de disseminação e contágio, transformou-se em uma pandemia reconhecida pela Organização Mundial de Saúde, caracterizando-se inequivocamente como um evento de proporções inimagináveis e inesperadas, dada a velocidade de sua propagação. Trata-se de um fato natural e notório, não causado por ações humanas. No campo do Direito, e mais particularmente no Direito das Obrigações e dos Contratos, esse evento se caracteriza como um fato jurídico, qualificando-se, sem sombra de dúvidas, como um caso fortuito ou motivo de força maior.

No tocante à definição e à diferenciação entre os dois institutos, paira na doutrina severa controvérsia, como já noticiado por Caio Mário da Silva Pereira. Parcela da doutrina afirma que caso fortuito é um acontecimento natural ou um evento da natureza, enquanto que a força maior é o fato derivado da ação do homem ou do Poder Público.[9] Para outra parcela da doutrina, contudo, as definição são absolutamente inversas, isto é, o caso fortuito decorre da ação humana, mas não do devedor, e a força maior é o acontecimento provindo da natureza.[10] Já para outros, o caso fortuito é a circunstância relacionada à pessoa do devedor ou sua empresa (atividade), ainda que não emane de culpa sua, enquanto que a força maior é o fato que decorre de ordens da autoridade pública, de ocorrências políticas (como guerras) e dos fenômenos naturais.[11] Por fim, há ainda aqueles que veem os dois institutos como sinônimos, não os diferenciando.[12]

A ideia de sinonímia entre os dois institutos parece ser a encampada pela legislação pátria, o que não é uma novidade, ou tampouco uma exclusividade do ordenamento jurídico brasileiro, uma vez que já adotada em outras legislações, como o Código das Obrigações suíço, que não os diferencia, utilizando-se do instituto da *force majeure* para definir eventos que poderiam ser tratados tanto como de caso fortuito, quanto de força maior, segundo a diferenciação proposta pela doutrina brasileira.[13]

O Código Civil, no parágrafo único de seu art. 393, dispõe, sem sugerir nenhuma diferenciação, que "O caso fortuito ou de força maior verifica-se no fato necessário, cujos

---

9. Nesse sentido, exemplificativamente, PEREIRA, Caio Mário da Silva. *Instituições de direito civil*: teoria geral das obrigações. v. II. 32. ed. Rio de Janeiro: Forense, 2020. p. 339.
10. AZEVEDO, Álvaro Villaça. *Teoria geral das obrigações*. 9. ed. São Paulo: Ed. RT, 2001. p. 270.
11. RODRIGUES, Silvio. *Direito civil*: parte geral das obrigações. v. 2. São Paulo: Saraiva, 2008. p. 239.
12. FONSECA, Arnoldo Medeiros da. *Caso fortuito e teoria da imprevisão*. 3. ed. Rio de Janeiro: Forense, 1958. p. 121.
13. Como exemplo, tem-se o art. 299, 2, do Código das Obrigações suíço (RS 220) que, ao tratar da isenção de responsabilidade do locatário pelo perecimento da coisa refere-se apenas à culpa do locador e à força maior, sem se referir ao caso fortuito: "Il ne doit aucune indemnité s'il prouve que les objets non représentés ont péri par la faute du bailleur ou par force majeure" ([o locatário] não deve nenhuma compensação se provar que os objetos pereceram por culpa do locador ou por foça maior – tradução livre). E assim se refere o referido diploma legislativo ao tratar da isenção de responsabilidade por força maior.

efeitos não era possível evitar ou impedir". Da dicção legal, vê-se que o caso fortuito ou a força maior são eventos não imputáveis ao devedor, cujos efeitos inevitáveis impedem, de modo absoluto, o cumprimento da obrigação. Trata-se, como observa Serpa Lopes, ao extrair ideia trazida pelo Direito romano, de um acontecimento que o homem não pode impedir e resistir, ainda que o tenha previsto, seja por ação humana, seja por fato da natureza.

Da redação legal também é possível perceber, como observado anteriormente, que o legislador não se ocupou com a tarefa de diferenciar os dois institutos, preocupando-se apenas em expor os requisitos, comuns a ambos, para a sua caracterização: a necessariedade e a inevitabilidade. Pela necessariedade, o evento fortuito ou de força maior é aquele que necessária e absolutamente impede o cumprimento da obrigação, isto é, não é qualquer acontecimento que libera o devedor da responsabilidade pela reparação dos danos decorrentes do inadimplemento da obrigação, mas tão somente aquele que, por razões alheias à vontade do agente, torna impossível, de modo absoluto, a entrega da prestação. A inevitabilidade significa que os efeitos do evento extraordinário devem ser inevitáveis, isto é, não podem existir meios para que o devedor impeça a produção dos efeitos que levem ao não cumprimento da obrigação. Com efeito, se for possível ao devedor evitá-los, não estará isento de responsabilidade.

Da referida explicitação também é preciso fazer algumas observações, a demonstrar a excepcionalidade das causas exonerativas de responsabilidade. Impossibilidades pessoais (e subjetivas) não exoneram o devedor de cumprir com a obrigação, ainda que graves e relevantes, por dizerem respeito a um aspecto intrínseco à pessoa, enquanto o caso fortuito e a força maior caracterizam-se por ser externos ao indivíduo, isto é, estranhos ao seu poder, ocasionados por um fato da natureza ou de terceiro.[14] Se há, nesse sentido, um obstáculo invencível para o devedor, mas que outro, em seu lugar, pode fazer, trata-se apenas de uma impossibilidade pessoal de execução.[15] Igualmente, situações que levem a um cumprimento mais dificultoso, ou mesmo a uma onerosidade excessiva, não se caracterizam como caso fortuito ou de força maior. Há que se ter uma verdadeira impossibilidade, absoluta e objetiva, de execução.

O que se quer dizer, de tudo o que se expôs, é que a definição da natureza jurídica da pandemia do COVID-19 como um evento fortuito ou de força maior é irrelevante, pois meramente acadêmica. O que importa, verdadeiramente, é a presença dos elementos que caracterizam ambos os institutos, isto é, sua caracterização como um fato necessário e absoluto e cujos efeitos são inevitáveis em determinadas circunstâncias, que impossibilitem o adimplemento.

Aqui há outro ponto a merecer observação: a isenção do dever de indenizar, no presente caso, só existirá se a obrigação não for cumprida necessariamente por conta dos efeitos da COVID-19, como, por exemplo, o isolamento social que se impõe ao

---
14. PEREIRA. Op. cit. p. 347.
15. LOPES. Op. cit. p. 374.

devedor e às demais pessoas. Então, é preciso que haja uma real impossibilidade de cumprimento da obrigação, e que ela decorra diretamente dos efeitos da pandemia. Com efeito, a existência da pandemia, por si só, não exime o devedor de cumprir com a obrigação assumida. Se durante a pandemia ainda for possível ao devedor entregar a prestação, e ele não o fizer, ter-se-á o inadimplemento culposo (ou imputável a ele), o qual levará ao dever de reparar o dano causado ao credor, nos exatos termos do art. 389 do Código Civil.

A pandemia, portanto, não é um "salvo conduto" para o não cumprimento de obrigações, como, infelizmente, tem-se verificado na prática. Inúmeros devedores têm se aproveitado da circunstância excepcional da crise sanitária para buscar se eximir do dever de adimplir a prestação, mesmo não tendo sido afetado pela pandemia. Trata-se, por certo, de conduta que viola a boa-fé e, logo, não merecedora de tutela jurídica.

A boa-fé é, como cediço, um princípio que norteia todas as relações jurídicas e se espraia por todo o ordenamento jurídico. Constitui-se em uma cláusula geral, implícita em todas as relações jurídicas, especialmente as obrigacionais e contratuais, que impõe às partes um dever ético, isto é, um dever jurídico que consiste em uma regra obrigatória de conduta, segundo a qual devem agir de modo ético, honesto e probo.[16] Isso confere ao magistrado o poder de mergulhar no interior das relações e dos negócios jurídicos para aferir se as partes estão se conduzindo, desde as tratativas e até após o encerramento do negócio, em observância a esse padrão de comportamento.[17]

Além disso, e para a total realização da boa-fé, impõe-se, ainda, a observância dos seus deveres anexos, também chamados de deveres acessórios de conduta, que sujeitam as partes à adoção de diversos comportamentos. Esses deveres anexos são, exemplificativamente, os deveres de informação, de transparência, de lealdade, de cooperação, de cuidado, de sigilo e de não concorrência desleal, e sua não observância consiste naquilo que a doutrina convencionou chamar de violação positiva do contrato, ou cumprimento defeituoso ou imperfeito.[18]

O não cumprimento deste dever ético configura, na dicção do art. 187 do Código Civil, em um ato antijurídico (ou ilícito em sentido amplo), sujeitando o agente à responsabilização pelos danos que vier a causar. Assim, no presente caso, aquele que se aproveita da grave situação imposta pela crise epidêmica para descumprir com suas

---

16. Na lição de Judith Martins-Costa, a boa-fé aponta "um *standard* ou modelo comportamental pelo qual os participantes do tráfico obrigacional devem ajustar o seu mútuo comportamento (*standard* direcionador de condutas, a ser seguido pelos que pactuam atos jurídicos, em especial os contratantes)" (MARTINS-COSTA, Judith. *A boa-fé no direito privado*: critérios para a sua aplicação. 2. ed. São Paulo: Saraiva, 2018. p. 281-282).
17. Essa é a exigência do art. 422 do Código Civil, segundo o qual "os contratantes são obrigados a guardar, assim na conclusão do contrato, como em sua execução, os princípios da probidade e da boa-fé". Nesse sentido, observa Miguel Reale que "a boa-fé não constitui um imperativo ético abstrato, mas sim uma norma que condiciona e legitima toda a experiência jurídica, desde a interpretação dos mandamentos legais e das cláusulas contratuais até as suas últimas consequências" (REALE, Miguel. A boa-fé no código civil. *Revista de Direito Bancário e do Mercado de Capitais*. São Paulo, v. 6, n. 21, p. 12, jul./set., 2003).
18. Sobre o tema, ver SILVA, Jorge Cesa Ferreira da. *A boa-fé e a violação positiva do contrato*. Rio de Janeiro: Renovar, 2002.

obrigações, ou postergar seu cumprimento, sem que tenha sofrido os impactos da pandemia, age deslealmente, em desconformidade com os padrões éticos que são impostos pela boa-fé, cometendo um ato abusivo e, portanto, contrário à finalidade do mesmo.

Outro fato a ser observado é que em determinadas situações a crise epidêmica não será o evento direto, necessário e inevitável ao cumprimento da obrigação, mas apenas o indireto. O COVID-19 tem, por conta das necessárias restrições sanitárias que lhe são inerentes (várias indicadas na Lei 13.979/20), levado as autoridades públicas a promulgar leis, baixar decretos e expedir medidas provisórias que têm restringido não só o direito de ir e vir das pessoas, como também tem imposto o fechamento de lojas, empreendimentos comercias (como *shopping centers* e galerias), o cancelamento de shows e espetáculos[19], dentre outras medidas restritivas.

Como cediço, e em que pese o estado de calamidade decretado pelo Governo Federal por meio do Decreto Legislativo 06/2020, tal fato, por si só, não é capaz de determinar o fechamento de lojas ou impedir a execução de qualquer atividade econômica, tendo em vista que se trata de uma inequívoca interferência na livre iniciativa, que consiste em um dos pilares não só da ordem econômica, como se infere do art. 170, *caput*, da Constituição Federal, mas também do próprio Estado Democrático de Direito, na medida em que o art. 1º, IV, da Constituição Federal a insere como um dos seus fundamentos.

A livre iniciativa traduz-se, em uma de suas faces, na liberdade econômica,[20] isto é, no exercício livre de atividades econômicas, negociais e profissionais, sem embaraços estatais. Impõe-se, pois, um limite à atuação e intervenção estatal, a qual, em um Estado Democrático de Direito, deve estar pautada na estrita legalidade, de modo a apenas intervir nas hipóteses expressas e previamente dispostas em lei.

Por essa razão, e de igual modo, a pandemia, em si, também não poderia levar à paralisação das atividades econômicas, salvo se algum empresário ou outro exercente de atividade econômica não organizada empresarialmente, por sua espontânea vontade, decidisse não dar continuidade aos seus negócios.

No estágio atual do Direito, o Estado brasileiro, como já mencionado, se estrutura sobre um importante princípio, a saber, o da legalidade, gravado de modo indelével no art. 5º, II, da Constituição Federal como uma garantia fundamental de que ninguém é obrigado a fazer ou deixar de fazer algo senão em virtude de lei.

Assim, apenas com a edição de atos legislativos próprios, respeitando-se a autonomia de cada ente federativo,[21] é que se poderia ter a imposição da paralisação temporária

---

19. Sobre eventos tais como *shows* e outros espetáculos, foi recentemente editada a Medida Provisória 948, de 08.04.2020, para tratar dos efeitos do cancelamento de serviços, de reservas e de eventos dos setores do turismo e da cultura em razão do estado de calamidade pública decorrente da COVID-19.
20. GRAU, Eros Roberto et al. In: CANOTILHO, J. J. Gomes; MENDES, Gilmar Ferreira; SARLET, Ingo Wolfgang; STRECK, Lenio Luiz. *Comentários à Constituição do Brasil*. São Paulo: Saraiva/Almedina, 2013. p. 1.792.
21. Pela autonomia federativa tem-se, no âmbito da Federação, uma descentralização de poder, mediante a repartição de competências legislativas, administrativas e também políticas. Como observa Paulo Gustavo Gonet Branco, os "Estados-membros não apenas podem, por suas próprias autoridades, executar leis, como também é-lhes re-

de atividades econômicas, e foi isso que ocorreu através da ponderação de interesses constitucionalmente assegurados.[22]

Como visto, a livre iniciativa é um princípio assegurado constitucionalmente, o qual impede intervenções estatais que visem embaraçar, ou até mesmo obstar, o livre exercício de atividades econômicas. Desse modo, a intervenção do Estado voltada ao impedimento do exercício de atividades econômicas só pode estar pautada em outra garantia ou interesse igualmente assegurado na Constituição, a fim de se legitimar essa interferência. Na hipótese envolvendo os reflexos da pandemia, dúvidas não há de que os direitos que se contrapõem à livre iniciativa são o direito à vida e à saúde, que emanam da dignidade da pessoa humana, outro pilar do Estado Democrático de Direito, nos termos do art. 3º, III, da Constituição Federal.[23]

Se assim não fosse, os atos normativos estatais seriam inevitavelmente fulminados pelo vício da inconstitucionalidade, dada a inequívoca violação à garantia constitucional da livre iniciativa. Mas, como visto, os referidos atos foram pautados nos direitos à vida

---

conhecido elaborá-las. Isso resulta em que se perceba no Estado Federal uma dúplice esfera de poder normativo sobre um mesmo território e sobre as pessoas que nele se encontram, há a incidência de duas ordens legais: a da União e a do Estado-membro" (MENDES, Gilmar Ferreira; BRANCO, Paulo Gustavo Gonet. *Curso de direito constitucional*. 10. ed. São Paulo: Saraiva, 2015. p. 814). Essa autonomia foi reforçada no julgamento da Medida Cautelar na ADI 6341, posteriormente referendada pelo Pleno do Supremo Tribunal Federal em sessão virtual: "Vê-se que a medida provisória, ante quadro revelador de urgência e necessidade de disciplina, foi editada com a finalidade de mitigar-se a crise internacional que chegou ao Brasil, muito embora no território brasileiro ainda esteja, segundo alguns técnicos, embrionária. Há de ter-se a visão voltada ao coletivo, ou seja, à saúde pública, mostrando-se interessados todos os cidadãos. O artigo 3º, cabeça, remete às atribuições, das autoridades, quanto às medidas a serem implementadas. Não se pode ver transgressão a preceito da Constituição Federal. As providências não afastam atos a serem praticados por Estado, o Distrito Federal e Município considerada a competência concorrente na forma do artigo 23, inciso II, da Lei Maior" (BRASIL, STF, ADI 6341. Rel. Ministro Marco Aurélio. DJe 25.03.2020).

22. A ponderação é uma técnica para a solução dos conflitos entre princípios constitucionais. Mas ela não se resume a isso. Além desse caráter procedimental, a ponderação visa extrair o conteúdo máximo dos princípios constitucionais, a fim de alcançar a sua máxima eficácia para que, verificado o seu pleno conteúdo, em confronto com outro no caso concreto, prevaleça ou não. Na lição de Daniel Sarmento, acerca do método de aplicação da ponderação, o intérprete "deve, à luz das circunstâncias concretas, impor 'compressões' recíprocas sobre os interesses protegidos pelos princípios em disputa, objetivando lograr um ponto ótimo, onde a restrição de cada interesse seja a mínima indispensável à sua convivência com o outro" (SARMENTO, Daniel. *A ponderação de interesses na constituição federal*. Rio de Janeiro: Lumen Juris, 2000. p. 102).

23. A dignidade da pessoa humana não é um conceito unívoco, não havendo na doutrina um consenso acerca da sua definição, conteúdo, limites e alcance. Sem prejuízo, e como observa Rose Melo Vencelau Meireles, isso não pode ser um impeditivo à sua aplicação (MEIRELES, Rose Melo Vencelau. *Autonomia privada e dignidade humana*. Rio de Janeiro: Renovar, 2009. p. 98-99). Sem prejuízo, pode-se defini-la como o conjunto de direitos e garantias que impõem a observância do mínimo necessário a qualquer pessoa, a fim de que ela seja reconhecida e respeitada como um ser humano. Nessa esteira, dúvidas não há de que a vida e a saúde se inserem no conteúdo mínimo da dignidade da pessoa humana, gozando de primazia *prima facie* sobre os demais direitos e garantias existentes em nosso ordenamento. Para um aprofundamento da discussão que envolve a natureza jurídica e o conteúdo da dignidade da pessoa humana, ver, dentre outros, BARROSO, Luís Roberto. Aqui, lá e em todo Lugar: a dignidade humana no direito contemporâneo e no discurso transnacional. *Revista dos Tribunais*, a. 101, v. 919, p. 127-196, mai., 2012; SARMENTO, Daniel. *Dignidade da pessoa humana*: conteúdo, trajetórias e metodologia. 2. ed. Belo Horizonte: Fórum, 2016; BARCELLOS, Ana Paula de. *A Eficácia Jurídica dos Princípios Constitucionais*: o princípio da dignidade da pessoa humana. 3. ed. Rio de Janeiro: Renovar, 2011 e; SARLET, Ingo Wolfgang. *Dignidade da pessoa humana e direitos fundamentais na constituição federal de 1988*. 8. ed. rev., atual., e ampl. Porto Alegre: Livraria do Advogado, 2010.

e à saúde, dispostos nos arts. 5º, *caput* e 6º, *caput*, da Constituição, os quais emanam diretamente da dignidade da pessoa humana.

O que se percebe, de tudo o que foi dito anteriormente, é que neste caso em análise, o impedimento ao exercício das atividades econômicas, como o fechamento do comércio, tanto de *rua*, quanto das lojas dos *shoppings centers*, assim como a proibição de realização de diversos eventos, levando à impossibilidade de cumprimento das obrigações, não decorre diretamente da pandemia, mas sim do ato emanado do Poder Público, o qual se caracteriza induvidosamente como *fato do príncipe*.

Fato do príncipe é a ação estatal que interfere, indiretamente, nas relações jurídicas, modificando-as, impedindo-as ou onerando-as. Consiste uma ação geral do Poder Público, isto é, uma ação que não é dirigida específica e diretamente à determinada relação ou pessoa, mas que as afeta, impedindo de modo absoluto o cumprimento de uma obrigação ou tornando-a excessivamente onerosa. Os atingidos por ela e seus efeitos não os pode evitar, consistindo, portanto, em um verdadeiro caso fortuito ou de força maior, dado que superveniente e inevitável.[24]

Então, nos exemplos anteriormente expostos, de fechamento de estabelecimentos e imposição de cancelamentos de eventos, tem-se inequivocamente um *fato do príncipe*, pois as medidas foram implementadas de modo genérico, não atingindo pessoas ou relações específicas, mas uma coletividade indeterminada. Essa imposição acarretou para diversos particulares efeitos inevitáveis, pois impediram, de modo amplo e absoluto, o exercício de diversas atividades. Mas, essa ação, embora genérica, foi a causa direta e necessária do inadimplemento, e não propriamente a epidemia, que foi, em verdade, a motivação para a edição dos mais diversos atos normativos ou administrativos pelos entes federados.

Por essa razão, nessas hipóteses o caso fortuito ou de força maior não foi, propriamente, a COVID-19, mas sim a prática dos atos estatais, os quais, na eventualidade de se demonstrar um excesso por parte do Estado e, consequentemente, uma falta de razoabilidade na adoção das medidas restritivas impostas aos particulares (caracterizando uma inconstitucionalidade material), poderão levar ao dever de indenizar os prejuízos que o Poder Público porventura venha a causar. A questão, portanto, deve ser tratada no âmbito do nexo de causalidade, que é um dos elementos da responsabilidade civil, bem como do conteúdo do ato (a conduta estatal) editado.[25]

---

24. O *fato do príncipe* é uma ação estatal genérica, que não se volta ao atingimento de uma relação jurídica determinada, e tampouco a uma pessoa específica. Seus efeitos são reflexos, assim se diferenciando do *fato da Administração*. Como leciona Hely Lopes Meirelles, "O *fato do príncipe*, caracterizado por um *ato geral* do Poder Público, tal como a proibição de importar determinado produto, só reflexamente desequilibra a economia do contrato ou impede a sua plena execução. Por isso não se confunde com o *fato da Administração*, que incide *direta e especificamente* sobre o contrato". MEIRELLES, Hely Lopes. *Direito administrativo brasileiro*. 33. ed. São Paulo: Malheiros, 2007. p. 240.
25. Tradicionalmente tem-se entendido que não se pode imputar ao Estado responsabilidade por sua atuação legislativa, tendo em vista que o caráter genérico e abstrato das leis afasta a configuração de efeitos individuais danosos. Sem prejuízo, tem-se admitido a responsabilização estatal por ato legislativo nos casos de leis de efeitos concretos que causem danos desproporcionais – leis que produzam efeitos individualizados, como aquela que

Observe-se, contudo, que a caracterização como caso fortuito ou de força maior, a afastar a responsabilidade do particular pelo não cumprimento da obrigação, depende da verificação da absoluta impossibilidade de cumpri-la. Se a ação estatal apenas levou a um desequilíbrio econômico-financeiro do contrato, a hipótese deve ser vista sob a ótica da teoria da imprevisão (ou da quebra da base objetiva do negócio), a fim de se permitir a revisão do contrato e, consequentemente, a sua continuidade, como se examinará no item 3.3.2 deste capítulo.

Diante de todo esse cenário exposto, o art. 6º do Projeto de Lei nº 1.179/2020 previa que as consequências decorrentes do COVID-19 nas execuções dos contratos, inclusive aquelas constantes do art. 393 do Código Civil, não serão retroativas. Este dispositivo, contudo, foi vetado, veto este que não produz nenhum efeito prático danoso, haja vista que a previsão legal era dotada de clara obviedade.

Queria o legislador, com a referida disposição, destacar e impedir que a pandemia fosse invocada por devedores para justificar o descumprimento culposo (ou objetivamente imputável) de obrigações ocorrido anteriormente a ela, ou mesmo o não cumprimento motivado por fatos pretéritos à situação de crise, de modo a beneficiá-los, isentando-os, por conta da pandemia, dos efeitos do seu inadimplemento anterior. É a hipótese, por exemplo, do devedor que já não vinha cumprindo com suas obrigações antes do COVID-19, ou mesmo que intencionava não cumprir com elas, em razão de fato anterior, e que se aproveita da crise para efetivamente não cumpri-las e, assim, buscar nela um fundamento para se eximir de sua responsabilidade. Tinha, então, a regra projetada, a nítida vocação de assentar a interpretação sobre as questões referentes ao inadimplemento nos tempos da pandemia e, por isso, o veto presidencial não interfere nessa questão.

Como visto no Capítulo 1, a Lei nº 14.010/20 caracteriza-se por ser temporária, instituindo um regime emergencial no período da crise epidêmica, não podendo, portanto, ser aplicada para fatos anteriores à sua ocorrência ou posteriores ao término dela. Assim, quis o legislador ressaltar a inaplicabilidade da pandemia como causa isentiva de responsabilidade para fatos que lhe são anteriores, o que será induvidosamente observado, independentemente da existência, ou não, do dispositivo vetado.

Deve-se observar, no entanto, que isso não significa a impossibilidade de o devedor invocar outra causa de isenção de responsabilidade ocorrida antes da pandemia para se eximir do dever de responder pelas perdas e danos e demais consectários da mora e do não cumprimento da obrigação.

---

determina o fechamento de determinada rua, lesando os empresários nela estabelecidos –, leis inconstitucionais que produzam danos concretos e individualizados em razão da sua aplicação – por extrapolar os limites impostos pelo ordenamento jurídico, violando formal ou materialmente a Constituição – e nas omissões legislativas – quando há uma mora desproporcional do legislador em editar determinada lei, causando danos. Para um aprofundamento do tema, ver OLIVEIRA, Rafael Carvalho Rezende. *Curso de direito administrativo*. 7. ed. São Paulo: Método, 2019. p. 815-818.

3.2 RESOLUÇÃO, RESILIÇÃO E RESCISÃO DOS CONTRATOS EM DECORRÊNCIA DO COVID-19

Além da questão envolvendo a responsabilidade, e isenção desta, pela impossibilidade de cumprimento da obrigação em decorrência da pandemia da COVID-19, outro ponto a merecer análise é o da impossibilidade de prosseguir com o vínculo contratual por força da crise epidêmica, levando à drástica medida da extinção do contrato.

Por certo, os contratos são celebrados para serem cumpridos. Nenhuma parte, estando de boa-fé, trava um vínculo negocial intencionando não adimplir com a obrigação. Por isso, princípios como o *pacta sunt servanda* e o da força obrigatória dos contratos, segundo os quais o contrato faz lei entre as partes, embora não sejam absolutos, permanecem vigentes como princípios norteadores das relações contratuais baseadas na autonomia privada. Os contratos, então, e como dito anteriormente, nascem para serem cumpridos, em sua integralidade.[26]

A necessidade de cumprimento dos contratos não é mero formalismo ou apego às tradições, como se fosse apenas uma imposição moral de que o homem deve honrar com a palavra dada. Em verdade, a força obrigatória dos contratos é, na feliz expressão de Orlando Gomes, "a pedra angular da segurança do comércio jurídico".[27]

Isso porque, a se permitir que as partes, depois de celebrado o contrato, possam modificá-lo unilateralmente segundo sua vontade ou capricho, ou mesmo descumpri-lo, poria a pique a nau da segurança e estabilidade das relações, dadas as inequívocas incertezas proporcionadas por tais condutas.

O mesmo se diga da intervenção judicial. O *dirigismo contratual* corresponde a um movimento que gerou um importante mecanismo de proteção das partes, bem como do cumprimento dos fins sociais que os contratos devem promover, em atendimento à justiça contratual e à solidariedade social, pilares da ordem vigente, mas já defendido há muito por doutrinadores à frente do seu tempo.[28]

No entanto, essa intervenção estatal deve ser excepcional, e no estrito cumprimento daqueles propósitos, igualmente em prestígio aos princípios da intangibilidade do conteúdo dos contratos e da preservação destes,[29] uma vez que a ampla e irrestrita possibilidade de intervenção estatal também traz, não apenas para as partes, mas para toda a sociedade, um inequívoco sentimento de insegurança.

---

26. Nesse sentido, afirma Darcy Bessone que "Normalmente, o ciclo de existência do contrato encerra-se por sua completa e pontual execução, voluntária e em forma específica" (BESSONE, Darcy. *Do contrato*. Rio de Janeiro: Forense, 1960. p. 319).
27. GOMES, Orlando. *Contratos*. 26. ed. Rio de Janeiro: Forense, 2009. p. 38.
28. Veja-se, a propósito, a obra marcante de Darcy Bessone, *Aspectos da evolução da teoria dos contratos*, da década de 1940, na qual já reclamava a necessidade da elaboração de códigos de direito privado social, os quais deveriam prestigiar a liberdade das partes, apenas conquistada com uma plena isonomia, entendendo-as "em uma compreensão mais larga das necessidades sociais", de modo que é "harmonia entre a autonomia individual e solidariedade social que repousa o grande ideal da sociedade humana" (BESSONE, Darcy. *Aspectos da evolução da teoria dos contratos*. São Paulo: Saraiva, 1949. p. 110).
29. GOMES. Op. cit. p. 38.

Por essa razão, e atento aos excessos muitas vezes praticados, o legislador, por meio da Lei de Liberdade Econômica – Lei 13.874/2019 –, promoveu uma profunda alteração no art. 421 do Código Civil, bem como introduziu o art. 421-A, com o propósito de estabelecer, de modo expresso, uma limitação à atuação jurisdicional no campo dos contratos, prestigiando a autonomia privada.

Nessa esteira, prevê o novo parágrafo único do art. 421 do Código Civil que "Nas relações contratuais privadas, prevalecerão o princípio da intervenção mínima e a excepcionalidade da revisão contratual", enquanto o art. 421-A, III, dispõe acerca dos contratos civis e empresariais no sentido de que "a revisão contratual somente ocorrerá de maneira excepcional e limitada".

As duas disposições têm como pilar a autonomia privada, sem a qual não é possível falar-se em negócio jurídico e, consequentemente, em contrato.[30] Os negócios jurídicos e, logo, os contratos, correspondem à uma declaração de vontade dirigida à produção de determinados efeitos autorizados pela lei. A autonomia privada, portanto, é essencial aos contratos, na medida em que as partes dirigem seus interesses e esforços objetivando a produção de efeitos legalmente permitidos, segundo a sua vontade.

No Direito contratual a autonomia privada se exterioriza pelo princípio da autonomia contratual ou liberdade negocial, segundo o qual é lícito às partes contratar o que quiser, quando quiser e com quem quiser. Desse modo, essa autonomia se revela como o principal fundamento da força obrigatória dos contratos,[31] na medida em que o contrato, sendo fruto da vontade livre, espontânea e comum das partes, deve ser por elas respeitado. Então, uma parte, livre para contratar, não pode, a seu bel prazer, promover ou exigir posteriores modificações na avença, sob pena de violação à sua própria vontade manifestada e consentida pela outra. Do mesmo modo, a intervenção judicial sobre os contratos é uma inequívoca ofensa a esta mesma liberdade, na medida em que afeta a autonomia conferida às partes de estabelecer o conteúdo do vínculo por elas travado. O Estado juiz deve, como regra, atuar para preservar a relação, bem como as escolhas feitas pelas partes.[32]

Mas, como já observado, a existência concreta da liberdade de contratar pressupõe a igualdade entre partes, na medida em que alguém só pode ser realmente livre para estabelecer não apenas um vínculo contratual, como também firmar o conteúdo da avença, se estiver

---

30. Como explicita Emilio Betti, "a declaração ou o comportamento só deve qualificar-se como negócio jurídico, quando tenha um conteúdo preceptivo relativo a uma matéria de autonomia privada, e a respeito desse conteúdo assuma função constitutiva insubstituível, no sentido de que o preceito só por essa forma pode atingir efeitos jurídicos correspondentes. Na realidade, o que o indivíduo declara ou faz com o negócio, é sempre uma regulamentação dos próprios interesses nas relações com outros sujeitos: regulamentação, da qual ele compreende o valor socialmente vinculante, mesmo antes de sobrevir a sanção do direito (§1º)" (BETTI, Emilio. *Teoria geral do negócio jurídico*. Campinas: Servanda, 2008. p. 229).
31. Idem.
32. Nesse sentido, expressa Caio Mário da Silva Pereira que "uma vez concluído o contrato, passa a constituir fonte formal do direito, autorizando qualquer das partes a mobilizar o aparelho coator do Estado para fazê-lo respeitar tal como está, e assegurar a sua execução segundo a vontade que presidiu a sua constituição" (PEREIRA, Caio Mário da Silva. *Instituições de direito civil*: contratos. Declaração unilateral de vontade. Responsabilidade civil. 11. ed. Rio de Janeiro: Forense, 2004. p. 24-25).

em pé de igualdade com o outro, não estando submetido à vontade alheia.[33] Daí porque se impõe, em determinados casos, a intervenção estatal, a fim de promover o equilíbrio das relações, invocando-se a equidade e a justiça contratual por meio de teorias equalizadoras como as referentes à lesão, à imprevisão, ao abuso do direito e ao enriquecimento sem causa.[34]

Todas elas, em que pese possam levar, a partir de uma interpretação e uma aplicação extremada, ao fim do contrato, devem, contudo, permitir a sua revisão, mantendo-se o vínculo contratual em prestígio ao princípio da conservação dos contratos, em que dada a relevância não apenas privada, mas também social da relação contratual, interessa a todos que mesmo diante de vícios, da ineficácia, do descumprimento e da alteração econômica das bases do contrato, deve ele ser conservado por meio de ferramentas de adequação ou readequação.

Ainda assim, em inúmeras situações esses instrumentos podem não ser suficientes para a cura de todas as vicissitudes, caso em que os contratos podem não lograr chegar ao seu fim natural, extinguindo-se antes do prazo acordado ou até mesmo sem que haja o seu cumprimento, seja pela vontade comum das partes, seja unilateralmente. Por não corresponder às formas naturais de extinção, que se dão pelo advento do termo ou o cumprimento da obrigação ínsita ao contrato, convencionou-se chamá-las de causas anômalas de extinção, cujos efeitos variam a depender da forma como elas se deem.

Quanto a estas, impõe-se dogmaticamente a sua divisão, a qual leva em consideração inúmeros aspectos, como a iniciativa da parte e a forma como se dá o encerramento do vínculo. Todos eles influem nas consequências jurídicas do não cumprimento da meta contratual, e devem ser examinados cuidadosamente. Tradicionalmente essas formas de extinção dos contratos são identificadas como resilição, resolução e rescisão, tendo cada uma delas efeitos sobre a esfera jurídica dos contratantes.

3.2.1 Resilição

Os contratos, como cediço, nascem do acordo de vontade das partes, do consentimento mútuo. E assim prossegue o vínculo contratual enquanto há a intenção de permanecerem ligadas pelo liame jurídico que as une. No entanto, pode ocorrer desse desejo não mais subsistir durante a vida do contrato, intencionando as partes pôr fim à relação. Com esse propósito, buscam a resilição do contrato, que corresponde à extinção do vínculo por iniciativa de ambas ou de apenas uma delas.

Como a presunção é a de que os contratos nascem para serem cumpridos, a resilição voluntária que leva à extinção destes sem qualquer ônus é a bilateral, também conhecida como distrato, em que ambas as partes concordam com o fim da relação contratual. Nesse sentido, prevê o art. 472 do Código Civil que o distrato deve ser feito pela mesma forma exigida para o contrato, a demonstrar que, se este emana da manifestação de von-

---
33. BESSONI. *Do contrato*. Op. cit. p. 49.
34. Ibidem. p. 53.

tade criadora das partes, a sua extinção deve se dar do mesmo modo, manifestando-se a intenção de pôr fim a ele. Tem-se, neste momento, o chamado *contrato liberatório*.[35]

Há que se reconhecer, contudo, a possibilidade de *resilição informal*. Como se sabe, as relações contratuais são, como regra, dinâmicas, exigindo das partes céleres e simples manifestações, tanto no objetivo de cumprir as obrigações contratuais, como também para ajustá-las às necessidades de ambas. Deve-se destacar, ainda, as inúmeras e modernas formas hoje existentes de manifestar vontades, como, por exemplo, através do simples envio de uma mensagem através de aplicativos eletrônicos. Deste modo, a prática negocial deve reconhecer que em determinadas situações, o rigor formal pode ser dispensado, desde que se tenha a possibilidade de expressar, de modo inequívoco, a vontade das partes no sentido de extinguir o contrato.[36]

Por certo, em se tratando de contratos formais, em que a lei exige forma especial para a celebração, assim como para a contratação, a extinção também não produzirá efeitos se feita de outra forma, de modo que, enquanto não observada a formalidade imposta por lei, seus efeitos não poderão ser opostos a terceiros, incluindo o Poder Público. Como consequência, após cumpridas as formalidades legais, o distrato produzirá efeitos *ex nunc*, isto é, dali para frente, não alcançando as circunstâncias pretéritas.[37]

Imagine-se, neste caso, um contrato de compra e venda de bem imóvel cujo valor ultrapasse o montante de 30 (trinta) salários mínimos. Neste caso, e consoante exigência do art. 108 do Código Civil, a sua celebração reclama escritura pública. Com efeito, se após a celebração da escritura e, antes do registro e execução do contrato, as partes desistirem da avença, o distrato deverá ser feito pela mesma via, não se admitindo documento particular.

No entanto, há casos em que a lei, explícita ou implicitamente,[38] admite a resilição unilateral, conferindo à parte o direito potestativo[39] de, mediante prévia denúncia

---

35. Conforme Ruggiero, "Aquela mesma vontade que pôde criar o vínculo, tem o poder de o dissolver; '*nihil tam naturale est quam eo genere quidque dissolvere, quo colligatum est*', pode repertir-se como Ulpiano (fr. 35 D. 5.013), que todavia referida este conceito à forma em que o consenso contrário se explica: '*ideo verborum obligatio verbis tollitur: ondi consensus obligatio contrario consenso dissolvitur*'. Trata-se, por outras palavras, de um verdadeiro e próprio contrato, cujo conteúdo é precisamente o contrário da constituição do vínculo obrigatório; como tal, entra na categoria dos contratos liberatórios" (RUGGIERO, Roberto. *Instituições de direito civil*: direito das obrigações; direito hereditário. v. III. São Paulo: Saraiva, 1973. p. 219-220).
36. Cf. PEREIRA. Op. cit. p. 152.
37. Idem.
38. Segundo a regra disposta no art. 473 do Código Civil, a resilição unilateral só pode ocorrer nos casos em que a lei a admita, de forma explícita ou implícita, não se admitindo, portanto, a sua previsão contratual ao arrepio da lei. Nesse sentido, explicita Ruy Rosado de Aguiar Júnior que "o ato extintivo depende de previsão legal, expressa ou implícita, o que significa que não basta constar essa hipótese do contrato, se não houver autorização legal, expressa ou implícita. [...] A *permissão legal* expressa para a resilição unilateral consta da configuração legal do tipo de contrato, como ocorre com a locação e o mandato. A *permissão implícita* ocorre, em geral, em contrato por tempo indeterminado, quando qualquer dos contratantes pode unilateralmente desvincular-se, dissolvendo-o" (AGUIAR JÚNIOR, Ruy Rosado. *Comentários ao novo código civil*: da extinção do contrato. Arts. 472 a 480. v. VI. t. II. Coordenação de Sálvio de Figueiredo Teixeira. Rio de Janeiro: Forense, 2011. p. 242).
39. A natureza potestativa do direito à resilição decorre do fato de que ninguém pode ser obrigado a permanecer vinculado a outrem, mesmo que tenha empenhado, anteriormente, sua palavra. Como consequência, terá o dever de indenizar pelas perdas e danos causados. Sobre o tema, esclarecem Cristiano Chaves de Farias e Nelson Rosenvald que "acreditamos que esta excepcionalidade do exercício do poder resilitório não se compraz com a

ou notificação à outra parte, nos termos do art. 473 do Código Civil, pôr fim à relação jurídica contratual. Nesta hipótese, e como regra, impõe-se à parte que denunciou o dever de indenizar a outra, na maioria das vezes mediante o pagamento de uma multa já preestabelecida (espécie de cláusula penal).

A resilição unilateral deve ser vista sempre com excepcionalidade. Como visto anteriormente, o contrato é fruto do consentimento mútuo das partes, de forma que a possibilidade de rompimento unilateral deste vínculo não pode ser vista como uma regra. Sob esta ótica, em alguns casos se admite a denúncia do contrato em razão da própria natureza e essência deste, como nos contratos de comodato e mandato que, em decorrência do seu caráter unilateral e gratuito (sendo essa a regra no mandato, embora comporte exceções, como no mandato judicial, por exemplo), bem como da precariedade da posse no primeiro, e da exigibilidade da confiança no segundo, admitem a sua resilição unilateral. Do mesmo modo, nos contratos de trato sucessivo por prazo indeterminado admite-se a denúncia por uma das partes, haja vista que se negada tal possibilidade ter-se-ia, na verdade, um contrato sem prazo e, portanto, perpétuo, o que contraria a natureza das relações contratuais.

Em razão da mencionada excepcionalidade da resilição unilateral, provocada por apenas uma das partes da relação, suas consequências são diversas do distrato. Neste, por força do consentimento mútuo, tanto o contrato, quanto seus efeitos, se extinguem, à exceção de eventuais repercussões naturais e dos direitos de terceiros, bem como de possíveis ressalvas feitas pelas próprias partes. Já na resilição unilateral, em que pese se tenha a extinção do contrato, esta traz repercussões sobre a esfera jurídica das partes, como perdas e danos pela extinção abrupta, que devem ser indenizados, salvo se a extinção for motivada por justa causa.[40] Na maioria dos casos, as próprias partes estabelecem contratualmente, por meio de cláusula penal, uma multa correspondente à prefixação dos danos que porventura venham a ser causados pela denúncia, com o fim de ressarcir a parte prejudicada.

Sem prejuízo da indenização devida pelas perdas e danos, o parágrafo único do art. 473 do Código Civil trouxe, para algumas situações, uma limitação à produção de efeitos da resilição unilateral, conferindo à parte prejudicada uma tutela específica, a fim de impedir que a extinção do vínculo ocorra antes de a parte ser minimamente ressarcida pelos investimentos que fez para contratar, quando estes tiverem sido vultosos. Desse modo, prevê o mencionado dispositivo que "Se, porém, dada a natureza do contrato, uma das partes houver feito investimentos consideráveis para a sua execução, a denúncia unilateral só produzirá efeito depois de transcorrido prazo compatível com a natureza e o vulto dos investimentos".

---

tutela superior da preservação de liberdade da pessoa perante as amarras do contrato" (FARIAS, Cristiano Chaves; ROSENVALD, Nelson. *Curso de direito civil*: contratos; teoria geral dos contratos e contratos em espécie. v. 4. 7. ed. Salvador: JusPodivm, 2017. p. 583).

40. Cf. GONÇALVES, Carlos Roberto. *Direito civil brasileiro*: contratos e atos unilaterais. v. 3. 13. ed. São Paulo: Saraiva, 2016. p. 205.

Nessa hipótese, portanto, o legislador tornou o contrato comum, cuja duração será determinada e compatível com a sua natureza e o vulto dos investimentos,[41] de modo que permanecerá vigente até que a parte prejudicada se ressarça dos valores que despendeu para contratar. Trata-se, pois, de importante ferramenta a impedir práticas abusivas, notadamente o abuso do exercício de direitos potestativos.[42]

No caso da pandemia do COVID-19, os seus efeitos sobre os contratos, em muitos casos, têm sido extremamente gravosos. Inúmeras são as relações em que o cumprimento da obrigação se tornou impossível ou muito difícil de ser cumprida. Como os contratos são fruto do consentimento e da vontade mútua das partes, crê-se que em situações como essas devem elas "se sentar à mesa" para renegociar e buscar uma solução equânime, visando reequilibrar as prestações e conservar o vínculo contratual.[43] Com esse propósito, algumas medidas são possíveis como, por exemplo, a revisão de valores e condições e até mesmo a suspensão temporária da execução do contrato e do seu pagamento, tudo isso visando a sua preservação.

No entanto, na impossibilidade de manutenção do vínculo, e é isso que vem ocorrendo na prática em inúmeras situações, muitos contratantes têm optado pela sua resilição, extinguindo o contrato por vontade mútua, dispensando-se, assim, o pagamento de multas e indenizações por quaisquer das partes. Não é, à toda evidência, o melhor cenário, mas muitas vezes se mostra inevitável a medida devido às circunstâncias nas quais os contratantes se encontram.

Outras, contudo, têm optado pela resilição unilateral, resilindo o contrato mesmo sem o consentimento da outra parte, ainda naqueles casos em que a pandemia do *coronavírus* não tenha afetado, de modo drástico, a relação, e que por isso tenha havido a resistência da contraparte em fazer o distrato.

Note-se que a resilição, com a obrigação de denunciar e indenizar a parte contrária, será cabível nos casos em que, embora os efeitos do COVID-19 não tenham impedido a continuidade da relação, a parte não deseja mais permanecer vinculada à outra parte. Caso a pandemia leve a uma impossibilidade absoluta, fática ou jurídica, de cumprimento

---

41. Idem.
42. FARIAS; ROSENVALD. Op. cit. p. 584.
43. Parcela da doutrina tem entendido esse comportamento como um dever, o qual seria denominado de *dever de renegociar*. Nesse sentido, e fundado na boa-fé, que impõe aos contratantes um comportamento colaborativo e transparente, visando o atingimento dos fins do contrato, as partes têm o dever lateral ou anexo de renegociar os termos da avença, informando uma à outra do desequilíbrio, e postulando a revisão contratual, competindo à parte comunicada o dever de analisar a pretensão e, com seriedade, responder ao pleito, sob pena de responder por eventuais perdas e danos causados pela recusa em negociar ou pelo silêncio. Para aprofundamento do tema, ver SCHREIBER, Anderson. *Equilíbrio contratual e dever de renegociar*. São Paulo: Saraiva, 2018. Nada obstante, discorda-se do referido posicionamento. Em verdade, e ainda que de modo indireto, entender a renegociação como um dever imposto às partes, sob pena de responsabilização por perdas e danos, leva à criação de uma condição de procedibilidade para o ajuizamento das ações revisionais, as quais são amplamente previstas no ordenamento, em evidente violação ao princípio da inafastabilidade do controle do Poder Judiciário, previsto no art. 5º, XXXV, da Constituição Federal. Diante de uma situação de desequilíbrio, é lícito às partes ingressar imediatamente com a ação judicial, a fim de evitar não apenas a lesão, mas o risco de vir a sofrê-la, de modo que condicionar a propositura da ação à prévia tentativa extrajudicial de acordo parece afrontar tão cara garantia constitucional.

da prestação, o caminho não será a resilição, mas sim a resolução, como se verá adiante. Mas, no tocante à resilição, inúmeros são os casos práticos que já vêm ocorrendo.

Um exemplo a ser citado é o dos contratos de locação de imóvel urbano, regidos pela Lei 8.245/1991. A Lei do Inquilinato, nos seus artigos 4º, 6º, 7º e 8º, prevê as hipóteses em que é possível a denúncia do contrato de locação, observando-se, assim, o que dispõe o art. 473 do Código Civil acerca da necessidade de previsão legal, expressa ou implícita, de resilição unilateral.

No caso dos contratos de locação de imóvel urbano, dada a densidade social que lhes é inerente, a resilição unilateral só é admitida nos casos expressa e taxativamente previstos na lei, não se admitindo interpretação extensiva. Trata-se de claro exemplo de reflexo do movimento do dirigismo contratual levado a cabo pelo legislador no curso do século XX em razão dos impactos econômicos e sociais que os contratos de locação de imóvel urbano geram na sociedade civil.

Uma das hipóteses que merece especial atenção é a prevista no art. 4º da Lei 8.245/91. Segundo o mencionado dispositivo, não pode o locador exigir a devolução do imóvel antes do prazo previsto contratualmente. Todavia, poderá o locatário restituí-lo mediante o pagamento da multa pactuada, a qual será devida proporcionalmente ao período de cumprimento do contrato ou, na ausência de previsão, aquela que for judicialmente fixada.

O legislador, portanto, expressamente autorizou a denúncia do contrato, a qual se limita ao locatário, estando vedado ao locador fazê-lo. Daí se percebe a importância do disposto no art. 473 do Código Civil, o qual admite a resilição unilateral apenas nas hipóteses expressa ou implicitamente previstas em lei. No caso do contrato de locação de imóvel residencial, dada a necessária proteção da moradia, o legislador vedou, de modo absoluto, a resilição unilateral por parte do locador, de modo que não há possibilidade de se exigir a devolução do imóvel antes do término do prazo contratual, nem mesmo mediante o pagamento de multa, salvo nas hipóteses previstas no art. 9º da própria lei, as quais correspondem às hipóteses de distrato e rescisão por inadimplemento culposo da obrigação por parte do locatário.[44]

Por outro lado, permitiu o legislador a denúncia por parte do locatário, que poderá devolver o imóvel antes do termo final, estando, contudo, condicionada a resilição ao pagamento da multa prevista no contrato ou, na sua ausência, aquela determinada pelo Poder Judiciário. Então, a plena eficácia da denúncia está subordinada ao pagamento do valor contratual ou judicialmente previsto, que deve ser fixada proporcionalmente ao período de cumprimento do contrato.

O art. 9º da Lei de Locações prevê, ainda, outras hipóteses de extinção do contrato, que serão mencionadas mais adiante, pois dizem respeito ao inadimplemento culposo da obrigação e, portanto, levam à sua rescisão.

---

44. Sobre o tema, ver SOUZA, Sylvio Capanema de. *A lei do inquilinato comentada*: artigo por artigo. 10. ed. Rio de Janeiro: Forense, 2017. p. 38-39.

Sem prejuízo, no mencionado dispositivo, mais especificamente em seu inciso I, tem-se a previsão do distrato, em que a locação poderá ser desfeita por mútuo acordo das partes, caso em que multa nenhuma será devida. Na linha do que já se disse anteriormente, se o nascimento do contrato é fruto da vontade das partes, a sua morte também pode ser, não podendo o legislador impedi-la. A previsão, contudo, é salutar, na medida em que, dada a relevância social do contrato de locação de imóvel, faz-se necessário deixar clara a possibilidade de sua extinção pela vontade mútua e manifesta das partes.

Há que se observar, por fim, que mesmo diante da crise epidêmica provocada pelo COVID-19, a regra constante do parágrafo único do art. 473, do Código Civil, permanece aplicável aos contratos de modo geral, na medida em que não se pode, sob a justificativa das dificuldades impostas pela pandemia, lesar em absoluto a parte que fez vultosos investimentos para contratar, e ainda não se ressarciu deles minimamente, haja vista que os riscos devem ser compartilhados por ambas as partes, não sendo lícito a uma delas se esquivar em absoluto dos prejuízos em detrimento da outra.

3.2.2 Resolução

Quanto à resolução, esta é a forma de extinção das obrigações e, consequentemente dos contratos, pela impossibilidade superveniente de entrega da prestação por fato não atribuível ao devedor, pondo fim a elas, assim, sem acarretar perdas e danos, caso em que as partes deverão voltar ao seu estado anterior, como preceituam, exemplificativamente, os arts. 234 e 248 do Código Civil.

A resolução tratada neste item diz respeito àquela motivada pela perda da coisa nas obrigações de dar, ou pela impossibilidade de entrega da prestação nas obrigações de fazer, casos em que, se a coisa se perder, ou se o serviço for impossível de ser prestado, por fato não imputável ao devedor, a obrigação se resolve sem que haja dever de indenizar, ainda que as partes tenham sofrido danos em decorrência da impossibilidade de cumprimento da obrigação. A hipótese, portanto, é da impossibilidade absoluta de cumprimento da obrigação, particularmente, pela ocorrência de um caso fortuito ou de força maior, sobre os quais o devedor não tem meios de evitar ou impedir.

A perda da coisa corresponde não apenas ao seu desaparecimento ou destruição física, mas também à perda das suas qualidades essenciais ou da sua utilidade para os fins a que se destinava.[45] Quanto à impossibilidade da prestação de fazer, esta também pode ser jurídica ou fática, como no caso do incorporador que não pode erguer a edificação por ter perdido a propriedade do terreno em razão da evicção, ou do cantor que não pode comparecer ao show em razão de uma enfermidade que o acometeu.[46]

Em ambas as hipóteses, tem-se um fato alheio à vontade do devedor, que de modo inevitável afeta a obrigação, tornando-a absolutamente impossível de ser adimplida. Em

---

45. TEPEDINO, Gustavo; SCHREIBER, Anderson. In: AZEVEDO, Álvaro Villaça. (Coord.). *Código Civil comentado*: direito das obrigações. Arts. 233 a 420. v. IV. São Paulo: Atlas, 2008. p. 41.
46. Ibidem. p. 68.

tais casos estará resolvida a obrigação, sem perdas e danos, uma vez que a prestação a que se obrigou não pode ser entregue por uma circunstância extraordinária e, portanto, sem culpa sua (ou fato imputável ao devedor). A ocorrência do caso fortuito ou de força maior, que leve à perda da coisa ou impossibilidade da prestação, rompe o vínculo obrigacional, eximindo o devedor da responsabilidade pelo não cumprimento da obrigação.

Como consequência, deverão as partes retornar ao seu *status quo ante*, não recebendo o credor a sua prestação, e impondo-se ao devedor a obrigação de restituir o que porventura tenha recebido como contraprestação. No caso das obrigações de dar, o devedor suportará os prejuízos pela perda da coisa, aplicando-se à hipótese a regra da *res perit domino*, isto é, a coisa perece para o dono, tendo em vista que se perdeu antes da tradição.

No tocante à resolução das obrigações e dos contratos em razão do COVID-19, a questão merece especial atenção. Em que pese ela possa se caracterizar, inequivocamente, como um caso fortuito ou de força maior, dado o seu potencial de inevitavelmente impedir, absolutamente, a entrega da prestação, é preciso que, para exonerar o devedor da obrigação, sem que se lhe imponha o dever de indenizar as perdas e danos sofridos pelo credor, tenha havido, concretamente, o perecimento da coisa ou a impossibilidade de se prestar o serviço em decorrência diretamente da pandemia ou, como visto no item 3.1 deste Capítulo, do fato do príncipe.

Desse modo, se o credor contratou o devedor para fazer um serviço de pintura em sua casa para a festa do aniversário que se realizaria em data posteriormente alcançada pela pandemia, tem-se uma inequívoca impossibilidade fática de se cumprir a prestação, porque, dadas as restrições de contato físico entre as pessoas, não era possível ao prestador de serviço ir até a residência do credor para executá-lo, sendo certo que após a data contratada perder-se-ia o interesse no cumprimento da obrigação, pois o aniversário já teria passado após a cessação das medidas sociais de isolamento. Tem-se, portanto, uma impossibilidade absoluta da prestação, que leva à resolução da obrigação e a isenção de responsabilidade por eventuais perdas e danos.

Da mesma forma, se o devedor foi absolutamente impedido de prestar o serviço em decorrência do fato do príncipe motivado pela pandemia, também se terá a resolução do contrato. É o caso, por exemplo, dos estabelecimentos de *shows* e eventos que foram obrigados a interromper todas as atividades por ordem do Poder Público, ante a evidente formação de aglomeração de pessoas e ao risco de contágio. Em razão deste fato, tem-se uma absoluta impossibilidade de se prestar o serviço contratado, resolvendo-se a obrigação e impondo-se a devolução dos valores dos ingressos porventura já recebidos pelo devedor, sem que ele tenha que indenizar os expectadores por eventuais danos que tenham sofrido, como quantias pagas a título de passagens e estadas em hotéis para comparecer ao evento.

Cumpre observar, ainda, que o não cumprimento do contrato pode decorrer de uma absoluta falta de interesse superveniente das partes, cujos efeitos se assemelham à resolução, mas não correspondem a ela. Não há nesses casos, propriamente, uma impossibilidade fática, e tampouco jurídica, da prestação, mas uma ineficácia superveniente pela perda da causa concreta do negócio, em razão de ter se perdido a sua concreta função. É o caso, por exemplo, de viagens marcadas, com compras de passagens e reservas de hotel já feitas, em que o voo não foi cancelado, tendo sido mantido pela companhia aérea, assim como a disponibilidade do quarto. Não há, na hipótese, uma verdadeira impossibilidade da prestação, mas uma ausência de interesse no seu cumprimento. É evidente que, nas circunstâncias atuais, não há apenas um receio, mas sim um concreto risco de contaminação pelo COVID-19, de modo que o cumprimento do contrato torna-se até mesmo perigoso para a vida e a saúde do indivíduo, valores esses mais caros do ordenamento. Tem-se, então, neste caso em particular, a hipótese da chamada *frustração do fim do contrato*, em que há a perda do interesse útil na prestação, levando à sua extinção por uma ineficácia superveniente.[47]

Por fim, quanto à resolução motivada pelo drástico desequilíbrio econômico das prestações, esta será objeto de análise no item 3.3 deste capítulo, quando se examinará as repercussões da onerosidade excessiva sobre os contratos. A diferença fundamental é que, nesta hipótese, não se tem a perda da coisa ou a impossibilidade absoluta da prestação, mas sim um desequilíbrio tão extremado da base econômica do contrato que a única saída é a extinção do vínculo.

3.2.3 Rescisão

A definição de rescisão não é unívoca. Muito já se discutiu sobre o seu significado, cuja expressão muitas vezes é utilizada genérica e indistintamente para designar toda e qualquer forma de extinção dos contratos. Entre os leigos é comum o emprego da palavra rescisão para identificar, de modo amplo, o fim do contrato. A dificuldade, contudo, não se limita aos não operadores do Direito. O próprio Código Civil, em muitas situações, utiliza de modo descuidado a expressão rescisão para identificar o fim do contrato, sem se preocupar com sua correta acepção.[48]

A técnica, contudo, recomenda o seu emprego de modo adequado, e nesse sentido rescisão quer dizer, quando confrontada com as demais formas de extinção dos contratos, a ruptura do vínculo, a sua extinção pelo descumprimento culposo da obrigação (ou hipótese de imputação objetiva do inadimplemento). Rescisão é, portanto, a extinção culposa da relação contratual.[49]

---

47. Sobre o tema, ver COGO, Rodrigo Barreto. *A frustração do fim do contrato*: o impacto dos fatos supervenientes sobre o programa contratual. Rio de Janeiro: Renovar, 2012.
48. Exemplo simples é o do art. 607 do Código Civil, ao chamar de rescisão a resilição unilateral do contrato de prestação de serviço, mediante prévia denúncia. Veja-se: "O contrato de prestação de serviço acaba com a morte de qualquer das partes. Termina, ainda, pelo escoamento do prazo, pela conclusão da obra, pela rescisão do contrato mediante aviso prévio, por inadimplemento de qualquer das partes ou pela impossibilidade da continuação do contrato, motivada por força maior".
49. Nesse sentido, exemplificativamente, VENOSA, Silvio de Salvo. *Direito civil*: teoria geral das obrigações e dos contratos. v. II. 3. ed. São Paulo: Atlas, 2003. p. 499. Há, contudo, quem veja a rescisão, em sua acepção técnica,

Assim, toda vez que a parte, agindo culposamente como regra, deixa de cumprir com a obrigação contratual, e sendo impossível a continuidade do vínculo, tem-se a rescisão do contrato. A rescisão, portanto, decorre do inadimplemento absoluto, levando ao fim da relação por justa causa, obrigando-se aquele que descumpriu com a obrigação a indenizar a parte prejudicada por perdas e danos.

Nesse sentido, a rescisão pode ser motivada por qualquer das partes. As obrigações, em sua visão atual, são caracterizadas pelo dinamismo, não se falando mais em uma posição estanque de credor e devedor. Sob uma perspectiva funcional, é possível constatar que toda e qualquer obrigação é envolta em uma multiplicidade de interesses e deveres recíprocos, não se limitando ao seu objeto principal. Tem-se, em toda e qualquer obrigação, deveres correlatos e anexos, tornando complexa a relação obrigacional.[50] Deste modo, o inadimplemento da obrigação não se limita ao descumprimento da prestação dita principal, mas pode decorrer da violação de todo e qualquer interesse que a circunde, levando, inexoravelmente, ao seu inadimplemento absoluto.

Exemplificativamente é possível imaginar a hipótese do prestador de serviço contratado para pintar uma casa no prazo de 10 (dez) dias. E, cumprindo fielmente a prestação, ele efetivamente pinta o imóvel, com perfeição, e dentro do prazo. No entanto, quando da vistoria, o proprietário percebe que um objeto da casa foi subtraído, e ao questionar o pintor sobre o fato, obtém a sua confissão. À toda evidência, embora tenha o prestador de serviço feito a pintura como acordado, é inequívoco que violou um dever inerente à obrigação, de cumpri-la com honestidade e probidade, em respeito à confiança que lhe foi depositada, de modo que sua conduta leva, inexoravelmente, ao inadimplemento e à rescisão do contrato, com a corresponde indenização pelas perdas e danos causadas.

É preciso destacar, contudo, que embora seja certo que nos casos de rescisão são devidas perdas e danos à parte prejudicada, também parece evidente que o montante reparatório deverá ser compensado com as despesas legitimamente tidas pela parte infratora, assim como com eventual remuneração que lhe seja devida pelas obrigações que adimpliu no curso do contrato. E isso porque a rescisão contratual, à toda evidência, não pode levar ao enriquecimento sem causa da parte lesada.

No caso do COVID-19, é inequívoco que a rescisão pode vir a ocorrer. Basta pensar em uma obrigação que não se tornou impossível de ser cumprida mesmo diante da pandemia, mas ainda assim o devedor, injustificadamente, não entregou a prestação. É o caso, por exemplo, do locatário em contrato de locação que não sofreu nenhum impacto com a crise epidêmica, mas deixou de pagar os aluguéis. Neste caso, é inequívoca a ocorrência do rompimento do vínculo por culpa do devedor, uma vez que o inadimplemento não teve influência das intempéries do coronavírus, sujeitando-o a

---

como forma de extinção dos contratos por nulidade. Assim entendendo, LOPES, Miguel Maria de Serpa. *Curso de direito civil*: fontes das obrigações: contratos. v. III. 6. ed. Rio de Janeiro: Freitas Bastos, 2001. p. 201 e GAGLIANO, Pablo Stolze; PAMPLONA FILHO, Rodolfo. *Novo curso de direito civil*: contratos: teoria geral. v. 4. t. I. 11. ed. São Paulo: Saraiva, 2015. p. 295.

50. Sobre o tema, ver TEPEDINO; SCHREIBER. Op. cit. p. 5.

todos os efeitos do inadimplemento culposo (ou imputável ao devedor), nos termos do art. 389 do Código Civil.

3.3 RESOLUÇÃO E REVISÃO CONTRATUAL POR ONEROSIDADE EXCESSIVA

Antes da celebração de um contrato, as partes avaliam as condições fáticas, econômicas e jurídicas existentes naquele momento, a fim de decidir se querem, ou não, estabelecer um vínculo jurídico negocial. O convencimento voltado à contratação depende, por certo, de que as condições presentes permitam o cumprimento do que foi acordado, haja vista que, como já observado em momento anterior desta obra, o contrato tem força obrigatória, e o seu inadimplemento acarreta repercussões na esfera patrimonial do contratante.

Avaliadas as condições, as partes entabulam os termos do contrato e o celebram, iniciando a relação contratual, a qual permanecerá inalterada se aquelas circunstâncias originais permanecerem vigentes durante toda a vida do contrato. *Coeteris paribus*,[51] isto é, permanecendo constantes todas as variáveis, o contrato chega ao seu termo inalterado, permitindo, desta forma, o seu adequado cumprimento.

Mas esse mundo ideal poucas vezes se concretiza. As intempéries da economia, especialmente em um país como o Brasil, capaz de acumular crises sobre crises e, incrivelmente, permanecer de pé, são um fato comum, e impactam diretamente na vida de relação. E se não bastasse isso, o que já seria suficiente para deixar todas as pessoas permanentemente de sobreaviso, exsurge de modo inesperado um evento extraordinaríssimo, de caráter sanitário, que atinge impiedosamente não apenas a vida e a saúde das pessoas, mas também a economia, influenciando inequivocamente as relações contratuais.

Acarretando, esse fato, um desequilíbrio desproporcional da relação, ultrapassando-se aos riscos comuns e suportáveis a todas as relações econômicas e patrimoniais, impõe-se a necessidade de revisão do contrato ou, até mesmo, a sua extinção, quando forem extremados os impactos e inviabilizarem a manutenção do vínculo. Essas medidas podem se dar consensualmente entre as partes ou, na impossibilidade de uma compatibilização de vontades, por intermédio da jurisdição ou outro método de solução do conflito, tal como a arbitragem.

Por certo, a manutenção do vínculo contratual é preferível, tendo em vista que um dos princípios vigentes sobre o qual se estrutura a teoria geral dos contratos é o da sua conservação. Busca-se, pois, conservar a relação contratual mesmo diante de uma causa de rompimento, evitando-se, assim, a drástica medida da extinção, que enormes

---

51. O *coeteris paribus* é um conceito da microeconomia que visa analisar um mercado específico e suas variáveis, e mais particularmente os impactos da oferta e da procura, em que se supõe que todas as demais variáveis permaneçam constantes, interferindo muito pouco, ou absolutamente nada, naquele mercado. Sobre o tema, e de modo objetivo, ver VASCONCELLOS, Marco Antonio Sandoval de; GARCIA, Manuel Enriquez. *Fundamentos de economia*. 5. ed. São Paulo: Saraiva, 2014. p. 31.

transtornos e prejuízos podem causar não só às partes, mas em alguns casos até mesmo à coletividade, a depender da prestação que seja objeto da relação.

Em observância a este princípio, inúmeros deveres e teorias têm sido criados e desenvolvidos, como o já mencionado dever de renegociar, decorrente da boa-fé, por meio do qual devem as partes buscar medidas consensuais para a solução da situação de crise contratual, assim como a já consagrada teoria da imprevisão ou da onerosidade excessiva, através da qual se impõe a revisão judicial dos contratos quando há uma quebra da sua base econômica, visando reequilibrar a equação econômico-financeira. Em todos esses casos, então, busca-se a preservação do vínculo, que é o mais importante instrumento do tráfico das relações, não só patrimoniais, como também existenciais.

Por outro turno, haverá situações em que o desequilíbrio causado pelo fato superveniente torna, de fato, impossível o cumprimento do planejamento contratual, caso em que outra solução não será encontrada senão a resolução do contrato, sem perdas e danos, dado que o evento extraordinário e imprevisível que levou ao desequilíbrio não é imputável às partes.

3.3.1 O princípio do equilíbrio econômico-financeiro dos contratos

Como já observado anteriormente, os contratos são espécies de negócios jurídicos que se formam pela vontade das partes, viabilizando o tráfico de relações, seja de natureza existencial, seja patrimonial. Por intermédio desse instrumento, as pessoas fazem transitar os seus interesses, se relacionando de diversas formas. Por essa razão, não se mostra exagerado afirmar que os contratos se revelam como uma das mais poderosas ferramentas sociais, através da qual direitos das mais variadas espécies são constituídos, com a circulação de bens e valores.

Sem prejuízo, é no aspecto econômico que os contratos se destacam. O conteúdo econômico das relações contratuais as torna a principal forma de circulação de riquezas, na medida em que a transmissão dos bens, do crédito e dos demais interesses patrimoniais, tanto pela transferência de sua titularidade, quanto pela simples cessão da posse ou autorização para uso e gozo, é materializada através dos contratos. Daí porque é de grande valia o estudo dos seus aspectos econômicos.[52]

Os sujeitos, quando intentam celebrar um negócio jurídico, buscam, por certo, as melhores condições para fazê-lo, de modo a não sofrer prejuízos, bem como não causar danos a terceiros. É sensitivo que as pessoas que irão contratar buscam travar e manter uma relação equilibrada, dentro dos limites da boa-fé e da equidade, e esse sentimento é ainda mais intenso nos contratos bilaterais, sinalagmáticos e onerosos.

---

52. Conforme Enzo Roppo, para o estudo jurídico dos contratos é necessário atentar para a realidade econômico-social a eles subjacentes, e isso porque é senso comum que a própria ideia de contrato esteja ligada a operações econômicas, prescindindo de qualquer qualificação jurídica. Basta pensar que inúmeros profissionais, não apenas do direito, cuidam de questões contratuais, especialmente no seu aspecto econômico. Sobre o tema ver ROPPO, Enzo. *O contrato*. Coimbra: Almedina, 2009. p. 7-15.

Os contratos bilaterais-sinalagmáticos, também chamados de contratos de prestações correlatas[53], são aqueles em que as partes têm direitos e obrigações recíprocas, de modo que ambas são simultaneamente credoras e devedoras umas das outras. Atualmente, não mais se vê de modo estanque a figura do credor e do devedor – sujeito ativo e passivo – nas obrigações e, consequentemente, nos contratos. Sob uma perspectiva funcional, as relações obrigacionais são tuteladas a partir dos interesses envolvidos, os quais se revelam complexos[54], não se reduzindo a um único interesse de crédito e débito.

Assim, é equivocado afirmar que há, em um contrato, apenas um credor e um devedor, pois havendo diversos interesses envolvidos, impõe-se às partes um atuar conjunto, uma mútua colaboração em direção à execução e cumprimento das recíprocas prestações, de modo que não é incomum que o credor também tenha obrigações a cumprir, assim como o devedor tenha prestações a exigir.

Quanto à onerosidade, os contratos assim se caracterizam quando ambas as partes têm interesses patrimoniais, e não necessariamente quando os contratantes obtêm, efetivamente, um proveito econômico com um correspondente sacrifício ou redução patrimonial. Como dito anteriormente, pela funcionalização das obrigações e dos contratos, são merecedores de tutela os interesses, de modo que um contrato se caracteriza como oneroso, ou não, a partir dos interesses econômicos existentes.

De tudo o que foi dito, é possível afirmar, com certa dose de segurança, que o princípio do equilíbrio econômico-financeiro dos contratos tem como habitat natural os contratos bilaterais-sinalagmáticos e onerosos, pois onde há direitos, obrigações e interesses patrimoniais recíprocos, é desejo das partes que haja uma correspondência entre eles, mantendo-se um equilíbrio na relação, como uma questão propriamente de justiça.

Num ordenamento em que se pretende a existência de relações entre pessoas livres e iguais, o equilíbrio econômico-financeiro do contrato é um ponto chave para a sedimentação desse ideal. Por isso, sob a ótica econômica, é fundamental que se reconheça o equilíbrio econômico-financeiro do contrato como um verdadeiro princípio aplicável às relações contratuais, e com maior ênfase naquelas em que há interesses patrimoniais envolvidos.

Tal reconhecimento, no entanto, não desfruta de simpatia por parte da doutrina. No Brasil, tal qual como ocorre em outros países, como a Alemanha, por exemplo, o princípio do equilíbrio econômico-financeiro do contrato não está previsto expressamente em um ato normativo. A própria expressão também não é uníssona. Autores se utilizam das mais variadas formas para designar o princípio do equilíbrio econômico--financeiro do contrato, como princípio da igualdade material, princípio do equilíbrio econômico, princípio do equilíbrio das prestações, princípio do equilíbrio econômico

---

53. Cf. GOMES. Op. cit. p. 71.
54. Sobre essa questão, ver TEPEDINO; SCHREIBER. Op. cit. p. 5.

das prestações, princípio da equivalência material, dentre outros.[55] Todos elas, entretanto, querem igualmente significar que nos contratos devem existir prestações equivalentes, equivalência essa que deve subsistir desde o nascimento do vínculo até a sua morte.

Não obstante, como dito anteriormente, essa noção de equilíbrio material das prestações, enquanto princípio geral aplicável a todas as relações contratuais, não encontra suporte em um texto de lei, não havendo previsão expressa no ordenamento jurídico a prevê-la ou delimitá-la, o que pode levar à negativa de seu reconhecimento como tal.

Essa falsa conclusão se justifica pelo fato de que, ao contrário do que se fez com outros princípios norteadores do Direito Privado, como a função social e a boa-fé objetiva, positivados como cláusulas gerais no Código Civil e em outros diplomas legais, o princípio do equilíbrio das prestações não encontra um regramento próprio aplicável genericamente a todas as relações negociais, razão pela qual se poderia concluir que não foi da vontade do legislador prevê-lo como tal.[56]

Examinando-se o conteúdo das leis que regulam as relações contratuais, é possível constatar que o legislador apenas positivou alguns institutos visando assegurar o equilíbrio econômico dos contratos, mas que são aplicáveis somente nas hipóteses reguladas pelas disposições legais a eles inerentes, como é o caso da lesão, do estado de perigo e da onerosidade excessiva.

Nesse sentido, a aplicação desses institutos, enquanto ferramentas para a manutenção do equilíbrio das relações econômicas, é restrita, pois depende da observância dos requisitos exigidos por lei, como, por exemplo, a premente necessidade ou inexperiência da parte, no caso da lesão e do estado de perigo, ou ainda a ocorrência superveniente de um evento extraordinário e imprevisível, como ocorre na onerosidade excessiva.

Ter-se-ia, pois, o equilíbrio do contrato com a natureza meramente de uma regra, e não como um princípio, pois apenas aplicável direta e concretamente às hipóteses pela mera técnica da subsunção, observando-se os dispositivos inerentes a esses institutos expressamente positivados. Seria essa uma conclusão inexorável, a consagrar uma interpretação restritiva quanto à existência do equilíbrio econômico-financeiro dos contratos.

No entanto, ainda que não expressamente positivado segundo a técnica legislativa das cláusulas gerais, reprimindo objetiva e abstratamente o desequilíbrio das prestações de um modo geral, não se pode afastar a ideia de que o equilíbrio econômico-financeiro dos contratos se revela como um verdadeiro princípio, embora implícito.

Dos próprios institutos anteriormente mencionados é possível concluir por sua existência, pois ele é subjacente a eles, assim como é o fundamento para a resolução ou

---

55. Sobre as nomenclaturas, é possível citar, exemplificativamente, SCHREIBER, Anderson. O princípio do equilíbrio das prestações e o instituto da lesão. In: SCHREIBER, Anderson. *Direito Civil e Constituição*. São Paulo: Atlas, 2013; ZANETTI, Andrea Cristina. *Princípio do equilíbrio contratual*. Coleção Prof. Agostinho Alvim. São Paulo: Saraiva, 2012; BRITO, Rodrigo Toscano de. *Equivalência material dos contratos civis, empresariais e de consumo*. São Paulo: Saraiva, 2007.
56. Cf. SCHREIBER. Op. cit. p. 121.

revisão do negócio jurídico nas hipóteses expressamente previstas em lei, ainda que nela previsto sob a "capa" de uma simples regra.

Em verdade, e há inúmeras vozes na doutrina nesse sentido, o princípio do equilíbrio econômico-financeiro do contrato tem sede constitucional, extraindo-se, por exemplo, do princípio da igualdade substancial previsto no art. 3º, III, e art. 5º, I, ambos da Constituição Federal, na medida em que o contrato não pode ser um instrumento a admitir prestações desiguais e desproporcionais para as partes, com um lucro exagerado para uma delas, em detrimento da outra.[57]

Por essa razão, e embora não se vislumbre a sua existência explícita, diante da não previsão expressa do princípio do equilíbrio econômico-financeiro dos contratos, é inequívoca a sua existência de modo implícito, extraindo-se do sistema não apenas legal, mas também constitucional.

Destaque-se que também sob a égide do Código Civil de 1916, não havia previsão do princípio do equilíbrio econômico-financeiro dos contratos, e tampouco de institutos que deles se pudesse extraí-lo. Apenas a título de curiosidade, a lesão e a onerosidade excessiva não eram previstas no Código Bevilaqua.

Nada obstante, a lesão foi acolhida em nosso ordenamento a partir de leis esparsas, como a lei da usura, consubstanciada no Decreto 22.626/33, a lei de repressão aos crimes contra a economia popular – Lei 1.521/51 – e o Código de Defesa do Consumidor.[58] Igualmente, a onerosidade excessiva, apesar de não prevista expressamente até o advento do CDC, era admitida pela aplicação da teoria da imprevisão, decorrente da cláusula *rebus sic stantibus*, a qual era remansosamente reconhecida pela doutrina e pela jurisprudência dos tribunais pátrios. Assim, embora não previstos expressamente, esses institutos tinham aplicação concreta, o que só se poderia justificar pelo reconhecimento, ainda que implícito, do princípio do equilíbrio econômico-financeiro do contrato.

Isso porque, como já visto anteriormente, é inerente a todo e qualquer contrato, especialmente aqueles circundados por interesses patrimoniais, a necessidade da manutenção do equilíbrio das prestações, pois parece lógico concluir que as partes, quando celebram negócios, buscam satisfazer seus interesses a partir de relações equânimes e equilibradas, isto é, justas, sem que haja vantagens indevidas e, consequentemente, prejuízos injustificados para qualquer uma delas.

Como também já observado, justifica-se sua presença a partir de importantes valores constitucionalmente reconhecidos, como, por exemplo, a justiça social, presente

---

57. Assim leciona Teresa Negreiros em sua obra Teoria do Contrato. NEGREIROS, Teresa. *Teoria do contrato*: novos paradigmas. 2. ed. Rio de Janeiro: Renovar, 2006. p. 157-158.
58. Cf. AZEVEDO, Antonio Junqueira de. Princípios do novo direito contratual e desregulamentação do mercado. Direito de exclusividade nas relações contratuais de fornecimento. Função social do contrato e responsabilidade aquiliana do terceiro que contribui para inadimplemento contratual. *Revista dos tribunais*. v. 750. São Paulo: Ed. RT, abr./1998. p. 116.

no art. 3º, I, da Constituição Federal[59], o qual impõe uma igualdade de direitos e uma solidariedade social e coletiva, que importam nos princípios da igualdade substancial e da solidariedade, com fundamento no art. 3º, I e III da Magna Carta.[60]

Portanto, ainda que não previsto expressamente, o princípio do equilíbrio econômico-financeiro do contrato se faz presente a partir de uma interpretação sistemática dos princípios e regras vigentes no ordenamento.

Tal realidade, por certo, modificou-se sensivelmente com o advento do Código Civil de 2002 que, por reconhecimento do coordenador da comissão de juristas do anteprojeto – Miguel Reale –, revelou profunda preocupação com o equilíbrio econômico dos contratos, fazendo inserir expressamente figuras que visam preservá-lo, como a onerosidade excessiva.[61]

Vê-se, então, que mesmo ainda não previsto expressamente, tornou-se nítida a sua presença no ordenamento brasileiro com as alterações introduzidas pelo Código Civil de 2002 e, anteriormente a ele, o Código de Defesa do Consumidor, de modo parece não haver mais dúvidas da sua existência, ainda que implícita, razão pela qual é imperioso o exame do seu conteúdo e alcance.

De acordo com o princípio do equilíbrio econômico-financeiro dos contratos, as relações contratuais devem ser equânimes e proporcionais, de modo a existir um equilíbrio entre as prestações, assegurando-se uma igualdade real entre as partes. Trata-se, pois, de um princípio que visa impedir uma desproporção entre os direitos e obrigações assumidos, onerando injustificada e injustamente uma parte em detrimento da outra. Há que se ter, então, uma correspectividade entre as prestações, mantendo-se o equilíbrio da relação, a fim de evitar um enriquecimento sem causa das partes.

No que toca ao seu alcance, o princípio do equilíbrio econômico-financeiro dos contratos se aplica, em princípio, a toda e qualquer relação, seja civil, empresarial, consumerista ou trabalhista, haja vista que fundamentado em valores constitucionais, os quais se irradiam sobre todos os ramos do Direito e, consequentemente, a todas as relações.

Nada obstante, como se está a tratar de uma espécie normativa, embora com maior carga de abstração, generalidade e elasticidade, o princípio do equilíbrio econômico-financeiro do contrato não é absoluto. Quando confrontado com outros princípios e interesses de mesma hierarquia, deve ele se submeter à ponderação, técnica para a

---

59. Embora não seja uníssono o entendimento, parcela da doutrina reconhece a existência de valores na Constituição, ao lado dos princípios e das regras. Estes consistem em forças ou valores sociais, que não podem ser afastados por princípios e regras, integrando o sistema normativo. São eles normas que gozam de superioridade hierárquica, valores supremos, ainda que vestidos com a roupagem constitucional. Nesse sentido ver TAVARES, André Ramos. *Curso de direito constitucional*. 6. ed. São Paulo: Saraiva, 2008. p. 107-108.
60. No mesmo sentido, BRITO. Op. cit. p. 64.
61. REALE, Miguel. Visão geral do projeto do Código Civil. *Revista dos tribunais*. v. 752. São Paulo: RT, jun./1998. p. 23.

solução de casos difíceis em que se faz o sopesamento entre princípios colidentes a fim de se verificar qual deles irá prevalecer no caso concreto, dirimindo-se a controvérsia.[62]

Isso significa que, em determinadas hipóteses, o princípio do equilíbrio econômico-financeiro do contrato, quando em rota de colisão com outro princípio de mesma hierarquia, pode sucumbir à luz da técnica da ponderação.

Sem prejuízo, a sua presença se revela com maior força quando da análise de certos institutos positivados no ordenamento, como nos casos já citados da lesão e da onerosidade excessiva, que expressamente previstos em diversos corpos legislativos, como, por exemplo, o Código Civil e o Código de Defesa do Consumidor, cujas análises serão feitas ao longo do texto.

3.3.2 A teoria da imprevisão e a onerosidade excessiva

A teoria da imprevisão encontra amparo em diversos dispositivos legais. Só no Código Civil é possível encontrar vários dispositivos que a ela fazem referência expressa. Segundo o seu art. 317, "Quando, por motivos imprevisíveis, sobrevier desproporção manifesta entre o valor da prestação devida e o do momento de sua execução, poderá o juiz corrigi-lo, a pedido da parte, de modo que assegure, quanto possível, o valor real da prestação".

Do mesmo modo, o sobejamente conhecido art. 478 do Código prevê que "Nos contratos de execução continuada ou diferida, se a prestação de uma das partes se tornar excessivamente onerosa, com extrema vantagem para a outra, em virtude de acontecimentos extraordinários e imprevisíveis, poderá o devedor pedir a resolução do contrato".

Como se vê, apenas com esses dois dispositivos é possível perceber a enorme preocupação do legislador com a ocorrência de fatos supervenientes e imprevisíveis que levem a um desequilíbrio econômico-financeiro dos contratos. E esta preocupação não é recente. Ainda na década de 1910, a França, assim como os demais países da Europa, se viu afundada em uma crise econômica talvez jamais antes vista. A I Guerra Mundial, que assolou o continente europeu entre os anos de 1914 a 1918, impactou profundamente a vida das pessoas, não apenas no que se refere às relações existenciais, mas também no pertinente às patrimoniais, causando enorme desequilíbrio para os contratos, particularmente aqueles de trato sucessivo e prestação continuada.

Buscando uma solução para o problema, o Deputado francês Auguste Gabriel Faillot fez ressuscitar a esquecida cláusula *rebus sic statibus*, originada na Idade Média da frase *contractus qui habent tractum sucessivum et dependentiam de futuro, rebus sic stantibus intelligutur*, segundo a qual "os contratos que têm trato sucessivo e dependência futura

---

62. Sobre o tema, vale transcrever a lição de Luís Roberto Barroso: "Em suma, consiste ela em uma técnica de decisão jurídica, aplicável a casos difíceis, em relação aos quais a subsunção se mostrou insuficiente. A insuficiência se deve ao fato de existirem normas de mesma hierarquia indicando soluções diferenciadas". BARROSO, Luís Roberto. *Curso de direito constitucional contemporâneo*: os conceitos fundamentais e a construção do novo modelo. 4. ed. São Paulo: Saraiva, 2013. p. 361.

devem ser entendidos estando as coisas assim", isto é, como se encontram no momento da contratação. Assim, fez editar a Lei de 21 de janeiro de 1918, batizada de Lei Faillot, com o propósito de, em caráter emergencial e transitório, e visando solucionar os graves problemas ocasionados pela 1ª Grande Guerra, possibilitar a resolução de diversos contratos de natureza sucessiva e continuada, liberando as partes das algemas que as prendiam a obrigações impossíveis ou quase impossíveis de serem cumpridas.[63]

Diversos ordenamentos jurídicos, hodiernamente, têm positivada a teoria da imprevisão, dentre eles, como visto, o Brasil, que a associou à onerosidade excessiva,[64] visando sanar o problema do superveniente desequilíbrio econômico-financeiro nas relações contratuais, particularmente aquelas bilaterais e onerosas, possibilitando a resolução ou revisão do contrato, a fim de não obrigar a parte a cumprir com aquilo que ela verdadeiramente não desejava ou não podia suportar, e que levaria a um injustificado sacrifício, com o enriquecimento da outra.

Como observa Caio Mário da Silva Pereira, todo e qualquer contrato tem uma margem de perda e de ganho que, se dentro do razoável, é lícita, pois está dentro da previsibilidade de todo e qualquer negócio,[65] assim não merecendo a intervenção do Estado. No entanto, verificando-se uma situação de desequilíbrio exagerado, não é lícito ao Estado se omitir, pois não pode fechar os olhos para, em nome do princípio de que o contrato faz lei entre as partes, assistir à ruína de uma delas, em benefício da outra.

Com esse sentimento, o legislador de 2002 fez renascer das cinzas, assim como outros ordenamentos o fizeram no passado, a cláusula *rebus sic stantibus*, segundo a qual se subentende que as partes, no momento da celebração do negócio, o fazem segundo as condições fáticas e econômicas existentes e conhecidas quando do nascimento do vínculo, obrigando-se a cumprir com o contrato enquanto as condições permanecerem as mesmas. Entretanto, caso essas condições se alterem por um fato superveniente, extraordinário e imprevisível, que leve a uma excessiva onerosidade para uma das partes e uma extrema dificuldade para o cumprimento da sua obrigação, poderá o devedor postular a extinção do vínculo, ou, preferencialmente, a sua revisão, em prestígio ao princípio da preservação dos contratos.

Consagrou-se, portanto, e com fundamento na cláusula *rebus sic stantibus*, a teoria da onerosidade excessiva, particularmente no art. 478 do Código Civil, o qual traz, da sua leitura, 05 (cinco) requisitos necessários à sua aplicação, a saber: (i) contrato de trato sucessivo ou de execução continuada ou diferida; (ii) evento superveniente;

---

63. Sobre o tema, ver, por exemplo, RODRIGUES JUNIOR. Op. cit. p. 37-40 e AZEVEDO, Álvaro Villaça. Inaplicabilidade da teoria da imprevisão e onerosidade excessiva na extinção dos contratos. *Superior Tribunal de Justiça*: doutrina. Edição comemorativa 20 anos. Brasília, p. 335-337, abr., 2009.
64. Há que se observar, nesse aspecto, a diferenciação proposta por Teresa Negreiros quanto à teoria da imprevisão, decorrente da cláusula *rebus sic stantibus*, e a teoria baseada na onerosidade excessiva. Em seu entender, a teoria da imprevisão não considera, objetivamente, relevante o desequilíbrio, exceto se demonstrada a imprevisibilidade dos fatos que o causaram, enquanto que na *lesão superveniente* ou *onerosidade excessiva* prescinde-se da imprevisibilidade do evento, tal qual previsto no CDC. Ver NEGREIROS. Op. cit. p. 170.
65. PEREIRA. Op. cit. p. 162.

(iii) extraordinariedade e imprevisibilidade; (iv) excessiva onerosidade; e (v) extrema dificuldade para o cumprimento da prestação. Estando todos eles presentes, cumulativamente, poderá o devedor pleitear a extinção do vínculo ou, especialmente, a revisão do contrato para restabelecer o equilíbrio econômico-financeiro.

Pelo primeiro requisito, exige-se que o contrato não seja de execução instantânea, exaurindo-se num único ato. Faz-se necessário, portanto, que a vida e a duração do contrato se prolonguem no tempo, seja para cumprimento futuro em um único ato ou através da prática de vários atos que se protraiam sucessiva e continuadamente no tempo.

E isso porque, a teoria da onerosidade excessiva reclama, conforme o seu segundo requisito, que a resolução ou revisão do contrato se dê por força de um acontecimento superveniente, que altere a base econômica do contrato em confronto com as condições originalmente existentes quando da celebração do vínculo. O objetivo é justamente impedir que nos contratos comutativos, cuja execução se protraia no tempo, o transcurso deste leve ao desequilíbrio da relação, impondo de modo superveniente uma onerosidade excessiva da prestação em relação à originalmente contratada.[66]

Para que se admita a resolução ou revisão do que foi acordado, é preciso que haja uma alteração das condições econômicas do contrato em relação às originais. E não basta isso. Essa alteração deve ter sido provocada por um evento extraordinário e imprevisível, isto é, deve ser algo incomum e não imaginado pelas partes que, pegando-as de surpresa, levou à modificação das condições primeiras.

Isso significa que, se havia alguma previsibilidade, se a alteração pudesse ser, ainda que razoavelmente, prevista, deverá ser mantida hígida e imutável a obrigação, em prestígio ao princípio da força obrigatória dos contratos, não se admitindo a resolução ou revisão do negócio, ainda que acarrete uma maior onerosidade para a parte.[67] E isso porque o objetivo da aplicação das teorias revisionistas por onerosidade excessiva é evitar que a parte seja surpreendida com as novas condições, tornando extremamente dificultoso o cumprimento da prestação.

Por essa razão, tem-se evoluído na doutrina e na jurisprudência o pensamento de que, se apenas os efeitos do evento superveniente forem inesperados e imprevisíveis, ainda que o fato, em si, pudesse ser previsto, também será possível a resolução ou revisão do contrato. Tem-se, então, embora genericamente previsíveis os fatos, uma imprevisibilidade concreta e específica, decorrente de efeitos concretos imprevisíveis,[68] tornando extremamente dificultoso o adimplemento, já seria suficiente para justificar a resolução ou revisão contratual.

Tal entendimento encontrou amparo no enunciado n° 175 da III Jornada de Direito Civil do Conselho da Justiça Federal, segundo o qual *a menção à imprevisibilidade e à*

---

66. RODRIGUES, Silvio. *Direito Civil*: dos contratos e das declarações unilaterais de vontade. De acordo com o novo Código Civil – Lei 10.406, de 10-1-2002. v. 3. 30. ed. São Paulo: Saraiva, 2007. p. 134.
67. Nesse sentido, ver GOMES, Orlando. *Contratos*. 26. ed. Rio de Janeiro: Forense, 2007. p. 41.
68. GOMES. Op. cit. p. 215.

extraordinariedade, insertas no art. 478 do Código Civil, deve ser interpretada não somente em relação ao fato que gere o desequilíbrio, mas também em relação às consequências que ele produz.

Fator importante nessa questão diz respeito aos riscos do negócio jurídico. Todo contrato, seja ele de que natureza for, tem um risco comum ou uma álea normal, que varia desde o próprio descumprimento da avença, até eventuais alterações das condições por fatos posteriores.

Nessa esteira, mudanças inerentes à própria passagem do tempo, ou modificações ordinárias do contrato, que não repercutam substancialmente na obrigação da parte, não se caracterizando como algo, de fato, inesperado e imprevisível, não podem ser inseridas no conceito de fato imprevisível à luz da teoria da imprevisão.

É o caso da correção monetária, que visa restabelecer o valor da moeda. É possível que, diante do grande lapso temporal entre a celebração do contrato e o seu cumprimento, incida a correção monetária, a qual não pode ser considerada, por certo, como um evento extraordinário e fora da previsibilidade.[69]

Além disso, o próprio risco inerente à uma economia instável como a brasileira, que já enfrentou e enfrenta, de forma sazonal, incontáveis crises, não pode justificar a revisão ou resolução do contrato. E isso porque faz parte do imaginário e da consciência popular o risco da ocorrência de um fato na política econômica nacional que leve a uma alteração dos negócios, tornando-os, no mais das vezes, excessivamente onerosos. Sobre o tema é importante trazer à colação os vários pacotes econômicos que foram elaborados nos períodos das décadas de 80 e 90 do século XX que alteraram significativamente os parâmetros econômicos a respeito do valor nominal das moedas correntes no Brasil.

Sem prejuízo de tudo o que se disse, faz-se necessário frisar que a imprevisibilidade do evento modificador das condições do contrato não é exigível em todas as hipóteses. Nas relações de consumo não se exige a imprevisibilidade e a extraordinariedade do fato, bastando a mera modificação superveniente da base econômica do contrato. Cuida-se da teoria da quebra da base objetiva do negócio que prescinde do requisito da imprevisibilidade e da extraordinariedade do evento. Consoante o disposto no art. 6º, V, do diploma consumerista, é direito básico do consumidor *a modificação das cláusulas contratuais que estabeleçam prestações desproporcionais ou sua revisão em razão de fatos supervenientes que as tornem excessivamente onerosas.*

Temos, então, no regime consumerista, uma sutil diferença que para muitos passa despercebida: o CDC não reclama a imprevisibilidade e extraordinariedade do fato superveniente, de modo que nas relações de consumo basta que o fato ensejador do desequilíbrio do contrato seja posterior à avença, ainda que fosse previsível. Trata-se de medida que visa trazer a máxima proteção ao consumidor que, na relação com o fornecedor, já se encontra em situação de desvantagem.

---

69. Cf. ZANETTI. Op. cit. p. 185.

Assim, quando em uma relação de consumo sobrevier um fato que acarrete uma excessiva onerosidade para o consumidor, ainda que previsível, terá ele direito à sua revisão, incumbindo ao juiz, mais uma vez, de modo equânime, restabelecer o equilíbrio do contrato.

Note-se que o CDC não exige, rigidamente, que as partes fiquem em situação de plena igualdade, e nem obsta que o fornecedor aufira lucros com sua atividade. O que é vedado pela legislação pátria é o lucro abusivo, extorsivo, em detrimento do consumidor, uma vez que, no "frigir dos ovos", essa desproporção acarreta um enriquecimento ilícito da parte beneficiada, o que não pode ser admitido pelo Direito, que tem como um de seus pilares a vedação ao enriquecimento sem causa, que nada mais é do que a obtenção de uma vantagem por uma das partes da relação, em prejuízo da outra, sem que exista um fundamento jurídico, isto é, uma razão jurídica justificável.

Encerrando o exame dos requisitos caracterizadores da onerosidade excessiva, resta examinar a excessiva onerosidade da prestação, a qual merece uma maior atenção. O primeiro aspecto a ser enfrentado diz respeito ao próprio sentido da expressão *excessiva onerosidade*. O legislador não trouxe elementos objetivos para identificar e diferenciar uma prestação excessivamente onerosa de outra razoável e justa, tendo preferido normatizá-la como um conceito jurídico indeterminado, dando, assim, uma margem de liberdade ao magistrado para o preenchimento do seu conteúdo.

Os conceitos jurídicos indeterminados são termos ou expressões que dizem respeito a situações fáticas de definição vaga e imprecisa, nas quais cabe ao magistrado, segundo as regras de experiência comum, ou até com a ajuda de um *expert*, definir o seu conteúdo. São, assim, situações de fato que precisam ter o seu conteúdo definido para a aplicação do direito.[70] Com efeito, para que se possa concluir pela resolução ou revisão do contrato, faz-se necessário preencher o conteúdo da expressão *excessivamente onerosa* constante do art. 478 do Código Civil.

Essa expressão quer significar uma prestação desproporcional e desarrazoada, que imponha à parte uma grande dificuldade no seu cumprimento se comparada com as condições originais, beneficiando a outra parte com uma extrema vantagem. Como se percebe, é algo que só pode ser aferido concretamente, a partir das circunstâncias fáticas que se apresentem, mas sempre de modo objetivo. Isso significa que a excessiva onerosidade deve corresponder à uma desproporção comum a qualquer pessoa, e não só em relação ao devedor. Se aquela alteração ocorrida nas bases do contrato for exagerada para qualquer pessoa que estivesse diante dela, ter-se-á a excessiva onerosidade.[71]

O segundo ponto a ser observado, decorrente do texto da lei, é que a onerosidade excessiva, para admitir a revisão ou resolução do contrato, deve acarretar uma extrema vantagem para a outra parte. Igualmente, a *extrema vantagem* é um conceito aberto e indeterminado, cujo significado e conteúdo deverá ser preenchido pelo magistrado.

---

70. Cf. MARTINS-COSTA, Judith. *A boa-fé no direito privado*. São Paulo: Ed. RT, 1999. p. 325.
71. Ver GOMES. Op. cit. pp. 214-215.

Sem prejuízo dessa abstração, é preciso ter em mente que a sua previsão demonstra o real objetivo do instituto que, a partir do princípio do equilíbrio econômico-financeiro, impõe o reequilíbrio das prestações quando há uma alteração na base econômica do contrato.

Se, no curso do negócio uma das partes, passa a usufruir uma extrema vantagem em relação à outra, isso significa que houve um desequilíbrio das prestações e uma perda da reciprocidade,[72] assim merecendo uma intervenção do Estado para restabelecer a justiça do contrato.

Por fim, a onerosidade excessiva, para sua configuração, não deve levar à impossibilidade de se adimplir a prestação. Em verdade, o evento superveniente, extraordinário e imprevisível, que torna a obrigação excessivamente onerosa, deve ter como consequência uma extrema dificuldade em se cumprir a prestação.

Estes são, portanto, os pressupostos para a onerosidade excessiva que, uma vez presentes, autorizam a resolução ou a revisão do contrato, como se verá concretamente nos tópicos a seguir.

3.3.3 A onerosidade excessiva nos contratos em geral no período de pandemia

Como visto anteriormente, a revisão dos contratos é medida que visa a conservação do vínculo contratual, evitando-se os efeitos danosos e ruinosos da extinção anômala do contrato, isto é, aquela que não decorre do seu cumprimento ou do advento do termo.

Assim, inúmeras ferramentas são postas à disposição das partes visando preservá-lo, desde as consensuais até aquelas que são impostas judicialmente, quando não se chega a um consenso ou quando a parte, diante da premente necessidade, se socorre do Judiciário para ver sua pretensão atendida.

Uma dessas medidas é a da revisão dos contratos pela aplicação da teoria da imprevisão, que foi prevista no art. 7º do PL nº 1.179/2020, cuja redação assim dispunha: "Não se consideram fatos imprevisíveis, para os fins exclusivos dos arts. 317, 478, 479 e 480 do Código Civil, o aumento da inflação, a variação cambial, a desvalorização ou substituição do padrão monetário". Previa-se, portanto, hipóteses de exclusão de aplicação da cláusula *rebus sic statibus* nos casos taxativamente previstos no dispositivo, o que já havíamos criticado em outra sede.[73]

O dispositivo em exame foi, no entanto, vetado, medida essa louvável, tendo em vista que seguia na contramão da jurisprudência já consolidada pelos Tribunais no sentido de que os efeitos imprevisíveis de um fato previsível também autorizam a revisão

---
72. GOMES. Op. cit. p. 215.
73. Sobre o tema, ver o nosso: GAMA, Guilherme Calmon Nogueira da; NEVES, Thiago Ferreira Cardoso Neves. *Relações jurídicas contratuais sob regime emergencial e transitório (parte II)*. Publicado em 10.05.2020 e disponível em https://www.conjur.com.br/2020-mai-10/direito-civil-atual-relacoes-juridicas-contratuais-regime-emergencial-parte-ii.

contratual.[74] A regra disposta no Projeto, e posteriormente vetada, previa que não se consideram imprevisíveis aquelas situações taxativamente nela previstas, obstando-se, assim, a aplicação da teoria da imprevisão e da onerosidade excessiva naquelas hipóteses, o que sempre nos pareceu equivocado, como restará demonstrado.

A imprevisibilidade é elemento essencial para a revisão dos contratos, segundo a teoria adotada pelo Código Civil. Isso porque, se o fato era previsível às partes, presume-se que elas o aceitaram e concluíram o negócio, nos termos como dispostos, não apenas cientes da possibilidade de alteração fática e econômica das condições, mas assumindo os riscos dela. Por essa razão, não é legítimo o pleito revisional quando do advento de uma circunstância que estava no âmbito da previsibilidade das partes, exceto se, como já visto anteriormente, embora previsível o evento, os efeitos eram imprevisíveis.

Nesses termos, o Projeto de Lei dispunha que a teoria da imprevisão somente seria aplicável aos contratos, durante o período da pandemia do COVID-19, em decorrência daquelas circunstâncias que, na visão dos autores do Projeto, fossem efetivamente imprevisíveis e diretamente levassem a um desequilíbrio da balança econômica da relação, como, por exemplo, no extremado caso do fechamento de lojas, de perda de emprego de uma das partes em virtude dos efeitos da pandemia, ou das medidas adotadas pelas autoridades públicas de ordem sanitária que impeçam ou dificultem o exercício de atividades (conforme rol de medidas previstas na Lei nº 13.979/20). Nesses casos haveria – e de fato há – uma inequívoca alteração financeira de uma ou de ambas as partes, por um fato verdadeiramente extraordinário e imprevisível, conferindo assim o direito a postular judicialmente a revisão do contrato.

Cumpre asseverar que, em que pese alguns desses extremados fatos digam respeito à capacidade econômico-financeira da parte, e não correspondam, propriamente, a um impacto sobre os termos e condições do contrato – como é o caso da perda de emprego de uma das partes –, a extraordinariedade e a gravidade do fato não podem, evidentemente, ser desconsiderados, pois afetam diretamente o equilíbrio da relação e, desse modo, a própria viabilidade de cumprimento do contrato. Tem-se, pois, um desequilíbrio subjetivo, sob a ótica da capacidade financeira individual das partes, causado por um evento verdadeiramente extraordinário e imprevisível, e não objetivo sobre as condições contratuais. Como exemplo, é possível mencionar a perda do emprego e, consequentemente, da renda. É fato comum da vida a demissão de empregado, não havendo extraordinariedade neste evento. No entanto, diante de uma crise de proporções como a se apresenta, com demissões em massa, há inequivocamente uma imprevisibilidade que autoriza a revisão.

Já quanto às causas previstas no texto do Projeto, quais sejam, o aumento da inflação, a variação cambial e a desvalorização ou substituição da moeda, o que se pode entender é que elas são, na visão do legislador, previsíveis, entendimento esse que

---

74. Exemplo clássico é o dos contratos de *leasing* drasticamente impactados pela alta dólar ocorrida 04 anos após o Plano Real. Nesse sentido, ver REsp 432.599/SP. Relator Ministro Cesar Asfor Rocha. Relator para o Acórdão Ministro Ruy Rosado de Aguiar. Quarta Turma. DJ 01/09/2003.

encontra amparo na jurisprudência. Em verdade, é possível verificar nos Tribunais a existência de entendimento no sentido de que o aumento da inflação, a variação cambial e a mudança da moeda são eventos previsíveis, notadamente no Brasil, pois a realidade brasileira demonstra uma constante instabilidade econômico-financeira, de modo que esses eventos são esperados. Com efeito, não se pode considerá-los como extraordinários e imprevisíveis para fim de revisão contratual.75

Ocorre, contudo, que embora essa seja uma realidade nacional, ela apenas subsiste em um ambiente de "normalidade", ou seja, é comum e notório, no Brasil, ter-se as referidas variações, razão pela qual, verificada sua ocorrência, não se justifica a revisão contratual por uma imprevisibilidade ou extraordinariedade.

No entanto, embora justificáveis as razões que levaram à aludida previsão normativa a título de proposição, como uma inequívoca tentativa de limitar as hipóteses de revisão contratual durante esse período de grave cries, especialmente em certas relações que envolvam, por exemplo, instituições financeiras (basta perceber a limitação imposta nos casos de disparada do câmbio, o que já aconteceu no país em outras épocas), discorda-se dela.

Ao examinar a redação do art. 7º do Projeto de Lei nº 1.179/2020, aprovado no Congresso e posteriormente vetado, é possível perceber, com todas as vênias, certa falta de técnica na análise da teoria da imprevisão. A imprevisibilidade do evento, como visto anteriormente, deve ser vista sob a ótica das partes no momento da contratação. Entretanto, examinando-se o dispositivo é possível constatar que o legislador tratou de uma suposta previsibilidade de eventos que são comuns em situações de normalidade. Pela redação do texto aprovado e posteriormente vetado, mesmo diante da extrema crise do COVID-19, aqueles efeitos enumerados pelo legislador são, em sua visão, previsíveis e, neste caso, seria inaplicável a teoria da imprevisão e da onerosidade excessiva.

Mas, em verdade, este entendimento, em que pese amparado na jurisprudência, não encontra eco na realidade atual. Isso porque, é certo que em um ambiente de "normalidade", é previsível que haja variação da inflação, do câmbio e da moeda. Entretanto, é imprevisível que eles ocorram, repentina e excessivamente, em um curto período de tempo, em razão de uma pandemia. É preciso destacar, ainda, que o RJET tem como propósito regular as relações em razão do extraordinário estado de crise, de modo que entendimentos firmados na jurisprudência, para situações em que não uma anormalidade, não podem prevalecer.

A pandemia é um evento imprevisível, de modo que, nessas circunstâncias, aqueles eventos descritos no vetado art. 7º da Lei nº 14.010/2020 também o são. Sem prejuízo, ainda que se entendesse que tais eventos são previsíveis, os seus efeitos não o são, pois é inimaginável que toda a população fosse atingida por uma crise epidêmica de tal vulto, e sem precedentes históricos, que impusesse, por exemplo, uma quarentena e um fechamento de atividades econômicas por 100 (cem) ou mais dias.

---

75 Nesse sentido ver, exemplificativamente, REsp 1.321.614 / SP. Relator Ministro Paulo de Tarso Sanseverino. Relator para o Acórdão Ministro Ricardo Villas Bôas Cueva. Terceira Turma. DJe 03/03/2015.

A imprevisibilidade, como dito, deve ser examinada especialmente sob a ótica da ocorrência, em si, da pandemia, e não apenas sob a ótica de eventual previsibilidade de uma variação cambial ou do aumento da inflação comum a uma sociedade de instabilidade econômica. Ora, parece evidente que nenhuma pessoa que tenha celebrado um contrato de trato sucessivo ou de execução diferida, por exemplo, em dezembro de 2019 (ou seja, há seis meses), poderia prever que haveria uma epidemia de proporções mundiais. A imprevisibilidade, como explicitado anteriormente, deve ser vista sob ótica das partes no momento da contratação, e sobre as circunstâncias fáticas e econômicas existentes naquele momento.

A hipótese vetada do art. 7º do PL nº 1.179/2020, a nosso sentir, só poderia ser aplicada nos casos de contratos celebrados no curso da pandemia, quando, então, os efeitos sobre a moeda e o câmbio poderiam ser considerados previsíveis. Caso contrário, admitir a impossibilidade de revisão, nas hipóteses previstas no referido dispositivo, para os contratos celebrados antes do estado de crise, poderia acarretar uma inequívoca e extrema injustiça contratual, e uma grande dificuldade para inúmeras pessoas que, à toda evidência, não deram causa à pandemia, e não assumiram os riscos da ocorrência deste evento inesperado.

Portanto, crê-se que é possível, no caso da celebração de contratos antes do estado de crise, que no Brasil tem como marco a edição do Decreto Legislativo nº 06/2020 de 20 de março de 2020, que decretou estado de calamidade pública em razão da pandemia, a plena aplicação das teorias revisionistas, ainda que o desequilíbrio contratual tenha sido motivado pelo aumento da inflação ou pela variação do câmbio, sob pena de evidente inconstitucionalidade da lei, na medida em que se estará reconhecendo que as partes devem ser obrigadas a suportar uma situação de desequilíbrio não causada por qualquer uma delas, e que pode levar à sua ruína, dada à inequívoca violação à justiça contratual e social, à dignidade da pessoa humana e à função social da empresa – quando o devedor for empresário –, pilares da ordem econômica, nos termos do art. 170, *caput*, e inciso III, da Constituição Federal.

Sem prejuízo, da redação do art. 7º do PL nº 1.179/2020 também é possível concluir que afora as hipóteses ali descritas, é plena a possibilidade de revisão dos contratos impactados pela pandemia. O legislador, ao afirmar peremptoriamente que não se consideram imprevisíveis aqueles eventos, quis afirmar, a partir de uma interpretação *a contrario sensu*, que as demais circunstâncias e efeitos econômicos decorrentes da pandemia, que impactem os contratos, podem ser considerados imprevisíveis e, logo, podem ser invocados pelas partes para postular a revisão contratual.

Além da regra prevista no *caput* do art. 7º do PL nº 1.179/2020, vetada pelo Poder Executivo, outra regra limitativa não só do direito de revisão, mas também de uma possível interpretação e aplicação de regras mais vantajosas aos contratos paritários, mais particularmente aquelas de direito do consumidor a outras relações contratuais, também foi prevista no Projeto de Lei. Segundo o § 2º do art. 7º do PL nº 1.179/2020, que também foi vetado, "Para os fins desta Lei, as normas de proteção ao consumidor não se aplicam às relações contratuais subordinadas ao Código Civil, incluindo aquelas estabelecidas exclusivamente entre empresas ou empresários".

A referida disposição, é preciso destacar, em que pese tenha feito menção às normas de proteção ao consumidor, não tinha como propósito criar direitos ou deveres no âmbito das relações de consumo, mas sim limitar a aplicação das suas regras protetivas a outras relações, nas quais prevalece a paridade e em que não há vulnerabilidade de uma delas em relação à outra.

O § 2º do art. 7º tinha como propósito, inequivocamente, acompanhar as alterações promovidas pela Lei de Liberdade Econômica – Lei nº 13.874/2019 – sobre os contratos. Segundo o texto da lei, não é possível aplicar as regras protetivas de defesa do consumidor a outras relações, em especial aquelas interempresariais, ou seja, aquelas firmadas entre empresários.

Queria-se, com essa previsão, ressaltar o caráter dispositivo das relações civis-paritárias e empresariais, nas quais a autonomia privada tem mais força. Estando as partes em posição de igualdade, a liberdade contratual é maior, inclusive no tocante à assunção de riscos, que se aflora ainda mais nos vínculos interempresariais. Nesses, o risco empresarial permeia a relação, de modo que as partes estão mais propensas a suportar alterações econômicas nos contratos, mesmo que em decorrência de fatos supervenientes e imprevisíveis, que são comuns no ambiente empresarial.

Sensível a essa realidade, a Lei da Liberdade Econômica acrescentou o parágrafo único ao art. 421 do Código Civil para prever que "Nas relações contratuais privadas, prevalecerão o princípio da intervenção mínima e a excepcionalidade da revisão contratual". Do mesmo modo, o novo art. 421-A, previu que "Os contratos civis e empresariais presumem-se paritários e simétricos até a presença de elementos concretos que justifiquem o afastamento dessa presunção, ressalvados os regimes jurídicos previstos em leis especiais, garantido também que: I - as partes negociantes poderão estabelecer parâmetros objetivos para a interpretação das cláusulas negociais e de seus pressupostos de revisão ou de resolução; II - a alocação de riscos definida pelas partes deve ser respeitada e observada; e III - a revisão contratual somente ocorrerá de maneira excepcional e limitada".

O que se conclui da interpretação conjunta de todos esses dispositivos é que as normas de proteção ao consumidor, dispostas ou não no texto da Lei 14.010/20, não podem ser aplicadas por extensão ou analogia às demais relações de direito privado, nas quais prevalecerão as regras previstas no parágrafo único do art. 421 e no art. 421-A, ambos do Código Civil, em que a revisão dos contratos apenas se dará em situações excepcionais, em que o desequilíbrio das prestações decorrer de fato não apenas extraordinário e imprevisível, mas também não inerente aos riscos econômicos da própria relação assumidos pelas partes.

Dada também a sua obviedade, o referido dispositivo foi vetado, o que em nada prejudica a *mens legis* do texto do Projeto.

3.3.4 A onerosidade excessiva nos contratos de locação de imóvel urbano no período de pandemia

Contrato de especial densidade social é o de locação de imóvel urbano. Importante ferramenta de fomento e de proteção da moradia, nas locações residenciais, bem como das atividades econômicas, quando voltado a imóveis não residenciais, os contratos de locação têm sofrido grande impacto em razão da crise epidêmica.

No caso dos contratos de locação de imóveis urbanos residenciais, diversos locatários têm se visto em dificuldade de pagar os aluguéis, isso porque muitos já perderam seus empregos em razão das dificuldades econômicas que seus empregadores vêm passando, ou mesmo tiveram seus salários reduzidos ou contratos de trabalho suspensos, o que foi autorizado pela Medida Provisória 936/2020. Além das pessoas que eram empregadas na iniciativa privada, há, ainda, a situação relativa aos profissionais liberais e autônomos que também vêm sofrendo os efeitos econômicos decorrentes da pandemia do COVID-19 e dos atos das autoridades públicas para a continuidade do exercício de suas atividades.

Já nos contratos de locação de imóveis não residenciais, a situação se revela ainda mais grave, tendo em vista a adoção de diversas medidas dos governos locais determinando o fechamento de estabelecimentos comerciais de rua e *shoppings*, trazendo uma impossibilidade absoluta de os locatários auferirem renda com a exploração de sua atividade e, consequentemente, inviabilizando o pagamento dos aluguéis. Em verdade, e não se tem como fugir desta realidade, a grande maioria das atividades comerciais é exercida em imóveis alugados, sendo cada vez mais raro encontrar um empresário que exerça sua atividade em seu próprio imóvel. Por isso, graves são os impactos do coronavírus também sobre essas relações e sobre as atividades econômicas de um modo geral.

Visando dar uma solução para este verdadeiro drama social, o autor do Projeto de Lei 1.179/2020, Senador Antonio Anastasia (PSDB/MG), fez inserir, orginalmente no referido Projeto, o art. 10, o qual conferia aos locatários que tivessem a sua condição financeira alterada pelo COVID-19, como demissão e redução de salário, o direito potestativo de suspender o pagamento dos aluguéis até 30.10.2020, valores esses que seriam posteriormente pagos de modo parcelado.

A referida disposição, no entanto, após grande repercussão negativa no mercado imobiliário, foi excluída do texto final da Lei n° 14.010/20, tendo sido ponderada também a necessidade de diversos locadores de receberem o aluguel, uma vez que muitos deles têm como sua única fonte de renda esse valor. Além disso, diversos locatários também não tiveram suas condições econômicas alteradas, e o risco de fraude seria grande, mediante a invocação de uma situação inexistente, a qual não seria passível de controle imediato porque o direito à suspensão dos pagamentos, segundo a redação do Projeto de Lei, se caracterizava como um direito potestativo, e o Poder Judiciário se encontra com algumas atividades suspensas (como, por exemplo, realização de audiências nas varas e sessões fisicamente presenciais nos tribunais), funcionando na grande maioria dos Estados em regime apenas de plantão.

Assim, o art. 10 do PL 1.179/2020 foi retirado do seu texto final, o que parece acertado, deixando-se a cargo dos magistrados a análise casuística das situações que forem apresentadas, permitindo-se a revisão contratual caso presentes os requisitos que a autorizem. Há que se notar que as vedações/limitações impostas às revisões contratuais previstas no *caput* do art. 7º do Projeto não se aplicavam aos contratos de locação, como dispunha o § 1º do próprio art. 7º, também vetado, e que previa que as regras sobre revisão contratual previstas na Lei nº 8.245/91 não se sujeitavam ao disposto no *caput* do mencionado artigo do 7º do PL nº 1.179/2020.

Isso significa que locadores e locatários, mesmo diante dos dispositivos agora vetados, não estavam impedidos de invocar as disposições previstas na Lei nº 8.245/91 para revisar as cláusulas econômicas do contrato, caso a epidemia afetasse a sua base. Com o veto presidencial, dúvidas não há acerca da possibilidade de aplicação das regras revisionais especiais previstas na Lei do Inquilinato. Sobre o tema, a Lei de Locações traz duas regras plenamente aplicáveis à hipótese, que são aquelas dispostas em seus arts. 18 e 19.

No art. 18 da Lei nº 8.245/91, prevê-se que "É lícito às partes fixar, de comum acordo, novo valor para o aluguel, bem como inserir ou modificar cláusula de reajuste". Nesta primeira hipótese, então, prestigiou o legislador a autonomia privada, permitindo que as partes livremente convencionem novo valor de aluguel, no curso do contrato, a fim de readequá-lo às novas condições econômicas vigentes, que por certo podem ser alterar no curso da vida do contrato, como ocorre agora com a disseminação do coronavírus.

Já o art. 19 da Lei do Inquilinato traz regra especial para o caso de as partes não conseguirem, consensualmente, revisar o valor do aluguel. Segundo o dispositivo em exame, "Não havendo acordo, o locador ou locatário, após três anos de vigência do contrato ou do acordo anteriormente realizado, poderão pedir revisão judicial do aluguel, a fim de ajustá-lo ao preço de mercado". Permitiu-se, pois, a revisão judicial do aluguel, o que se fará por meio de ação própria, prevista na própria lei, que é a ação revisional, cujo procedimento se encontra regulado nos arts. 68 a 70 da própria Lei nº 8.245/1991.

A referida regra, contudo, não se revela das mais eficazes nos casos de eventos extraordinários e imprevisíveis. Como é possível observar, o legislador autorizou a revisão judicial nos casos em que, não logrando as partes revisarem o contrato consensualmente, e desde que ele tenha mais de 3 (três) anos de vigência, poderão requerer judicialmente a revisão.

O prazo estabelecido pelo legislador tem uma razão de ser. O objetivo da ação revisional, assegurada por procedimento próprio na Lei do Inquilinato, tem como propósito resguardar o valor de mercado do aluguel, dadas as variações comuns inerentes ao mercado imobiliário. Portanto, não se trata de um mecanismo próprio para a tutela de situações extraordinárias e imprevisíveis.

Por essa razão, diante da limitação legal, não se vê óbice à aplicação das disposições do Código Civil que preveem a possibilidade de revisão dos contratos de um modo geral, como aquelas dispostas nos já mencionados arts. 317 e 478 do Código Civil, para situações extraordinárias e imprevisíveis que desequilibrem a balança econômico-financeira dos contratos de locação.[76]

3.3.4.1 A revisão e resolução dos contratos de locação de imóvel residencial em decorrência do COVID-19

Após a conclusão anterior, é relevante tecer alguns comentários acerca das formas em que a revisão do contrato de locação de imóvel urbano deve se dar. Por se revelarem um importante instrumento de proteção do direito à moradia, constitucionalmente previsto no art. 6º da Constituição Federal, pensa-se que esta análise deve se iniciar com os contratos de locação para fins residenciais.

A pandemia da COVID-19 impactou, e continuará impactando por um longo período de tempo, um grande número de contratos de locação de imóvel residencial. Inúmeros são os casos de locatários que se viram em grande dificuldade para pagar os aluguéis, ou até mesmo se viram absolutamente impossibilitados de fazê-lo.

Perda de empregos, redução de salários, atividade econômicas que não puderam ser continuadas... Incontáveis são os casos de locatários que tiveram não apenas a sua saúde física e psíquica, mas também financeira, afetada. E isso repercutiu, e repercute, inequivocamente sobre os contratos de locação em vigor.

Diante dessa situação, dúvidas sem fim passaram a povoar as mentes não apenas de locatários, mas também de locadores, pois muitos destes também têm como sua única fonte de renda o valor dos aluguéis. Por isso, muitos questionamentos são feitos, como da possibilidade de revisão do valor do aluguel, com redução proporcional; simples suspensão dos pagamentos; suspensão dos pagamentos conferindo prazo para quitação desses valores em momento posterior (moratória); e até mesmo manutenção das condições como acordadas.

Antes do enfrentamento dessas questões, uma observação, desde logo, deve ser feita: não há uma resposta certa ou uma verdade absoluta sobre essa situação. Por isso, acredita-se que foi salutar a não manutenção, no Projeto de Lei 1.179/2020, da regra que conferia ao locatário o direito potestativo de suspender o pagamento dos aluguéis. Isso porque a questão deve ser analisada no caso concreto, a partir das circunstâncias particulares de cada caso que se apresentar, cabendo ao Poder Judiciário, a partir das provas produzidas, decidir, ou não, pela revisão.

Desde logo, a partir desta observação, há que se deixar claro que a revisão, ou mesmo resolução do contrato, só poderá se dar se a dificuldade de adimplir com os aluguéis, ou a absoluta impossibilidade de fazê-lo, decorrer diretamente do COVID-19 ou do *fato do príncipe* a ela correlata, e se verdadeiramente afetar a relação contratual.

---

76. No mesmo sentido, SOUZA. Op. cit. p. 114.

Essa observação é de suma importância porque inúmeros locatários, em que pese a existência da crise epidêmica, não tiveram a sua vida afetada pela pandemia. Pense-se, por exemplo, no funcionário público que continuou a receber o seu salário, ou o aposentado que continuou a perceber os seus proventos, não tendo sofrido nenhum impacto financeiro com essa situação excepcional.

À toda evidência, se as partes não foram atingidas pelos efeitos danosos sob o prisma econômico-financeiro do coronavírus, não há que se falar em intervenção estatal para revisar ou resolver o contrato, devendo as condições permanecer as mesmas. Então, caso a parte atingida opte, por exemplo, por não mais pagar os aluguéis durante o período da crise, suspendendo o cumprimento da prestação, estará incorrendo na hipótese prevista no art. 9º, III da Lei 8.245/1991, autorizando a rescisão contratual pelo não adimplemento da obrigação de pagar os aluguéis e encargos locatícios.

De modo contrário, se o COVID-19 afetou a relação, há que se pensar nas soluções possíveis, sempre visando manter o equilíbrio da balança, evitando que uma parte seja excessivamente onerada em decorrência da situação. Por essa razão, considera-se que, em princípio, é equivocada a conclusão de que deveria haver a suspensão do pagamento dos aluguéis.

Certo é que o contrato de locação de imóvel para fim residencial tem uma relevante importância social, dada a finalidade de tutelar a moradia. No entanto, e como já foi afirmado, não se pode admitir que, para a proteção de um, o outro seja levado à ruína. Na expressão popular, "é desvestir um santo, para cobrir o outro". Deve-se, pois, tentar buscar uma solução salomônica, a fim de impedir a ocorrência de consequências drásticas para quaisquer das partes.

Frise-se, ainda, que embora exista a situação de crise, a causa do pagamento dos aluguéis permanece, qual seja, a manutenção da posse do imóvel pelo locatário, de modo que, pelos ditames da justiça contratual, impor ao locador que suporte, sozinho, os riscos do contrato, não se conforma com os fins e princípios constitucionais.

Então, a suspensão é medida drástica, a qual só se admitirá se restar comprovado, no caso concreto, a absoluta impossibilidade de pagamento dos aluguéis pelo locatário, e a possibilidade de subsistência do locador e de sua família mesmo sem a percepção da contraprestação. Mas, ainda assim, algumas questões precisarão ser examinadas. Primeiro, a suspensão será dos efeitos do contrato, em desfavor do locador, caso em que o locatário simplesmente não pagará os aluguéis e nada mais será devido, ou será concedida uma moratória, em que o locatário não pagará os aluguéis apenas neste momento, mas deverá fazê-lo posteriormente? Neste segundo caso, cumpre examinar se ele terá, de fato, condições de pagar os aluguéis presentes e pretéritos, cumulativamente. Caso não possa, haverá apenas uma postergação dos efeitos gravosos do inadimplemento, pois se ele não puder fazer o pagamento cumulativo no futuro, por certo ficará inadimplente e se sujeitará à ação de despejo.

Todas essas questões merecem reflexão, e precisarão ser examinadas no caso concreto, a fim de não criar uma verdadeira injustiça para o locador, que verá o locatário ocupando o imóvel por um longo prazo sem receber nenhuma contraprestação, o que também não se pode admitir, ainda que se tenha o direito à moradia na balança. E isso porque o direito à moradia não pode configurar uma panaceia, a curar todos males, justificando o absoluto inadimplemento do locatário.

Por essa razão, a melhor solução parece ser a da revisão do contrato para reduzir proporcionalmente o valor do aluguel em patamares que seja possível assegurar, minimamente, o equilíbrio econômico-financeiro do contrato. Quanto ao percentual dessa redução, deverá ser observado, no caso concreto, qual é o montante mais justo e adequado em cada situação.

Por fim, e caso não seja possível, de nenhum modo, o pagamento dos aluguéis, até mesmo cumulativamente para o futuro, a medida adequada, embora drástica, será a da resolução por onerosidade excessiva, caso em que o locatário, por certo, não poderá ser compelido a pagar a multa prevista no contrato pela devolução antecipada do imóvel, sendo inaplicável, portanto, o disposto no art. 4º da Lei do Inquilinato.

Veja-se que a resolução é medida extremada que deverá ser adotada apenas se restar demonstrado que o locatário não terá meios de retomar o pagamento dos aluguéis, sequer para o futuro. Isso porque a resolução é medida danosa tanto para o locatário, quanto para o locador, na medida em que este terá o imóvel desocupado. Caso fique demonstrado que o locatário terá condições de adimplir com as suas obrigações para o futuro, a medida da suspensão dos pagamentos é cabível, a fim de suavizar os danos que ambas as partes sofrerão. No entanto, revelando-se que será impossível essa retomada de pagamentos a curto prazo, a desocupação do imóvel favorece o locador, que poderá procurar outro locatário que poderá ser adimplente nas suas obrigações, inclusive e principalmente o pagamento do valor do aluguel.

3.3.4.2 A revisão e resolução dos contratos de locação de imóvel para fins comerciais localizados em shoppings centers em decorrência do COVID-19

Por conta da COVID-19, inúmeros governos locais têm determinado o fechamento de *shopping centers* dado o inequívoco risco de aglomeração e, consequentemente, de contaminação pelo coronavírus. Por isso, os *shoppings* de quase todo o país tiveram suas portas fechadas, obrigando os lojistas a abruptamente interromper, ainda que transitoriamente, as suas atividades.

O fechamento das lojas em *shopping centers* por determinação do Poder Público é, inequivocamente, um *fato do príncipe* cujos efeitos os lojistas empresários não podem impedir, atingindo inexoravelmente os contratos de locação dos imóveis não residenciais situados dentro destes centros de compras.

Por essa razão, outra grande dúvida que tem sido levantada é a que diz respeito à obrigatoriedade ou não de cumprimento pleno do referido contrato, isto é, diante da pandemia e das determinações sanitárias impostas pelos governos, com a impossibilidade de exercício das atividades dentro dos *shoppings*, poderão os locatários suspender os pagamentos dos aluguéis ou estes continuam a ser devidos?

Algumas respeitáveis vozes da doutrina têm afirmado que sim, sob o argumento de que, impedido o exercício da atividade lojista, e sendo obrigação do locador assegurar o uso da loja, não se afiguram presentes os requisitos que autorizam a cobrança da contraprestação – os aluguéis.[77]

No entanto, em que pese este entendimento, acredita-se que a suspensão, por si só, do pagamento dos aluguéis não parece ser a medida jurídica e economicamente mais adequada à hipótese.

Primeiro, embora a cessão do espaço em *shopping center* se caracterize como um contrato de locação, a relação entre empreendedor e lojistas não se encerra neste vínculo, consubstanciando-se em uma relação complexa, uma verdadeira coligação contratual[78], em que diversos contratos são travados com o fim de atingir um objetivo econômico comum, que é o funcionamento do empreendimento e o exercício da atividade dos lojistas, de modo que sem um desses contratos não se viabiliza a relação e, tampouco, o *shopping* como um todo[79].

Segundo que essa complexa relação tem uma natureza interempresarial, pois mantida entre empresários, isto é, exercentes de atividades econômicas organizadas para a produção ou circulação de bens ou serviços, nos termos do art. 966 do Código Civil. O empreendedor, através de seu estabelecimento, chamado de *superfundo empresarial*, exerce uma atividade empresária em que fornece produtos e serviços aos frequentadores do *shopping*, bem como os lojistas exercem suas próprias atividades por meio de seus estabelecimentos, fornecendo bens de consumo aos frequentadores do centro de compras.

As relações interempresariais são marcadas fundamentalmente pelo risco empresarial, que nada mais é do que o risco inerente a toda atividade empresária, que é muito maior do que o risco de uma relação meramente civil. Os empresários, ao contratarem entre si, assumem um risco maior de insucesso da sua atividade, bem como um risco

---

77. Nesse sentido, ver, exemplificativamente, o texto de Fábio Azevedo, *Sem shopping, sem aluguel: covid-19 e a alocação do risco*. Disponível em: [https://www.migalhas.com.br/coluna/migalhas-edilicias/324393/sem-shopping-sem-aluguel-covid-19-e-alocacao-de-risco]. Acesso em: 03.05.2020.
78. No mesmo sentido, Rubens Requião (REQUIÃO, Rubens. Considerações jurídicas sobre os centros comerciais ("shopping centers") no Brasil. In: ARRUDA, José Soares; LÔBO, Carlos Augusto da Silveira (Coord.). *Shopping centers*. Aspectos jurídicos. São Paulo: Revista dos Tribunais, 1984. p. 130), João Carlos Pestana de Aguiar (AGUIAR, João Carlos Pestana de. O fundo de comércio e os "shopping centers". In: ARRUDA; LÔBO. Op. cit. p. 191), João Augusto Basilio (BASILIO, João Augusto. *Shopping center*. Rio de Janeiro: Renovar, 2005. p. 32) e Thiago F. Cardoso Neves (NEVES, Thiago Ferreira Cardoso. *Contratos mercantis*. 2. ed. Rio de Janeiro: GZ, 2018. p. 525-528).
79. Nesse sentido, bem observa Guilherme Calmon Nogueira da Gama que diversos contratos são celebrados entre o empreendedor e os lojistas, viabilizando o funcionamento do empreendimento, não se resumindo a relação ao contrato de locação. Dentre esses contratos há a convenção de normas gerais, cuja função "é permitir a efetiva implantação e aplicação da atividade do *shopping center*, assegurando a homogeneidade naquilo que é próprio do empreendimento, e a cooperação de todos para o êxito das atividades comuns, subordinando os diversos interesses individuais dos lojistas ao interesse geral e coletivo de todos, empreendedor e lojistas". GAMA, Guilherme Calmon Nogueira da. Contrato de Shopping Center. *Revista da EMERJ*, v. 5, n. 18, p. 201-202, 2002.

decorrente das intempéries que podem assolar o mercado. Nesse sentido, a norma internacional ISO 31000:2018 de gestão de riscos (C31000 – *Certified ISO 31000 Risk Management Professional*) define oficialmente o risco empresarial como o efeito da incerteza nos objetivos, tais como metas financeiras, de segurança, ambientais ou qualquer outra diretamente relacionada à atividade empresarial.

Essa livre e consciente assunção de riscos só é possível, sob a ótica jurídica, por força da maior autonomia privada que permeia essas relações, o que ficou mais evidente com a redação do novo parágrafo único do art. 421 do Código Civil, acrescido pela Lei da Liberdade Econômica – Lei 13.874/2019 –, bem como do art. 421-A, que trata especificamente dos contratos empresariais, os quais estabelecem a plena liberdade contratual e a excepcionalidade da revisão dos contratos, prevalecendo o princípio da intervenção mínima sobre eles.

Isso não significa, por certo, que todo e qualquer risco é assumido, de modo absoluto, não se admitindo ponderação e revisão do contrato. Tal conclusão seria, no mínimo, absurda. No entanto, nessas relações, a intervenção e a tutela estatais, quando da concretização dos riscos, é mais sensível, devendo ser a menor possível, sempre em casos excepcionalíssimos e buscando manter um mínimo de equilíbrio, mas jamais transportando a total assunção de riscos apenas para uma das partes. Como dito, as atividades empresariais são naturalmente arriscadas, estando na órbita da previsibilidade das partes, que anuem com essa álea. E isso só é possível graças a maior autonomia que permeia essas relações.

Veja-se, ainda, que essa autonomia também é reforçada nas locações de espaço em *shopping center*, cujo art. 54 da Lei 8.245/1991, a Lei do Inquilinato, prevê que "Nas relações entre lojistas e empreendedores de *shopping center*, prevalecerão as condições livremente pactuadas nos contratos de locação respectivos e as disposições procedimentais previstas nesta lei". Daí também se extrai o terceiro argumento.

Em relação à cessão do espaço a ser ocupado pelos lojistas, esta decorre de um contrato de locação para fins comerciais, nos exatos termos dos arts. 52, § 2º e 54 da Lei do Inquilinato, contrato este através do qual uma pessoa, o locador, cede temporária e onerosamente à outra, o locatário, a posse do bem imóvel para que nele seja explorada uma atividade econômica.

Portanto, trata-se de um contrato oneroso, cuja contraprestação pela cessão da posse do imóvel é o pagamento do aluguel, de modo que, tendo o locatário a posse ou a mera disponibilidade do imóvel, é devida a remuneração. A causa jurídica, portanto, para a cobrança dos aluguéis é a posse do imóvel.

Há que se ressaltar, por certo, que essa cessão da posse tem uma finalidade, a saber, a exploração da atividade econômica pelo locatário, a qual fica inviabilizada pelo fechamento do *shopping*. No entanto, esse fechamento não decorreu da vontade ou da imposição do empreendedor-locador, mas sim por comando do Estado.

Então, embora não haja a possibilidade de exercício da atividade, conserva o locatário a posse do bem, de modo que, nesses casos, não há propriamente um desapossamento do imóvel, não perdendo o locatário, em absoluto, a posse da coisa. Como é evidente, os bens que integram o estabelecimento do lojista continuam a ocupar o espaço das lojas, não retomando o locador a posse do bem. O que há é uma impossibilidade, momentânea, de exercício da atividade por determinação do Poder Público, e não por parte do empreendedor, o dono do *shopping*, que não é o causador dessas situações impeditivas.

Nesse sentido, suprimir absolutamente o pagamento dos aluguéis mais se equipara a uma sanção ao empreendedor do *shopping*, que não causou a impossibilidade jurídica do exercício da empresa pelos lojistas, do que uma medida de justiça ou equilíbrio contratual. Muito pelo contrário, ter-se-á uma solução injusta, do ponto de vista negocial, para esse imbricado problema. Há, então, que se pensar em uma saída equânime, em estrita observância à justiça contratual e ao princípio do equilíbrio econômico-financeiro do contrato.

Cumpre observar que, sem prejuízo das relações internas entre as partes, a isenção momentânea do pagamento dos aluguéis, sob a ótica concorrencial, também poderá levar futuramente a uma prática de violação à livre concorrência, na medida em que outros exercentes de atividades econômicas, fora dos *shoppings*, não terão essa "benesse", e serão obrigados a arcar com a integralidade ou com parte dos prejuízos ocorridos durante o período da pandemia, o que poderá influenciar nos preços e condições de pagamento dos produtos e serviços. Imagine-se que após o período de crise, os "comerciantes de rua" para compensar os prejuízos, terão que aumentar os preços, enquanto os lojistas, que tiverem a suspensão dos aluguéis, sofrerão menos com essas consequências, permitindo-lhes até mesmo manter as condições anteriores.

Diante de todos esses aspectos, jurídicos e econômicos, crê-se que o caminho adequado é, primeiramente, a necessidade de negociação entre as partes, através da qual os empresários estudarão medidas que mantenham o equilíbrio da relação, sem que um deles tenha que suportar, sozinho, todos os ônus. Há que se lembrar, mais uma vez, que se está diante de um contrato interempresarial, e não uma relação civil comum, e muito menos consumerista.

Na relação entre empreendedor e lojistas no âmbito de um *shopping center*, em que pese não se possa falar em uma sociedade em conta de participação, como sustenta parcela da doutrina[80], há inequivocamente uma relação de parceria, em que o sucesso do empreendimento depende do sucesso dos lojistas e vice-versa. Há, portanto, uma verdadeira simbiose, em que ambos devem, conjuntamente, suportar os prejuízos, ainda que se diga que uma das partes deva suportar a maior parte deles, segundo a teoria da alocação dos riscos. O que não se pode admitir é a assunção integral dos

---

80. BELMONTE, Alexandre de Souza Agra. *Natureza jurídica dos shopping centers*. Rio de Janeiro: Lumen Juris, 1989. p. 51.

riscos por apenas um dos empresários, o que é absolutamente estranho à noção de risco empresarial.

Caso, contudo, as partes não cheguem a um consenso, a solução será, inequivocamente, a adoção de medidas judiciais visando a revisão do contrato, invocando-se a teoria da imprevisão ou da onerosidade excessiva, dada a inequívoca afetação das medidas governamentais sobre as bases econômicas dos contratos. Assim, parece ser induvidosa a possibilidade de revisão contratual, mediante a aplicação da teoria da imprevisão, com o fim de estabelecer, ainda que transitoriamente, novas condições financeiras.

Como proposta de solução, pensa-se que uma possibilidade é a redução, ou mesmo a supressão, do pagamento das taxas condominiais. Diante da inequívoca redução das despesas comuns, é plenamente possível a redução proporcional do valor do "condomínio", cuja demonstração contábil não se revela complexa, assim desonerando o lojista e não impedindo que o empreendedor custeie as despesas necessárias à manutenção da estrutura.

Outra possibilidade é a própria redução do valor dos aluguéis, mas não a sua absoluta suspensão. Há que se recordar, como visto anteriormente, que o lojista, em que pese impedido de exercer a sua atividade por determinação do Poder Público (fato do príncipe), não foi desapossado do imóvel, tanto que os bens que compõem seu estabelecimento continuam na loja, no box ou no quiosque. Portanto, afastar o pagamento dos aluguéis, suspendendo a eficácia do contrato, não se revela adequado do ponto de vista jurídico, haja vista que a causa para a cobrança dos aluguéis e a cessão da posse do imóvel.

Essas, então, parecem ser medidas justas e adequadas para esse período transitório.

Sem prejuízo de tudo o que se disse, é preciso destacar que embora se entenda não ser possível a suspensão do pagamento dos aluguéis, parece acertado concluir que, no caso de não cumprimento da obrigação no prazo, poderá o locatário se eximir do pagamento da multa e demais encargos e consectários da mora.

Isso porque, nesta hipótese extraordinária, tem-se inequivocamente um evento fortuito ou de força maior que reclama a aplicação do disposto no art. 393 do Código Civil. O referido dispositivo trata dos efeitos do inadimplemento quando este decorre de um fato extraordinário de efeitos inevitáveis que impossibilite a entrega da prestação, isto é, o caso fortuito e a força maior.

Ocorrendo uma dessas hipóteses, consoante previsão do *caput* do art. 393 do Código Civil, o devedor não responderá pelos prejuízos causados ao credor, os quais estão descritos no art. 389 do Código Civil, quais sejam, as perdas e danos, os juros, a atualização monetária e os honorários de advogado, caso haja a necessidade de intervenção destes para a cobrança do débito.

Por fim, verificando-se, por conta do estremado desequilíbrio econômico das prestações, uma impossibilidade de cumprimento do contrato, a única solução será a resolução por onerosidade excessiva, caso em que o locatário não responderá por perdas e danos e demais encargos decorrentes da extinção do contrato.

3.3.4.3 A revisão e resolução dos contratos de locação de imóvel para fins comerciais em decorrência do COVID-19 ("lojas de rua")

Assim como as lojas situadas dentro dos *shoppings centers*, aquelas situadas fora dele, compondo o popularmente chamado *comércio de rua*, foram diretamente impactadas pelos efeitos danosos no âmbito econômico do COVID-19. Diversos atos normativos municipais impuseram o fechamento das atividades comerciais também exercidas nas ruas, impedindo que empresários e demais exercentes de atividades econômicas pudessem atuar. Tem-se, igualmente neste caso, um fato do príncipe que interfere no exercício das atividades dos particulares, que se viram, do dia para a noite, absolutamente impossibilitados de fazê-lo.

Esse obstáculo imposto pelo Poder Público evidentemente também afeta os contratos de locação de imóveis não residenciais celebrados por aqueles que precisam alugar um imóvel para exercer sua atividade econômica. Com o fechamento da loja, os rendimentos da atividade são reduzidos a zero. Além disso, tendo-se em mente o fato de que a grande maioria dos lojistas de rua tem nos seus negócios a sua única fonte de renda, a impossibilidade de exercer a atividade atinge inexoravelmente sua condição econômica, dificultando ou até mesmo inviabilizando o pagamento dos aluguéis. Diante dessa realidade, nesses casos também se impõe a revisão do contrato.

Mas, diferentemente do que ocorre com as lojas situadas dentro de *shoppings centers*, nem sempre a relação entre locatário e locador é interempresarial. Muito pelo contrário. A regra é, nessas hipóteses, inversa. Os locadores comumente são pessoas naturais (não empresárias), que tem naquele imóvel a sua única ou principal fonte de renda, razão pela qual a drástica medida da suspensão do pagamento dos aluguéis, assim como ocorre na locação para fins residenciais, é uma severa medida que faz recair exclusivamente sobre os ombros de uma das partes os riscos do contrato e os ônus deste evento extraordinário e imprevisível.

Por essa razão, e com a mesma ideia de equidade e de observância da justiça contratual, crê-se que a melhor medida revisional não seja a suspensão do pagamento dos aluguéis, salvo se cabalmente demonstrado que a não suspensão levará à absoluta ruína do locatário, e que o locador tem outros meios de subsistência. Não restando evidenciada essas hipóteses cumulativas, a solução mais adequada deve ser a da redução do valor dos aluguéis, cujo percentual deverá ser aferido concretamente, a partir das circunstâncias de cada caso.

Evidentemente, restando demonstrada a absoluta impossibilidade de o locatário pagar os aluguéis, a medida a ser adotada deve ser a da resolução do contrato por onerosidade excessiva. Neste caso, poder-se-ia questionar se ao invés de se tomar a medida radical da resolução, não se deveria permitir a suspensão do pagamento dos aluguéis, evitando a desocupação do imóvel que também trará inúmeros prejuízos ao locador. Acredita-se que esta conclusão deverá ser tirada também a partir das circunstâncias concretas que se apresentarem na hipótese em questão. Isso porque é possível que o locatário tenha dificuldades de retomar os pagamentos após a cessação do estado de calamidade, o que obrigará o locador a ajuizar uma ação de despejo, que pode perdurar por meses, até ter o seu imóvel livre e desembaraçado. Uma vez que ele não irá receber durante a pandemia, é possível que a melhor opção para ele seja a desocupação do imóvel, a fim de que possa, posteriormente, alugá-lo para terceiros. Mas, como dito, todas essas situações devem ser verificadas concretamente, a fim de atender, de modo equânime, os interesses das partes.

3.3.4.4 Proibição de concessão de liminares em ação de despejo pelo inadimplemento em contratos de locação de imóvel urbano

Ainda sobre os contratos de locação, o último ponto a ser examinado diz respeito a outro importante ponto previsto no Projeto de Lei nº 1.179/2020, e que foi equivocadamente vetado pelo Poder Executivo, que diz respeito à impossibilidade de concessão liminar de despejo pelo não pagamento dos aluguéis.

O Projeto de Lei nº 1.179/2020 encaminhado à sanção, previa, em seu artigo 9º que não seriam concedidas liminares para desocupação de imóveis – despejo – nas ações propostas a partir de 20 de março de 2020 até 30 de outubro de 2020, quando do término da vigência do RJET.

A referida previsão, contudo, foi vetada, o que não impede, a nosso sentir, que os magistrados, no caso concreto, indefiram as referidas liminares, dadas as peculiaridades sanitárias e sociais hoje presentes. Senão vejamos.

Primeiramente, é preciso destacar que a ação de despejo tem uma peculiar particularidade. Embora se caracterize, na divisão quinaria das decisões (sentenças), como executiva, na medida em que compreende ela própria uma ordem de execução, impondo-se a retirada do locatário do imóvel (inclusive através de medidas coercitivas concretas), tem ela, conjuntamente, inequívoco caráter constitutivo negativo (desconstitutivo), na medida em que promove a rescisão do contrato de locação. Portanto, a ordem de despejo leva à extinção do contrato, daí porque não se exige, para o despejo, que o locador formule pedido de rescisão do vínculo, pois o próprio despejo já o promoverá.[81]

---

81. Sobre o tema, explicita Luiz Fux que "A ação de despejo tem como finalidade precípua a rescisão da locação com a consequente devolução do imóvel ao locador ou proprietário. [...] Em geral, as decisões constitutivas produzem os seus efeitos a partir do seu trânsito em julgado. Entretanto, imperativos de ordem prática sugerem que o legislador antecipe o termo *a quo* dos efeitos da sentença, como ocorre com a decisão concessiva do despejo. [...] Encerra a ação de despejo verdadeira hipótese de cumulação sucessiva *sui generis*, porque ao pedido de rescisão do vínculo segue-se o de devolução ou reintegração na posse do imóvel retomado. Pode-se mesmo afirmar que o pedido de restituição do bem é implícito na postulação genérica do despejo". FUX, Luiz. *Locações*: processo e procedimentos. 5. ed. Niterói: Impetus, 2008. p. 41.

Assim, o despejo liminar nada mais faz do que pôr fim, antecipadamente, ao vínculo jurídico contratual que une o locador ao locatário, em juízo de cognição sumária, isto é, sem que se esgote todo o *iter* processual no qual se ateste, de modo inequívoco, o inadimplemento das obrigações do contrato que justifique a sua rescisão.

Por essa razão, o PL nº 1.179/2020 previa, em seu art. 9º, que durante o período da pandemia não seria possível conceder liminares de despejo em ações propostas pelos locadores em face do locatários, nas hipóteses previstas no art. 59, § 1º, I, II, V, VII, VIII e IX, da Lei 8.245/1991, até 30.10.2020, tendo em vista a situação de excepcionalidade.

As únicas exceções em que estaria admitido o despejo liminar eram naquelas hipóteses previstas no art. 59, § 1º, IV e VI da Lei do Inquilinato, em que houver a morte do locatário sem ter deixado herdeiros, bem como para realização de obras emergenciais no imóvel. Em todos os demais casos estaria, por determinação legal, proibida a concessão de liminar nas ações de despejo.

Em princípio, a referida proibição prevista no Projeto se revelava plenamente admissível, não se podendo falar em eventual violação ao exercício constitucional do direito de ação, e tampouco do princípio da inafastabilidade do controle do Poder Judiciário, dada a excepcionalidade das circunstâncias, que visam tutelar interesses outros, de índole existencial, como a própria moradia. O legislador, então, ponderando os diversos interesses, entendeu pela predominância deste último.

Ressalte-se, ainda, que o dispositivo vetado não impedia a propositura da ação de despejo. Esta, como visto anteriormente, é o instrumento processual apto a pôr fim à relação contratual no caso de não cumprimento das obrigações pelo locatário. Portanto, não poderia o legislador impedir o ajuizamento da ação. Vedava-se, com a referida disposição, apenas a concessão liminar de despejo, a qual se dá com mera cognição sumária, isto é, sem todos os elementos fáticos e probatórios para uma conclusão sumária. E as razões eram bem óbvias: diante da vulnerabilidade do locatário, que justifica, inclusive, inúmeras medidas protetivas na Lei do Inquilinato, deve o locador suportar os riscos do inadimplemento no período da pandemia (alocação dos riscos), findo o qual ele poderia, inclusive, caso persistisse a situação de inadimplência, renovar o pedido liminar e retomar o imóvel, sem prejuízo da própria sentença, que poderia, por óbvio, ainda que durante o período da pandemia, determinar o despejo.

Vê-se, pois, que não havia exagero, e muito menos inconstitucionalidade, na previsão da proibição *transitória* (destaque-se) de concessão de liminares de despejo. Nessa mesma linha, o Supremo Tribunal Federal tem reconhecido a constitucionalidade de certas leis que proíbem a concessão de liminares, como é o caso da Lei 8.437/1992 que veda a concessão de liminares contra a Fazenda Pública em determinadas hipóteses.[82]

---

82. BRASIL, STF, Tribunal Pleno, ADC nº 04. Rel. Ministro Sydney Sanches. Redator para o Acórdão Ministro Celso de Mello, DJe 30/10/2014.

Quanto ao extenso rol previsto no Projeto como proibitivo da concessão da liminar de despejo, por certo o objetivo principal é proteger os locatários no período da pandemia contra eventual desalijo pelo inadimplemento da obrigação de pagar os aluguéis. Os efeitos danosos que as medidas de contenção ao avanço da COVID-19 estão produzindo sobre a economia têm levado, como já observado, inúmeros locatários a já enfrentar problemas para pagamento dos aluguéis, dificuldade essa que, evidentemente, ainda se estenderá por alguns meses.

Com a referida previsão, então, resguardava-se o locatário durante o período da crise, mas também não se deixava de tutelar o locador. Isso porque o pagamento do valor dos aluguéis e demais obrigações contratuais, salvo determinação judicial em contrário, deveriam, e ainda devem, continuar a ser cumpridas, haja vista que, como visto anteriormente, já havia sido retirado do texto original do Projeto de Lei nº 1.179/2020 a possibilidade de se suspender a exigibilidade dos aluguéis durante o período da pandemia. Portanto, o dever de pagar os aluguéis, ainda que no período da pandemia, permanece.

Disso se conclui que o locador continua a poder exigir do locatário o pleno cumprimento do contrato, salvo ajuste consensual ou decisão revisional em contrário, mas apenas não poderia rescindi-lo antecipadamente, através da concessão liminar do despejo, durante o período estabelecido na Lei 14.010/2020.

No entanto, a proibição à concessão de liminares foi vetada, de modo a não haver mais imposição legal ao não deferimento do pedido antecipatório. Isso, contudo, não impede que o magistrado, no caso concreto, indefira a pretensão liminar. Ora, como cediço, a concessão de medidas antecipatórias está condicionada à presença do binômio *fumus boni iuris* e *periculum in mora*, de modo que apenas quando presentes esses requisitos poderá o magistrado deferir a tutela de urgência.

Nada obstante, deve o juiz ainda verificar se não há risco inverso, isto é, o *periculum in mora* inverso, em que a concessão da liminar possa causar, em razão do seu deferimento em juízo de cognição sumária, um dano irreversível à parte contrária. E, nos casos tratados durante a pandemia, parece que a concessão da liminar pode, sim, trazer grande risco de lesão grave ou de difícil reparação ao locatário.

Veja-se que inúmeros locatários se encontram verdadeiramente impossibilitados de cumprir suas obrigações, seja porque perderam o emprego, seja porque tiveram seus salários reduzidos, ou até mesmo nos casos de comerciantes que não puderam mais exercer suas atividades pelo fechamento de suas lojas. Neste caso, é inequívoco o impacto danoso que a pandemia causou na vida dessas pessoas.

Dito dessa forma, o deferimento da liminar durante o período de pandemia, sobretudo nos contratos de locação residencial, poderá acarretar graves e irreversíveis danos aos inquilinos: primeiro, por talvez não ter um lugar para onde ir e firmar sua residência; e segundo, há os riscos sanitários de ter que abandonar sua casa e fazer uma mudança neste dramático momento. Pensa-se, pois, que nessa ponderação deve prevalecer o direito de moradia em detrimento do direito de propriedade.

No caso das locações empresariais a questão também é sensível e deve ser vista sob a ótica da preservação da empresa. O despejo do locatário certamente levará ao fim da própria atividade do locatário, uma vez que não conseguirá, no presente estado de crise, encontrar outro imóvel para se estabelecer, o que poderá acarretar sua falência, contrariando, assim, inequivocamente o princípio da preservação da empresa. O não pagamento, nesta situação excepcional, não decorre de uma conduta culposa ou desidiosa do locatário, de modo que o princípio da preservação da empresa, fundado na função social desta e da livre iniciativa, ambos de estatura constitucional, deve ser observado, também prevalecendo sobre o direito de propriedade.

Por outro lado, neste momento de grave crise o despejo liminar trará, à exceção de eventual desocupação para uso próprio, pouco resultado útil ou vantagem para o locador. Isso porque, neste período crítico, dificilmente ele conseguirá encontrar outro locatário para ocupar o imóvel, de modo que ele ficará com o bem vazio, desocupado, e com baixa expectativa de ocupação nos próximos meses. Portanto, também não parece ser vantajoso o desalijo liminar, fato este que demonstra a absoluta dissonância do veto com a realidade social e do mercado imobiliário.

Diante de todos esses motivos, crê-se que, mesmo diante do veto, poderão os magistrados, diante do caso concreto, indeferir o pedido liminar, o que se revelará como uma verdadeira medida de justiça social.

3.3.5 A aplicação da teoria da onerosidade excessiva pelo COVID-19 nas relações de consumo

Os efeitos da pandemia também acarretaram grandes impactos sobre as relações de consumo, especialmente aquelas que envolvem prestações continuadas, em que o vínculo das partes se protrai no tempo, de modo que contratos celebrados antes da disseminação do COVID-19, e que continuam vigentes, foram grandemente afetados por seus danosos efeitos.

Dada a existência de uma relação naturalmente desequilibrada, em decorrência da vulnerabilidade fática, técnica e econômica dos consumidores frente aos fornecedores, o Projeto de Lei nº 1.179/2020 havia previsto um tratamento diferenciado para as relações de consumo, assim como havia feito com as relações locatícias fruto dos contratos de locação de imóvel urbano. Visando uma maior tutela do consumidor, previu-se no PL nº 1.179/2020, mais especificamente em seu art. 7º, § 1º, que as circunstâncias dispostas no vetado *caput* do art. 7º, que impedem a revisão dos contratos, não se aplicam às relações consumeristas, de modo que permanecem plenamente aplicáveis as ferramentas de revisão dos contratos previstas no Código de Defesa do Consumidor. Assim, buscava-se manter incólume a previsão do art. 6º, V, do CDC que prevê como direito básico do consumidor a revisão dos contratos por fatos supervenientes que tornem as prestações excessivamente onerosas.

O referido dispositivo, já examinado anteriormente, também foi vetado, fato este que, entretanto, não traz qualquer prejuízo para os consumidores. Em verdade, a previsão de inaplicabilidade do *caput* do art. 7º do Projeto às relações de consumo não precisava estar expressa na lei, pois evidente. Da redação do mencionado dispositivo é possível perceber que o legislador apenas quis afastar, daqueles eventos econômicos, um caráter de imprevisibilidade. Segundo o art. 7º, *caput*, do Projeto, "não se consideram *imprevisíveis* o aumento da inflação, a variação cambial e a desvalorização ou substituição do padrão monetário". Portanto, e a partir de uma interpretação *a contrario sensu*, conclui-se que o legislador afirmou que tais efeitos econômicos são considerados previsíveis e, portanto, não autorizam a revisão pela aplicação da teoria da imprevisão.

Nada obstante, e ao contrário do que muitos pensam, nas relações de consumo a revisão dos contratos por onerosidade excessiva dispensam a imprevisibilidade e a extraordinariedade do evento. Consoante o disposto no art. 6º, V, do diploma consumerista, é direito básico do consumidor *a modificação das cláusulas contratuais que estabeleçam prestações desproporcionais ou sua revisão em razão de fatos supervenientes que as tornem excessivamente onerosas*. Cuida-se da encampação da teoria da quebra da base objetiva do negócio jurídico, oriunda do Direito alemão.

Tem-se, então, no regime consumerista, como já observado anteriormente uma sutil diferença que é despercebida por muitos: no diploma consumerista não se exige que o fato superveniente seja extraordinário e imprevisível. Então, nas relações de consumo reclama-se apenas que o fato ensejador do desequilíbrio do contrato seja posterior à sua celebração, ainda que seja previsível e ordinário. Trata-se de medida que visa trazer a máxima proteção ao consumidor, que na relação com o fornecedor já se encontra em situação de desvantagem.[83]

Assim, quando em uma relação de consumo sobrevier um fato que acarrete uma excessiva onerosidade para o consumidor, ainda que previsível, terá ele direito à sua revisão, incumbindo ao juiz, de modo equânime, restabelecer o equilíbrio do contrato. Deve-se observar, ainda, que o diploma consumerista também não exige, rigidamente, que as partes fiquem em uma situação de plena igualdade, e nem impede que o fornecedor aufira lucros com a sua atividade. O que é vedada pelo Código de Defesa do Consumidor é o lucro abusivo e extorsivo, especialmente em detrimento do consumidor.

Visto dessa forma, e estabelecida esta importante premissa, passar-se-á à análise de algumas situações concretas e comuns às relações contratuais de consumo no período de pandemia, que têm trazido enormes dúvidas e inseguranças para as partes envolvidas.

---

83. Sobre o tema, ver NEVES, Thiago Ferreira Cardoso. Direitos básicos do consumidor. In: SOUZA, Sylvio Capanema de; WERNER, José Guilherme Vasi; NEVES, Thiago Ferreira Cardoso. *Direito do consumidor*. Rio de Janeiro: Forense, 2018. p. 66.

3.3.5.1 Os efeitos do COVID-19 sobre os contratos de prestação continuada de serviços

Como visto no item 3.3.2 deste Capítulo, a onerosidade excessiva tem como seu primeiro requisito a existência de um contrato de execução diferida ou de prestação continuada. É preciso, portanto, que haja um lapso temporal entre a celebração do vínculo e a execução do contrato ou seu adimplemento.

No campo das relações de consumo, e particularmente aquelas afetadas pela pandemia do COVID-19, é sobre os contratos de prestação continuada que se destacam os casos mais sensíveis. Os contratos de prestação continuada são aqueles que não se exaurem em um único ato. A sua execução se protrai no tempo, através da prática de diversos atos sucessivos e contínuos. Na vida de relação, inúmeros são os exemplos desses contratos, como os de prestação de serviços públicos essenciais (água, luz, gás e telefone, por exemplo) e de serviços de ensino em escolas e universidades. Inúmeros são exemplos, e se tentará, neste tópico, apresentar uma visão geral e uniforme sobre a questão.

Primeira e relevante observação que deve ser feita é a de que, na maioria desses casos, é importante para o consumidor a manutenção do vínculo, e não a sua extinção. Por essa razão, o exame se limitará à hipótese de revisão, e não de resolução do contrato.

A segunda observação, mas não menos importante, é a de que só é possível cogitar em revisão se houver uma concreta afetação dos efeitos do COVID-19 sobre o contrato em particular. Como já observado em outros momentos desta obra, a existência da pandemia, por si só, não é suficiente a autorizar a modificação do contrato, cujos termos da celebração devem, sempre que possível, ser respeitados. Apenas uma alteração que afete, verdadeiramente, a base econômica do contrato pode autorizar a sua modificação.

Estabelecidas essas premissas, é oportuno analisar alguns exemplos.

Uma das grandes preocupações no início da pandemia era com os contratos de prestação de serviços públicos essenciais, como fornecimento de água, luz e gás. Diante da iminente possibilidade de inúmeras pessoas se verem impossibilitadas de pagar as contas, surgiu a questão acerca da viabilidade de suspensão dos pagamentos ou até mesmo da criação de obstáculos e cortes de fornecimento caso os pagamentos não fossem feitos.

Na doutrina, particularmente consumerista, sempre pairou séria controvérsia sobre a possibilidade, ou não, de se interromper a prestação de serviços essenciais no caso de mora ou inadimplemento do consumidor, isto é, sempre se questionou se é possível efetuar o corte de serviços essenciais pelo inadimplemento do usuário.

Em primeiro lugar, é preciso destacar que os serviços ditos essenciais são aqueles que atendem às necessidades da preservação da dignidade humana, isto é, o mínimo essencial a uma vida digna. Nesses termos, os fornecimentos de água, tratamento do esgoto, disponibilização de luz e de gás se revelam inequivocamente essenciais e, portanto, devem ser prestados, nos termos do art. 22 do Código de Defesa do Consumidor, de modo adequado, eficiente, seguro e contínuo.

A problemática está, em verdade, na exigência feita pelo legislador da continuidade dos serviços, dando a ideia de que não é possível a sua interrupção quando essencial o serviço público, mesmo que o consumidor não cumpra com a sua contraprestação.

Vozes há no sentido de que a interrupção da prestação de serviço público essencial, ainda que havendo inadimplemento do consumidor, não é autorizada pelo art. 22 do CDC, sendo o corte do fornecimento do serviço uma forma de cobrança vexatória, vedada pelo art. 42 do diploma consumerista. Com efeito, diante do não pagamento das contas pelo consumidor, a prestadora de serviço público não poderia efetuar o corte, mas tão somente se utilizar dos meios regulares e judiciais de cobrança. Tal interpretação encontra fundamento nos arts. 5º, XXXII e 170, V da Constituição Federal, que impõem a ampla tutela do consumidor, assim como na dignidade da pessoa humana.[84]

Por outro lado, parcela outra da doutrina, com o que se concorda, vê *cum grano salis* a interpretação anterior, a fim de admitir o corte do fornecimento nos casos de inadimplemento do consumidor.[85] Por certo, a defesa do consumidor é um pilar sobre o qual se sustenta o nosso ordenamento, e particularmente as atividades econômicas. Além dela, a dignidade da pessoa humana é um valor superior, tida muitas vezes como um sobreprincípio, um verdadeiro postulado normativo a orientar a interpretação e aplicação dos demais princípios e regras vigentes.[86] Ainda assim, não se pode reconhecer um direito de inadimplir, em que o prestador de serviço público deve ser obrigado a fornecê-lo mesmo diante do não pagamento pelo consumidor, sob pena de se legitimar o enriquecimento sem causa e estimular a inadimplência, cujos ônus recairão, inequivocamente, sobre todos os demais.

Além disso, é preciso ter em mente que embora se trate de um contrato de prestação de serviço público essencial, ele está submetido às regras gerais de todo e qualquer contrato bilateral e oneroso, no qual se tem obrigações recíprocas e correspectivas – sinalagma –, assim como aos princípios da justiça contratual e da solidariedade social. Admitir que parcela dos consumidores não pague a conta, em detrimento de todos os demais, levará ao caos social, e até mesmo a uma possível inviabilidade futura de prestação de serviço a toda coletividade, tendo em vista que o prestador de serviço tem inúmeras despesas operacionais, sem falar no direito à percepção de lucros, que é legítimo em toda e qualquer atividade econômica.

---

84. Nesse sentido, MARQUES, Claudia Lima. *Contratos no código de defesa do consumidor*: o novo regime das relações contratuais. 7. ed. São Paulo: Ed. RT, 2014. p. 626-629.
85. DENARI, Zelmo. *Código brasileiro de defesa do consumidor*: comentado pelos autores do anteprojeto. Ada Pellegrini Grinover et al. 11. ed. Rio de Janeiro: Forense, 2017. p. 230-232.
86. Sobre o tema ver, NEVES, Thiago Ferreira Cardoso. A dignidade da pessoa humana e os direitos da personalidade. In: NEVES, Thiago Ferreira Cardoso. *Direito e justiça social*: por uma sociedade mais justa, livre e solidária. Estudos em homenagem ao professor Sylvio Capanema de Souza. São Paulo: Atlas, 2013; ÁVILA, Humberto Bergmann. *Teoria dos princípios*. 5. ed. São Paulo: Malheiros, 2004.

Outro aspecto a ser observado diz respeito ao próprio regramento legal. Os referidos serviços estão sujeitos à Lei 8.987/95, editada em momento posterior ao Código de Defesa do Consumidor, e que em seu art. 6º, § 3º, II, expressamente prevê que não se caracteriza descontinuidade do serviço a sua interrupção em situação de emergência ou após aviso prévio quando houver inadimplemento do usuário, considerado o interesse da coletividade. Portanto, por força de lei específica, estão as concessionárias de serviços públicos, ainda que essenciais, autorizados a efetuar o corte do fornecimento de serviço, desde que se tenha o inadimplemento do consumidor, e seja ele avisado previamente da possibilidade de interrupção.[87]

Deste modo, e como conclusão, é preciso ter em mente que a exigência de continuidade diz respeito à interrupção injustificada, o mau funcionamento do serviço, não atendendo às necessidades do consumidor, que é a hipótese da chamada *falta de serviço público*. Neste caso, e consoante o disposto no parágrafo único do art. 22 do CDC, as prestadoras de serviço serão compelidas a cumprir com as suas obrigações, sem prejuízo do dever de reparar os danos sofridos pelos consumidores, na forma como prevista no próprio diploma consumerista.[88]

De tudo o que se disse é possível concluir que, em uma situação de normalidade, é possível que o prestador de serviço público efetue o corte no fornecimento, caso haja o inadimplemento do consumidor. A dúvida, contudo, é se é possível o consumidor, caso demonstrado um impacto direto da pandemia do COVID-19 sobre a sua saúde financeira, pleitear a revisão do contrato, seja para reduzir o valor, seja para suspender os pagamentos.

A questão é verdadeiramente sensível. Mas, em que pese se esteja tratando de um serviço essencial, é preciso observar que o referido contrato está submetido a um regime especial, mediante remuneração pelo pagamento de tarifa, isto é, um preço público, ainda que se trate de um contrato de direito privado. Nos referidos contratos, o pagamento é feito a partir de medidas ou unidades de serviço prestados, como, por exemplo, *quilowatts* de energia e metros cúbicos de água. Com efeito, não parece legítima a interferência do Judiciário para, diante de um comprovado

---

87. Neste sentido se pacificou a jurisprudência do Superior Tribunal de Justiça, como é possível se inferir da seguinte ementa: PROCESSUAL CIVIL E ADMINISTRATIVO. ENERGIA ELÉTRICA. FORNECIMENTO. INTERRUPÇÃO POR RAZÕES DE ORDEM TÉCNICA. COMUNICAÇÃO POR ESTAÇÕES DE RÁDIO. AVISO PRÉVIO. EXIGÊNCIA LEGAL. ATENDIMENTO. 1. O Plenário do STJ decidiu que "aos recursos interpostos com fundamento no CPC/1973 (relativos a decisões publicadas até 17 de março de 2016) devem ser exigidos os requisitos de admissibilidade na forma nele prevista, com as interpretações dadas até então pela jurisprudência do Superior Tribunal de Justiça" (Enunciado Administrativo n. 2). 2. O Superior Tribunal de Justiça considera legítima a interrupção do fornecimento de energia elétrica por razões de ordem técnica, de segurança das instalações, ou ainda, em virtude do inadimplemento do usuário, quando houver o devido aviso prévio pela concessionária sobre o possível corte no fornecimento do serviço. 3. Caso em que a divulgação da suspensão do serviço por meio de três estações de rádio, dias antes da interrupção, satisfaz a exigência de "aviso prévio" encartado no art. 6º, § 3º, da Lei 8.987/1995 e, por conseguinte, desnatura a indenização por dano extrapatrimonial reconhecida no aresto recorrido. 4. Recurso especial provido. REsp 1270339 / SC. Relator Ministro Gurgel de Faria. Primeira Turma. DJe 17/02/2017.
88. No mesmo sentido, DENARI. Op. cit. p. 233.

consumo, revisar o contrato para alterar o valor da unidade de consumo, o qual é estabelecido por lei, como é o caso das contas de energia elétrica reguladas pelas Leis 8.631/1993 e 8.987/1995.

Do mesmo modo deve ser analisado o tema da suspensão dos pagamentos. Neste caso não se trata apenas de uma alteração judicial do valor da tarifa, mas de uma medida que pode gerar um desequilíbrio no sistema. A partir de uma análise econômica do Direito, importante instrumento de justiça social, é preciso verificar o impacto que uma decisão judicial pode produzir, não apenas na esfera das partes, mas também na coletividade, especialmente sob o aspecto econômico. A profusão de decisões que eventualmente autorizem a suspensão dos pagamentos por consumidores pode levar ao caos, inclusive com a possibilidade de insolvência das concessionárias.

Por essa razão, crê-se que somente por lei é possível alterar os referidos valores, impondo-se a fixação de novas tarifas, ou mesmo a suspensão dos pagamentos, sob pena de uma inequívoca interferência do Poder Judiciário, caracterizando uma violação à separação dos Poderes, cláusula pétrea da Constituição Federal, nos termos do seu art. 60, § 4º, III, exceto se demonstrada eventual inconstitucionalidade da lei que atribuiu os valores, o que não é a hipótese. Apenas o legislador é capaz de avaliar, a partir de uma visão macroeconômica e social, o impacto que essa modificação das tarifas ou suspensão dos pagamentos produz, de modo que não parece ser a melhor medida autorizar decisões revisionais que importem nessas medidas.

Cumpre observar que o Governo Federal, em 08 de abril de 2020, editou a Medida Provisória 950/2020 que, alterando a Lei 12.212/2010, a qual trata da tarifa social de energia elétrica, isentou os consumidores de baixa renda com consumo mensal de energia elétrica inferior ou igual a 220 kWh do pagamento das contas de luz no período de 1º de abril a 30 de junho de 2020.

Questão não menos polêmica diz respeito às mensalidades escolares e de universidades particulares, especialmente as primeiras. Do mesmo modo que os contratos de prestação de serviços públicos essenciais e continuados, a pandemia do COVID-19 afetou diretamente os contratos de prestação de serviço de ensino. Escolas e universidades, públicas e privadas, por força de atos normativos dos governos federais, estaduais e municipais, tiveram suas aulas presenciais suspensas, dado o risco de contágio pelo coronavírus.

No que tange às escolas e universidades públicas, problemas não há quanto ao equilíbrio econômico-financeiro dos contratos, devido à circunstância de inexistir um vínculo contratual. A questão tormentosa reside, pois, na rede de ensino privada, em que a atividade é remunerada pelo particular, fundada numa relação contratual. A grande questão posta, assim como no exemplo anterior, diz respeito à possibilidade, ou não, de revisão dos contratos visando a suspensão dos pagamentos ou a redução do valor.

Como não poderia ser diferente, a questão deve ser examinada casuisticamente. A pandemia trouxe uma inequívoca impossibilidade de pleno convívio social, impondo-se um regime de quarentena em que as pessoas não apenas não podem permanecer em ambientes com aglomeração, mas sequer podem sair livremente de seus lares e domicílios. Portanto, restou inviabilizada a manutenção da prestação de serviço de ensino no modelo presencial.

Diante disso, inúmeras instituições de ensino, devidamente autorizadas pelo Ministério da Educação – MEC,[89] migraram para o regime de ensino à distância – EaD, utilizando-se de ferramentas virtuais para a realização dos encontros, inclusive em tempo real. Em alguns casos, essa migração trouxe pequeno ou nenhum prejuízo aos alunos e professores, como no nos cursos com aulas essencialmente expositivas, como é o caso dos cursos de Direito. Nessas hipóteses, por certo, as bases do contrato não devem ser alteradas, na medida em que há a plena prestação de serviço por parte das instituições de ensino, devendo ser conservado o valor das mensalidades.

Por outro lado, inúmeros são os casos em que não houve essa migração, seja por conta da própria natureza do conteúdo das aulas, seja por uma incapacidade técnica e/ou econômica de alunos e professores. É o caso, por exemplo, das pré-escolas, cujas aulas exigem estímulos motores e outras atividades recreativas não passíveis de plena substituição pelos meios virtuais, ou mesmo das faculdades de medicina, odontologia, farmácia, química ou biologia, que reclamam atividades em laboratórios. Em tais situações, ou houve a total suspensão da prestação do serviço, ou esta ficou deficitária e aquém das estipulações contratuais.

Nesses casos, e à toda evidência, não é lícito impor ao consumidor os ônus do risco da atividade exercida em caráter privado pela instituição de ensino. A transferência desses riscos ao consumidor, fazendo-o suportar as despesas escolares, sem a devida contraprestação, para que o empresário não sofra prejuízos, contraria os ditames da ordem constitucional e consumerista. Nesses casos, o risco da atividade é do fornecedor, que não pode transferi-lo ao consumidor, havendo nesses casos uma inequívoca desproporção entre as prestações.

Como dito, se a escola ou a universidade interrompeu em absoluto as aulas, ou reduziu substancialmente a carga horária ao migrá-las para o modelo EaD, parece cristalino como a luz solar que se impõe a revisão do contrato, de modo que não parece adequada a manutenção da cobrança do valor integral das mensalidades. Desse modo, se as aulas foram absolutamente suspensas, em princípio os pagamentos também devem sê-lo, pois não é possível, no ambiente de um contrato bilateral e sinalagmático, impor a uma das partes o cumprimento da obrigação quando a outra não está cumprindo com a sua prestação contratualmente firmada.

---

89. Em 18 de março de 2020 foi publicada a Portaria 343/2020 do MEC, dispondo sobre a substituição, em caráter excepcional, das aulas presenciais por aulas em meios digitais enquanto durar a situação de pandemia pela COVID-19.

Diz-se "em princípio" porque a ordem constitucional também está pautada no princípio da solidariedade social. Em que pese, pela teoria da alocação dos riscos, a parte com maior capacidade econômica deva ser responsável pelos riscos do contrato, impõe-se, pela solidariedade social, uma distribuição desses riscos, o que, em uma relação de consumo, por certo não será igualitária. Particularmente nesse traumático momento de crise, impõe-se às partes do contrato um comportamento solidário, distribuindo-se os riscos na proporção da capacidade econômico-financeira de cada uma das partes.

Nessa esteira, competirá ao prestador de serviços suportar a maior parte dos riscos, mas não a sua totalidade. Isso porque, entender que uma das partes deve suportá-lo integralmente pode levar, no futuro, à própria impossibilidade de manutenção da relação. Se os pais tiverem que suportar a integralidade dos riscos, diante do cenário que se apresenta, é possível que posteriormente o consumidor não tenha mais capacidade alguma de manter os pagamentos e, consequentemente, será obrigado a retirar os filhos da escola. Do mesmo modo, entender que a escola deve suportar todos os riscos pode fazer com que, no futuro, não haja mais a instituição de ensino para que os filhos possam estudar. Não se pode, numa expressão coloquial, "matar a galinha dos ovos de ouro". Por essa razão, pelo princípio da solidariedade social, impõe-se uma distribuição dos riscos, os quais, contudo, devem ser assumidos em maior parte pelo prestador de serviço.

Disso se infere que não é possível sustentar a manutenção integral dos pagamentos da mensalidade. Note-se que o falso argumento de que as aulas serão futura e integralmente repostas não se sustenta diante da realidade, em que o período já transcorrido de suspensão impede, por óbvio, que estas sejam integralmente repostas durante o ano presente.

Portanto, como proposta de solução salomônica, entendemos que é possível, a depender do caso concreto, a suspensão da cobrança e, posteriormente, com a reposição das aulas – caso venha, de fato, a ocorrer –, cobra-se a integralidade das mensalidades nos meses em que o serviço será prestado; ou, e esta parece ser a medida mais adequada, aplica-se um desconto das mensalidades durante o período da crise, mesmo não havendo aulas (casos em que o desconto deverá ser substancial, a ponto de manter minimamente a existência da instituição de ensino no período da crise), devendo-se, contudo, manter o mesmo desconto até o final do ano letivo, caso retomadas as aulas, a fim de compensar o período em que houve a cobrança sem que se tivesse a prestação do serviço ou quando este foi prestado deficitariamente. Apenas assim se terá uma solução equilibrada, justa e solidária.

A título de exemplo, e tentando dar uma solução justa à questão, o Estado do Rio de Janeiro editou, em 03 de junho de 2020, a Lei nº 8.864, na qual se determinou a concessão de desconto nas mensalidades escolares da educação infantil à rede superior de ensino particular até durar o período de vigência do estado de calamidade declarado pela Lei Estadual nº 8.794/2020. Na referida lei, fixou-se uma "taxa de isenção de desconto", em que instituições de ensino cujas mensalidades sejam de até R$ 350,00 (trezentos e cinquenta reais) não são obrigadas a conceder desconto; no entanto, quando ultrapassado este montante, serão obrigadas a conferir um desconto de, no mínimo, 30% (trinta por cento) do valor das mensalidades naquilo que exceder a faixa de isenção.

Já em São Paulo, o Procon estadual, por meio de nota técnica divulgada em 07 de maio de 2020, determinou a concessão de desconto nas mensalidades escolares, bem como determinou a suspensão imediata da cobrança de quaisquer valores complementares aos da mensalidade escolar, tais como alimentação, atividades extracurriculares, academia e serviço de transporte, na medida em que, uma vez que tais serviços estavam absolutamente suspensos, não poderiam ser exigidos dos consumidores.

Por meio desses exemplos, e como já observado inúmeras vezes ao longo desta obra, a questão envolvendo a revisão contratual se aplica aos contratos bilaterais onerosos, com prestações recíprocas e economicamente equilibradas. Exigir do consumidor o prosseguimento do integral pagamento sem que haja nenhuma, ou reduzidíssima, prestação do serviço nem de longe se coaduna com o princípio da justiça contratual.

A hipótese, e aqui é preciso ressaltar ainda mais uma vez, é de uma relação de consumo, com uma parte inequivocamente vulnerável quando comparada à outra, e não uma relação paritária puramente civil ou interempresarial. Portanto, não pode o fornecedor pretender compartilhar com o consumidor a integralidade dos riscos da sua atividade, que por ele devem ser suportados. Note-se que, na hipótese de haver uma absoluta suspensão do serviços, ou quando este estiver sendo prestado de forma deficitária e aquém do que fora contratado, não pode o consumidor ser obrigado a arcar com os custos da atividade, se não há contraprestação, sob pena de se ter, inequivocamente, um enriquecimento sem causa.

Por essa razão, todas essas questões devem ser ponderadas, com equilíbrio e sobriedade, a fim de que o consumidor não seja abusivamente onerado, obrigando-o a todo custo manter a atividade do fornecedor, particularmente quando o serviço não é prestado ou não é a contento.

3.3.5.2 Os efeitos do COVID-19 sobre os contratos de empréstimo e financiamento (mútuo) bancário

Outra questão a merecer especial atenção diz respeito aos não menos importantes contratos bancários, e em particular os contratos de empréstimo e financiamento, cujo conteúdo econômico compõe o centro de interesses principal da relação.

Diante das já exaustivas consequências danosas da epidemia do COVID-19 sobre a saúde não apenas física, mas também econômica, da população, dúvida que exsurge é a da possibilidade ou não de revisão destes contratos, e mais particularmente, da modificação das "taxas" de juros e suspensão dos pagamentos das parcelas.

Antes, contudo, de ingressar na análise desta pantanosa questão, impõe-se tecer, ainda que brevemente, alguns comentários acerca dos juros nas operações bancárias.

A primeira regulamentação verdadeiramente nacional sobre juros no Brasil tem como marco o Código Beviláqua.[90] Sob forte influência do liberalismo, o Código conferia às partes uma ampla liberdade na fixação dos juros, os quais só teriam limitação se o contrato fosse omisso quanto à taxa aplicável à relação. Com essa estrutura, caso as partes não estipulassem a taxa dos juros moratórios, esta seria de 6% ao ano, como previam os arts. 1.062 e 1.063 do Código Civil de 1916.[91] Já quanto aos juros remuneratórios, previa o art. 1.262 do Código Civil que estes poderiam ser fixados abaixo ou acima da taxa legal[92] prevista no art. 1.063, mas caso não previstos contratualmente, deveriam ser limitados a ela.

O legislador, portanto, conferia uma ampla liberdade às partes, a qual só seria substituída pela taxa fixada na lei, de 6% ao ano, no caso de omissão do contrato. Essa liberdade, contudo, era apenas aparente. Isso porque os donos do capital, aproveitando-se da sua posição, exigiam dos consumidores juros extorsivos e usurários, colocando aqueles que necessitavam de recursos em posição de absoluta submissão.

Diante dessa triste realidade, e sensível aos abusos perpetrados pelo mercado, o então Presidente Getúlio Vargas, Chefe do Governo Provisório e com poderes de legislador, editou o Decreto 22.626/1933, com força de lei, que ficou conhecido como *Lei da Usura*.[93] O referido Decreto foi um verdadeiro marco no tocante à limitação dos juros no Brasil, estabelecendo um percentual máximo que serviu de parâmetro para diversas legislações subsequentes. Seu caráter marcante se revela logo no artigo inaugural, que prevê que "É vedado, e será punido nos termos desta lei, estipular em quaisquer contratos taxas de juros superiores ao dobro da taxa legal (Código Civil, art. 1.062)".[94]

---

90. A remuneração do capital já era admitida em nosso país em período anterior, mas por legislação não originariamente nacional, como nas Ordenações Filipinas, por exemplo.
91. Art. 1.062. A taxa dos juros moratórios, quando não convencionada (art. 1.262), será de seis por cento ao ano.
    Art. 1.063. Serão também de seis por cento ao ano os juros devidos por força de lei, ou quando as partes os convencionarem sem taxa estipulada.
92. Art. 1.262. É permitido, mas só por cláusula expressa, fixar juros ao empréstimo de dinheiro ou de outras coisas fungíveis. Esses juros podem fixar-se abaixo ou acima da taxa legal (art. 1.062), com ou sem capitalização.
93. Luiz Antonio Scavone Junior levantou outra importante questão que também levou à edição do referido Decreto. Segundo ele, "em virtude da crise econômica do café, sob o argumento de que a remuneração exacerbada do capital implicava em impedimento do desenvolvimento da produção e do emprego – o que é verdade –, contrariando os interesses do país, seguindo tendência das legislações alienígenas, que passavam a afastar o liberalismo econômico do século XIX, surgiu o Decreto 22.626, de 07.04.1933, também denominado 'Lei da Usura', que limitou os juros a 1% e vedou o anatocismo com periodicidade inferior à anual" (SCAVONE JUNIOR, Luiz Antonio. *Juros no direito brasileiro*. 5. ed. Rio de Janeiro: Forense, 2014. p. 40).
94. Decreto 22.626/1933. Art. 1º É vedado, e será punido nos termos desta lei, estipular em quaisquer contratos taxas de juros superiores ao dobro da taxa legal (Código Civil, art. 1.062). § 1º Essas taxas não excederão de 10% ao ano se os contratos forem garantidos com hipotecas urbanas, nem de 8% ao ano se as garantias forem de hipotecas rurais ou de penhores agrícolas. § 2º Não excederão igualmente de 6% ao ano os juros das obrigações expressa e declaradamente contraídas para financiamento de trabalhos agrícolas, ou para compra de maquinismos e de utensílios destinados à agricultura, qualquer que seja a modalidade da dívida, desde que tenham garantia real. § 3º A taxa de juros deve ser estipulada em escritura pública ou escrito particular, e não o sendo, entender-se-á que as partes acordaram nos juros de 6% ao ano, a contar da data da propositura da respectiva ação ou do protesto cambial."

Então, e por força de previsão expressa da lei, a taxa de juros no Brasil estava limitada em 12% ao ano, percentual que correspondia ao dobro da taxa legal de 6% prevista no art. 1.062 do Código Civil de 1916.

A referida limitação perdurou por mais de 40 anos, até o advento da Lei 4.595/1964, que regulamenta o Sistema Financeiro Nacional, recepcionada pela Constituição como lei complementar, por força de seu art. 192. A partir dela, a estipulação de limites às "taxas" de juros, particularmente no âmbito do sistema financeiro, passou a ficar a cargo do Conselho Monetário Nacional, na forma do seu art. 4º, IX. Este órgão, através do Banco Central do Brasil, editou em 1976 a Resolução 389, a qual previa em seu inciso I que às operações ativas dos bancos comerciais aplicar-se-ia a taxa do mercado. Assim, com a edição da norma regulamentadora, os juros seriam livremente fixados pelo mercado, não havendo limitação legal para a sua cobrança.

Assim, por meio da mencionada lei, e por força de resolução do Conselho Monetário Nacional, a limitação de juros prevista na Lei da Usura não mais se aplicava às instituições financeiras. Tal entendimento se reforçou com a edição, no ano de 1977, do enunciado 596 da súmula de jurisprudência do STF, cuja redação dispõe que "As disposições do Decreto 22.626/1933 não se aplicam às taxas de juros e aos outros encargos cobrados nas operações realizadas por instituições públicas ou privadas, que integram o Sistema Financeiro Nacional". Assim, segundo entendimento firmado pelo Supremo Tribunal Federal, não era possível submeter às instituições financeiras, em suas operações creditícias, os limites impostos pela Lei da Usura.

Deste modo, conjugando-se a legislação, as normas regulamentadoras desta e o Poder Judiciário, chegou-se à conclusão de que os juros remuneratórios, especialmente no âmbito das relações envolvendo instituições financeiras, não tinham limites para sua cobrança, sendo livremente fixados pelo mercado.

A situação permaneceu nestes termos até a promulgação da Constituição Federal de 1988. Esta, com um viés nitidamente protetivo, estruturando o Estado sob o pilar da dignidade da pessoa humana, estabeleceu no § 3º do seu art. 192 que as taxas de juros reais, nelas incluídas comissões e quaisquer outras remunerações direta e indiretamente referidas à concessão de crédito, não poderiam ser superiores a 12% ao ano. Então, com o advento da Constituição, viu-se ressurgir o limite de juros, cuja taxa não poderia ultrapassar 12% ao ano.

No entanto, a plena eficácia do dispositivo constitucional acabou por questionada. Isso porque, no dia seguinte à promulgação da Constituição, o então Presidente da República José Sarney, aprovou parecer encomendado à Consultoria Geral da República que afastava a aplicação plena e imediata do § 3º do art. 192 da própria Constituição. O Parecer SR-70, aprovado com caráter normativo por força do art. 22, § 2º e do art. 23 do Decreto 92.889/1986, concluiu pela não autoaplicabilidade do art. 192, § 3º da Constituição Federal, de modo que sua plena eficácia dependa da edição de lei.

Tal conclusão decorria da regra do art. 192, *caput*, da Constituição, segundo a qual o Sistema Financeiro Nacional deve ser regulado por lei complementar. Assim, em que pese o § 3º do art. 192 previsse expressamente que a taxa de juros reais era de 12% ao ano – norma, portanto, de eficácia plena –, concluiu-se no referido parecer que esta previsão não poderia se descolar da regra do *caput* que exige lei complementar para a regulamentação do SFN.

Mas, a atribuição de força normativa ao referido parecer abriu margem para a discussão de sua constitucionalidade. Tendo ele a natureza de ato normativo, acabou por ser atacado por uma das primeiras ações diretas de inconstitucionalidade propostas sob a égide da atual Constituição. Foi assim que no dia 12/10/1988, apenas 06 dias após a publicação do Parecer SR-70, e 05 dias após a sua publicação, atribuindo-lhe caráter normativo, o Partido Democrático Trabalhista – PDT ajuizou perante o Supremo Tribunal Federal a ADI 4.

A referida Ação Direta, após longa discussão, foi julgada, no dia 07/03/1991, improcedente por maioria de votos no Pleno do STF,[95] reconhecendo-se, assim, a constitucionalidade formal e material daquele Parecer e, consequentemente, a não autoaplicabilidade do § 3º do art. 192 da Constituição, de modo que se fazia necessária a previsão, em lei complementar, daquele limite de juros já expressamente previsto no texto constitucional.

Com isso, o debate acerca do limite de juros nas operações envolvendo instituições financeiras se enfraqueceu, e praticamente desapareceu com a edição da Emenda Constitucional 40/2003, que revogou o § 3º do art. 192 da Constituição, suprimindo a previsão constitucional da taxa de juros reais a 12% ao ano.

Ainda assim, mesmo posteriormente à revogação do texto da Lei Fundamental, o STF voltou a se manifestar sobre a matéria, desta vez editando o enunciado 648 de sua súmula de jurisprudência, datado de 13/10/2003, cuja redação dispõe que "A norma do § 3º do art. 192 da Constituição, revogada pela EC 40/03, que limitava a taxa de juros reais a 12% ao ano, tinha sua aplicabilidade condicionada à edição de Lei Complementar". A mesma redação foi repetida na súmula vinculante 7, editada em 20/06/2008, que resultou da conversão da súmula 648.

De tudo isso, é possível concluir que não se tem, hoje, um limite legal sobre a taxa de juros remuneratórios cobrados no âmbito do Sistema Financeiro Nacional e, particularmente, nas operações envolvendo instituições financeiras.

Sem prejuízo, a jurisprudência do Superior Tribunal de Justiça, por razões de justiça social, tem caminhado no sentido de estabelecer um limite de juros às referidas operações, o qual, por certo, não pode ser um percentual predeterminado, ante a ausência de previsão legal. Este limite, em verdade, deve ser aferido concretamente, em cada caso, e leva em consideração a prática do mercado, de modo que se firmou, na Corte Superior,

---
95. Ver ADI 4/DF. Rel. Min. Sydney Sanches. Tribunal Pleno. *DJ* 25.06.1993.

o entendimento de que os juros remuneratórios praticados pelas instituições financeiras estão limitados à taxa média do mercado.[96]

Estabelecidas essas importantes premissas, impõe-se examinar a questão da possibilidade, ou não, de revisão dos contratos bancários, particularmente no tocante a eventual redução dos juros ou suspensão dos pagamentos das parcelas de empréstimos e financiamentos bancários.

Sobre esse aspecto, é preciso destacar, desde logo, que não há dúvidas do impacto da pandemia sobre as relações bancárias, dada a crise econômica que já se instalou no país por conta do COVID-19. Por essa razão, parece inequívoco que se tem um fato superveniente que interfere nos contratos celebrados entre consumidores e instituições financeiras.

Desse modo, e como explicitado anteriormente, o legislador, atento às particularidades das relações de consumo, que se caracterizam pela vulnerabilidade de uma das partes, previu no § 1º do art. 7º do Projeto de Lei nº 1.179/2020, que as circunstâncias previstas no *caput* do próprio dispositivo, que impedem a revisão dos contratos naquelas hipóteses expressamente nele previstas, não afastam a aplicação das regras dispostas no Código de Defesa do Consumidor que a autorizam.

Assim, e também como já dito, é plenamente aplicável às relações entre consumidores e instituições financeiras o disposto no art. 6º, V, do CDC, o qual prevê como direito básico do consumidor a revisão dos contratos por fatos supervenientes que tornem excessivamente onerosas as obrigações contratuais, podendo-se abranger o aumento da inflação, a variação cambial e a desvalorização ou substituição do padrão monetário, cuja vedação prevista no art. 7º do Projeto de Lei nº 1.179/2020 não se aplica às relações de consumo.

Com efeito, em se tratando de relação de consumo, tais eventos enumerados no art. 7º do Projeto de Lei nº 1.179/2020 também podem autorizar a revisão contratual, tutelando-se, desta forma, e de modo pleno, a parte mais vulnerável da relação, inclusi-

---

96. Nesse sentido ver, exemplificativamente, o enunciado 530 da súmula de jurisprudência do STJ, cuja redação dispõe que "Nos contratos bancários, na impossibilidade de comprovar a taxa de juros efetivamente contratada – por ausência de pactuação ou pela falta de juntada do instrumento aos autos –, aplica-se a taxa média de mercado, divulgada pelo Bacen, praticada nas operações da mesma espécie, salvo se a taxa cobrada for mais vantajosa para o devedor", bem como o Recurso Especial Repetitivo 1.112.880/PR. Relatora Ministra Nancy Andrighi. Segunda Seção. DJe 19.05.2010. E, mais recentemente, o AgInt no AREsp 1.591.428/RS. Relator Ministro Marco Aurélio Bellizze. Terceira Turma. DJe 06/04/2020. Ementa: AGRAVO INTERNO NO AGRAVO EM RECURSO ESPECIAL. CONTRATO BANCÁRIO. TAXA DE JUROS REMUNERATÓRIOS. REVISÃO. SITUAÇÃO EXCEPCIONAL VERIFICADA NO CASO CONCRETO. POSSIBILIDADE. SÚMULA 83/STJ. ABUSIVIDADE CONSTATADA. REEXAME. SÚMULAS 5 E 7/STJ. AGRAVO INTERNO DESPROVIDO. 1. Nos termos da jurisprudência firmada no Superior Tribunal de Justiça, a taxa de juros remuneratórios que exceda a 12% ao ano, por si só, não caracteriza abusividade, a qual, por sua vez, só se evidencia quando discrepante da média de mercado estabelecida pelo Banco Central, impondo-se a análise da ilegalidade em cada caso concreto. Súmula 83/STJ. 2. No caso em exame, ficou assentado pelo acórdão recorrido que taxa de juros acordada no contrato celebrado entre as partes mostrou-se abusiva, conclusão que não pode ser alterada por este Tribunal de Uniformização, ante a necessidade de revolvimento de fatos e provas, bem como das disposições contratuais, o que é vedado pelas Súmulas 5 e 7/STJ. 3. Agravo interno desprovido.

ve nos contratos de financiamento bancário. Tal solução trazida pelo legislador parece acertada, na medida em que o estado de calamidade instalado pós-pandemia pode acarretar, inequivocamente, uma alteração substancial nas bases econômicas dos contratos bancários, em especial os de empréstimo e financiamento bancário. O veto presidencial ao art. 7º do PL, não interfere no entendimento acima exposto, pois continua aplicável o regime permanente constante do CDC a esse respeito.

Veja-se, como exemplo, o também regime excepcional trazido pela MP 936/2020 sobre os contratos de trabalho, a qual admite, em seu art. 3º, III, a suspensão temporária do contrato de trabalho, que assegura, nos termos do art. 5º, II, da referida Medida Provisória, a percepção, pelo empregado, do Benefício Emergencial de Preservação do Emprego e da Renda, que terá como base de cálculo o valor do seguro-desemprego a que ele faria jus em caso de dispensa (art. 6º da MP 936/2020), podendo ser limitado até 70% deste montante.

Em casos tais, assim como em outras hipóteses, como as de empresários que se viram obrigados a encerrar suas atividades, dada a edição de atos normativos estaduais e municipais determinando o fechamento de lojas de rua e de *shoppings*, a parte contratante sofrerá um inequívoco abalo em sua renda, por força de um evento que se caracteriza inequivocamente como de caso fortuito ou de força maior, cujos efeitos são impossíveis de ser impedidos.

Trata-se, por certo, de um fato extraordinário que poderá levar à uma insuportabilidade das prestações, impondo-se, consequentemente, uma revisão, ainda que transitória, do contrato, como, por exemplo, a redução momentânea das "taxas" de juros e de outros encargos, sem prejuízo da possibilidade de isenção do pagamento de multas, juros moratórios e correção monetária no caso de não pagamento das parcelas.

Sobre este último aspecto, é importante destacar que o evento fortuito ou de força maior não levará, propriamente, à suspensão da exigibilidade do pagamento da obrigação. Em verdade, e nos termos do art. 393 do Código Civil, poderá o devedor, caso demonstrado o nexo de causalidade entre a pandemia e o não pagamento das parcelas do empréstimo ou financiamento, isentar-se do pagamento dos consectários da mora e de eventuais perdas e danos sofridos pelo credor.

Então, o que se percebe é que o COVID-19 poderá levar à necessidade de revisão contratual, em favor do consumidor cuja situação econômico-patrimonial tenha sido profundamente alterada pelo estado de crise, a fim de restabelecer o equilíbrio contratual, sem prejuízo de, ainda que não revisto o contrato, poder isentar-se do pagamento dos consectários da mora, caso não possa pagar as parcelas em seu vencimento.

Outro meio revisional a ser empregado, caso a situação concreta assim exija, é a suspensão do vencimento das parcelas, a fim de impedir a mora e a incidência dos seus consectários. Trata-se, por certo, de uma medida extremada, a qual deverá levar, necessariamente, uma prorrogação do contrato pelo período da suspensão, tendo em vista que a medida tem como propósito não isentar o consumidor de pagamento, mas impedir que ele seja constituído em mora e, posteriormente, ser obrigado a pagar as parcelas em atraso conjuntamente com as vincendas, o que se tornaria também excessivamente oneroso.

Sem prejuízo, pensa-se, ainda, que durante o período da pandemia, e diante da excepcionalidade da situação, caso comprovada a impossibilidade de pagamento das parcelas em decorrência do COVID-19, não deverá ser admitida a adoção das medidas drásticas que levem à rescisão contratual e retomada de bens, como nos casos de contratos de alienação fiduciária de bens móveis e imóveis, regidos, respectivamente, pelos arts. 2º e 3º do Decreto-lei 911/1969 e pelo art. 26 da Lei 9.514/1997.

A proibição da adoção dessas medidas, em que pese não prevista na lei emergencial, visa atender os princípios mais comezinhos não só da ordem econômica, mas também social. Parece não haver dúvidas de que, no âmbito da intervenção estatal, plenamente admitida nos contratos, e visando o cumprimento da justiça social e contratual, asseguradas nos arts. 3º, I e 170, *caput*, da Constituição Federal, deve o magistrado adotar todas as medidas necessárias visando não apenas a revisão equânime do contrato, mas também a sua preservação.

A omissão legislativa no sentido de não proibir, e também não autorizar, a referida medida revisional, não significa uma proibição à adoção das regras já previstas no ordenamento para tal, como ressaltado na exposição de motivos do Projeto de Lei 1.179/2020, convertido na Lei nº 14.010/2020. Assim, autoriza-se que cada julgador, no caso concreto, avalie a situação e, demonstrado que a mora decorreu, inequivocamente, de uma impossibilidade financeira ocasionada pela pandemia, obste a adoção dessas medidas drásticas, cujas consequências não decorreram de uma conduta culposa do devedor, de modo que não lhe pode ser imputada nenhuma responsabilidade.

3.3.5.3 Suspensão do direito de arrependimento nas aquisições de bens com entrega domiciliar (delivery)

Ainda no âmbito dos impactos do COVID-19 sobre as relações de consumo, outro ponto que mereceu regulação da legislação transitória é aquele que diz respeito ao direito de arrependimento previsto no art. 49 do diploma consumerista.

A lei de consumo, em seu art. 49, traz importante ferramenta de proteção dos consumidores nos casos de aquisição de produtos e serviços à distância, isto é, quando não estiverem em contato físico e direto com o bem objeto da compra. Nestes casos, tem o consumidor o direito de se arrepender da contratação, no prazo de 07 (sete) dias a contar do recebimento do produto ou da prestação do serviço, devolvendo o bem ao fornecedor e recebendo, em contrapartida, o valor pago de volta.

O propósito da norma é, por certo, proteger o consumidor de publicidades enganosas ou abusivas, que são aquelas que induzem o consumidor a erro, fazendo-o adquirir produto ou serviço que não quer, que não precisa, que não tem as qualidades, características e funcionalidades propagandeadas, ou mesmo que exponham o consumidor a risco.

Assim, por estar o consumidor fisicamente distante do bem, não consegue avaliar adequadamente todos esses aspectos, sujeitando-se a uma compra que, verdadeiramente, não desejava, daí porque se mostra relevante conferir ao adquirente, nessas hipóteses, o direito de arrependimento mediante o recebimento, de volta, do valor pago.

Não obstante, durante o período da pandemia, este direito sofrerá restrições, isso porque, segundo o disposto no art. 8º da Lei nº 14.010/2020, fica suspenso, até 30.10.2020, o exercício do direito de arrependimento nos casos de entrega domiciliar (*delivery*) de produtos perecíveis ou de consumo imediato e medicamentos.

A referida disposição é lógica, e também já merecia reflexão mesmo fora do período de pandemia. Inicialmente, é preciso deixar claro que o direito de arrependimento não foi suprimido ou suspenso durante o período de grande propagação e contágio do vírus. O direito do consumidor subsiste, apenas ficando restrito o seu exercício nas hipóteses excepcionalmente previstas na lei transitória, isto é, apenas nos casos de entrega domiciliar de bens perecíveis de consumo imediato e medicamentos. Nos demais casos de compras à distância, aplica-se plenamente o disposto no CDC.

Justifica-se a limitação imposta na Lei nº 14.010/2020 pela própria natureza dos bens enumerados em seu art. 8º. A toda evidência quis o legislador tratar dos gêneros alimentícios, particularmente aqueles para consumo imediato, como refeições e lanches adquiridos à distância por telefone, *internet* ou aplicativos eletrônicos, e dos medicamentos, os quais, por certo, não podem ser consumidos por terceiros após a devolução.

A norma do art. 49 do CDC tem como propósito a tutela do consumidor, mas sem descuidar do equilíbrio da relação, na medida em que possibilita ao fornecedor, ao receber o produto de volta, recolocá-lo na cadeia de consumo. No caso dos bens perecíveis e de consumo imediato, bem como dos medicamentos, após serem experimentados pelo consumidor, ou terem suas embalagens violadas, não podem ser reaproveitados, levando ao seu perecimento, tanto fático, quanto jurídico. Portanto, mesmo fora do período da pandemia, o exercício do direito de arrependimento, nessas hipóteses particulares, merece reflexão, não sendo cabível de modo absoluto e irrestrito.

Mas, durante a pandemia é ainda mais justificável a disposição. Isso porque inúmeros comerciantes vêm sendo obrigados a limitar suas atividades à entrega em domicílio, dada a profusão de leis, medidas provisórias e decretos que têm imposto a proibição da presença física dos consumidores nos salões de restaurantes e lanchonetes. Assim, como medida de sobrevivência do próprio negócio, a única fonte de receita desses fornecedores é a entrega dos bens no domicílio do consumidor.

Desse modo, autorizar que o consumidor, após experimentar ou consumir o alimento, possa se arrepender e devolver a coisa, além de uma possível violação à boa-fé (como no caso de não existir qualquer irregularidade com a coisa adquirida), também poderá trazer consequências econômicas drásticas para os comerciantes.

Por essa razão, recomenda-se que, diante de alguma situação peculiar, como a má-qualidade do produto, devam as partes tentar uma negociação, como, por exemplo, a troca por outro alimento, e não o exercício unilateral do direito potestativo de arrependimento.

Como se verifica, são várias as questões relevantíssimas envolvendo as obrigações, os contratos e as relações de consumo neste período emergencial e transitório, daí ser adequada a normatização de algumas condutas para serem analisadas sob o regime excepcional, mas com base na justiça social e na segurança jurídica.

4
MEDIDAS EXCEPCIONAIS SOBRE OS DIREITOS REAIS

Os efeitos da pandemia no ano de 2020 se espraiam também por institutos da mais alta importância no segmento do Direito das Coisas. Durante o período coberto pelas medidas implementadas pelas autoridades públicas referente ao isolamento social, à quarentena, entre outras, – com vistas à tentativa de conter a disseminação do COVID-19 –, há aspectos referentes a alguns institutos do Direito das Coisas que merecem consideração.

A Lei nº 14.010/20 busca introduzir normas transitórias e emergenciais relativamente ao sistema jurídico de Direito Privado mais relacionado ao segmento do Direito das Coisas. Tal como o fez relativamente ao regime jurídico da prescrição e da decadência, a Lei nº 14.010/20 prevê uma causa temporária de suspensão do prazo para aquisição de direito real na modalidade da usucapião. Além disso, haverá a prorrogação excepcional e automática do mandato do síndico nos condomínios edilícios e de inovação temporária quanto à realização das assembleias condominais, com o reforço do dever do síndico na prestação das contas. Houve veto presidencial a respeito da regra que previa a atribuição de poderes emergenciais e transitórios ao síndico durante o período da pandemia o que, no entanto, não desnatura a essência das medidas emergenciais no meio condominial que podem vir a ser adotadas.

A introdução de regras emergenciais e temporárias em tema de direitos reais tem fundamento inequívoco na excepcionalidade do contexto atual decorrente do COVID-19, associada às medidas adotadas pelas autoridades públicas no sentido da contenção da propagação da doença no meio populacional. Como há atos do Poder Público que restringem, limitam ou, em alguns casos, até proíbem a locomoção das pessoas, a realização de reuniões presenciais (para evitar aglomeração de pessoas), o deslocamento para outros locais fora dos limites territoriais dos municípios, por exemplo, nada mais razoável do que considerar que, por fato alheio à vontade da pessoa, ela não possa adotar certos comportamentos que, exemplificativamente, impediriam a consumação do prazo legal para a usucapião em favor do possuidor de determinado imóvel.

A Lei 13.979/20, ao tratar das medidas adotadas pelo Poder Público para o fim de combater à pandemia do COVID-19, claramente refere-se à necessidade de que elas sejam limitadas no tempo e no espaço ao "mínimo indispensável à promoção e preservação da saúde pública", sem que possam representar violação à dignidade, aos direitos humanos e às liberdades fundamentais da pessoa (art. 3º, §§ 1º e 2º, III).

Logo, as medidas decorrentes do combate à COVID-19 revelaram situações atípicas e excepcionais que somente em razão de regras temporárias e extravagantes poderão ser reguladas no âmbito do Direito das Coisas.

4.1 NOVA MODALIDADE DE CAUSAS DE IMPEDIMENTO E DE SUSPENSÃO DOS PRAZOS DE USUCAPIÃO

No âmbito dos modos de aquisição da propriedade mobiliária ou imobiliária, no Direito brasileiro, a usucapião é aquele que mais propriamente associa o fenômeno possessório a determinados outros pressupostos – tais como o fator do tempo – para gerar o fenômeno jurídico do surgimento do direito real de propriedade ou de um direito real sobre coisa alheia. A usucapião permite que certa situação de fato – a posse –, não molestada e sem oposição, e que tenha se prolongado por certo período de tempo previsto em lei, além de outros elementos, possa ser convertida em uma situação jurídica mais qualificada consistente num direito real – de propriedade ou direito real sobre coisa alheia[1].

A usucapião, como modo de aquisição da propriedade em favor do então possuidor do bem, é o instituto que mais evidencia a função social do fenômeno possessório. E, por isso, a usucapião não deixa de consistir numa espécie de sanção à inércia do proprietário registral do bem, razão pela qual tal inércia associada à existência de posse qualificada do bem por outra pessoa fazem da usucapião uma condição resolutiva em sentido amplo da propriedade anteriormente existente[2].

Há consenso doutrinário no sentido de que a usucapião se fundamenta na circunstância de atribuir segurança jurídica e estabilidade à posição do possuidor que, ao proporcionar o aproveitamento econômico e social do bem, concretiza a função social da posse[3].

A Lei nº 14.010/2020 prevê a suspensão dos prazos para aquisição da propriedade imobiliária ou mobiliária desde o início da vigência da lei (em sendo aprovado e sancionado o PL) até 30.10.2020 (art. 10), data provável de cessação dos efeitos decorrentes das restrições ou proibições que foram impostas em decorrência do COVID-19. O legislador excepcional, a respeito deste tema, pretende seguir a mesma lógica ínsita à regra do art. 1.244, do Código Civil, que estende ao possuidor, no que couber, as causas de impedimento, suspensão ou interrupção do prazo de prescrição para as hipóteses de prescrição. Na estrutura normativa do Código Civil, por exemplo, não corre prazo para fins de usucapião entre ascendente e descendente durante o poder familiar (CC, art. 1.244, c.c. art. 197, II), tal como não corre prazo de prescrição entre eles em matéria obrigacional.

---

1. GAMA, Guilherme Calmon Nogueira da. *Direitos Reais*. São Paulo: Ed. Atlas, 2011, p. 317.
2. FACHIN, Luiz Edson. *A função social da posse e a propriedade contemporânea*. Porto Alegre: SAFabris, 1988, p. 36.
3. GOMES, Orlando. *Direitos reais*. 19. Ed. Forense: Rio de Janeiro, 2008, p. 187.

Afastada a noção de que a usucapião seria espécie de prescrição (a denominada "prescrição aquisitiva"), na crítica de Orlando Gomes[4], certo é que a usucapião se fundamenta, entre outros aspectos, no cumprimento da função social da posse e, simultaneamente, no não cumprimento da função social da propriedade, no contexto de normalidade social e institucional da vida comunitária. Os institutos da usucapião e da prescrição não têm "nexo causal", eis que pode ter ocorrido a prescrição referente à pretensão para ajuizamento da ação reivindicatória, e ainda não ter se operado a aquisição da propriedade pelo possuidor[5]. Contudo, em período de crise sistêmica – como aquela que mundialmente tem atingido a maior parte dos países no planeta –, não seria exigível do proprietário do bem (imóvel ou móvel) que ele pudesse agir para evitar a consumação do prazo de usucapião pelo possuidor, exatamente por circunstâncias alheias à sua vontade. A despeito das diferenças entre a prescrição e a usucapião, é reconhecido um nexo normativo entre elas em razão de serem consideradas institutos que associam a ideia da inércia do devedor (ou do proprietário registral) a um fator temporal e, uma vez observada a compatibilidade das disposições normativas, são aplicáveis as causas obstativas (ou impeditivas), suspensivas e interruptivas de contagem de prazo[6]. Ambas – a prescrição e a usucapião – decorrem da influência do tempo nas relações e situações jurídicas em geral[7].

Logo, o art. 10 da Lei nº 14.010/2020 objetiva criar mais uma causa de suspensão do curso do prazo para consumação da usucapião, além daquelas tratadas no Código Civil (arts. 1.244, c.c. arts. 197 a 204), mas que somente terá vigência até 30.10.2020, ou seja, durante o período relativo aos efeitos do COVID-19 na vida, na saúde e na liberdade de locomoção das pessoas.

Algumas observações devem ser feitas à luz da redação do art. 10, da Lei nº 14.010/2020. A primeira diz respeito à circunstância de o dispositivo apenas se referir à suspensão dos prazos de usucapião. Ao cotejar os arts. 3º e 10, da Lei nº 14.010/2020, percebe-se que o tratamento emergencial sobre a prescrição poderá abranger também a criação de causa que impeça ou obstaculize o início da contagem do prazo prescricional, o que não se verificou no que tange ao prazo de usucapião.

É perfeitamente possível que alguém, observando que não há qualquer movimentação no terreno cercado, por exemplo, neste período de calamidade pública, venha a iniciar uma ocupação no imóvel e, para tanto, não há como se admitir o início da contagem de prazo para fins de usucapião, em qualquer uma de suas modalidades, exatamente por impossibilidade material e jurídica quanto à pessoa do proprietário do imóvel agir para evitar tal ocupação.

---

4. GOMES, Orlando. *Direitos reais, op. cit.*, p. 185.
5. PENTEADO, Luciano de Camargo. *Direito das Coisas*. São Paulo: Ed. RT, 2008, p. 276.
6. BENACCHIO, Marcelo. Comentários ao art. 1.244. In: NANNI, Giovanni Ettore (Coord.). *Comentários ao Código Civil*: Direito Privado contemporâneo. São Paulo: Saraiva, 2019, p. 1.631.
7. MELO, Marco Aurélio Bezerra de. *Direito Civil*: Coisas. 2. ed. Rio de Janeiro: Forense, 2017, p. 122.

Assim, deve-se interpretar o art. 10, da Lei nº 14.010/2020, no sentido de também considerar o período de vigência da lei como período que impede o início de contagem de prazo para fins de usucapião, em qualquer uma das suas modalidades, inclusive no que tange à usucapião familiar (CC, art. 1.240-A). Cuida-se de empregar a interpretação ampliativa da regra projetada, pois o legislador "disse menos do que queria", cabendo ao intérprete realizar a correta interpretação da norma de modo a buscar o real fundamento da norma transitória e, assim, considerar abrangida pela regra do art. 10, mais uma hipótese de impedimento do início de contagem do prazo de usucapião.

Outra observação diz respeito à restrição da incidência da norma temporária apenas à usucapião como modo de aquisição de propriedade (imóvel ou móvel), pois é admissível a usucapião ser modo de aquisição de outros direitos reais, além da propriedade, tal como ocorre nos direitos reais de servidão (CC, art. 1.379), de usufruto[8], de superfície[9], de laje[10], entre outros. Há motivos para tratar diferentemente a propriedade dos outros direitos reais no período de crise social, institucional e econômica decorrente da COVID-19? A resposta é negativa, eis que as mesmas restrições e proibições decorrentes da pandemia e das medidas adotadas pelo Poder Público se aplicam ao possuidor que poderia vir a adquirir a propriedade (baseada na noção do *animus domini*) ou a adquirir outro direito real suscetível de ser adquirido através da usucapião. Ou seja: o proprietário não teria mecanismos para evitar a consumação do prazo de usucapião (tanto no que tange à aquisição da propriedade, quanto no referente à aquisição de outro direito real). Logo, também neste ponto deve ser empregada a interpretação ampliativa para considerar que o art. 10, da Lei nº 14.010/2020, se estenderá para outros direitos reais passíveis de aquisição pela usucapião, além do direito real de propriedade.

A legislação civil permanente já prevê a não contagem do prazo de prescrição "contra os que se acharem servindo nas Forças Armadas, em tempo de guerra" (CC, art. 198, III), o que já poderia ser considerado em situações de calamidade pública mundial e nacionalmente reconhecida como a pandemia para as pessoas que estiverem envolvidas nas ações e atividades de combate direto à pandemia, tais como os profissionais da saúde, por exemplo, independentemente da previsão expressa em lei. A *ratio legis* da norma envolve a ausência de condições materiais da pessoa envolvida diretamente na situação de excepcionalidade quanto à sua atuação para proteger suas posições jurídicas ativas. Desse modo, o mesmo raciocínio se aplica à não contagem do prazo de usucapião contra pessoa diretamente envolvida com as ações de combate à pandemia no período oficialmente reconhecido como sendo da pandemia do COVID-19.

---

8. GAMA, Guilherme Calmon Nogueira da. *Direitos reais, op. cit.*, p. 542.
9. GAMA, Guilherme Calmon Nogueira da. *Direitos reais, op. cit.*, p. 509.
10. CJF, VIII Jornada de Direito Civil, Enunciado n. 627: "O direito real de laje é passível de usucapião".

4.2 PODERES ATRIBUÍDOS AOS SÍNDICOS NOS CONDOMÍNIOS EDILÍCIOS

O condomínio edilício (ou condomínio especial, relativo ou em edificações) é instituto característico dos centros urbanos – ainda que de modo não exclusivo – devido à expansão dos fenômenos do êxodo rural e da concentração urbana, cuidando-se de figura que mescla traços da propriedade individual e do condomínio. Com o desenvolvimento da indústria da construção civil, houve a preocupação de o Direito estabelecer normas mais adequadas quanto ao regime jurídico aplicável à tal realidade cada vez mais frequente nos centros urbanos. No Brasil tal movimento foi observado com a edição da Lei 4.591/64, destinada a tratar sobre os condomínios edilícios e as incorporações imobiliárias. Mais recentemente observa-se o aumento das hipóteses de situações condominiais concebidas a partir da estruturação jurídica em razão da autonomia privada, daí os casos de certos tipos de *shopping centers*, clubes de campo, cemitérios privados e alguns tipos de multipropriedade imobiliária (CC, arts. 1.358-B a 1.358-U, incluídos pela Lei 13.777/18).

As questões referentes ao condomínio edilício acentuam, ainda mais, os conflitos de vizinhança, regulados ainda na época de vigência do Código Civil de 1916 há muito tempo antes de toda preocupação da existência de um marco normativo sobre a figura do condomínio edilício. O condomínio edilício representa gênero novo – distinto da propriedade exclusiva e do condomínio ordinário –, eis que o solo é acessório da unidade (apartamento, sala comercial, consultório, casa), havendo uma vinculação de tal modo que o primeiro sirva à segunda quanto à destinação ao uso perpétuo da coisa objeto de propriedade exclusiva – a unidade[11]. Logo, ao vender o apartamento (unidade exclusiva), o seu titular também aliena a fração ideal sobre o terreno e sobre as partes comuns do condomínio edilício (Lei 4.591/64, art. 3º; CC, art. 1.331, § 2º).

A autodeterminação individual – como consectário do direito à liberdade – é limitada em uma série de situações jurídicas, inclusive no âmbito do condomínio edilício. Assim, por exemplo, a pessoa que opte por residir em apartamento no meio condominial edilício, espontaneamente se submete às normas da convenção condominial aprovada, "devendo sempre agir dentro dos limites dos seus direitos, tendo uma atuação refletida, que leve em consideração os interesses dos demais moradores e do condomínio, prevenindo a indesejável quebra da harmonia naquele agrupamento"[12].

A imposição da obrigatoriedade da aprovação da convenção condominial no condomínio edilício desde a edição da Lei 4.591/64 se baseou na necessidade de que os comandos normativos contidos no ato-regra do meio condominial fossem aplicáveis não apenas em relação aos condôminos que participaram da elaboração e da aprovação do texto convencional, mas também aos futuros condôminos, seus familiares, moradores a qualquer título, empregados e visitantes.

---

11. GAMA, Guilherme Calmon Nogueira da. *Direitos reais, op. cit.*, p. 399.
12. SALOMÃO, Luis Felipe. *Direito Privado: teoria e prática*, 2. ed. Rio de Janeiro: Forense, 2014, p. 494.

A convenção tem o propósito de, com o auxílio de técnicas negociais, completar a organização e a administração do condomínio edilício, detalhando alguns preceitos que a lei não teria condições de fazê-lo para não ser casuística. A convenção se fundamenta na autonomia privada coletiva dos condôminos[13], mas há previsão sobre conteúdo indispensável que o texto convencional deve conter (CC, arts. 1.332 e 1.334), tratando-se de autêntico ato-regra[14]. As normas contidas na convenção se tornam regras de direito, ou seja, são dotadas de oponibilidade em relação a todas as pessoas envolvidas no meio condominial, impondo o emprego de certas condutas (comissivas ou omissivas). A lei brasileira exige o registro da convenção no Cartório de Registro de Imóveis (Lei 4.591/64, art. 9º, § 1º; CC, art. 1.333, parágrafo único), mas mesmo não registrada ela é eficaz para regular as relações entre os condôminos (STJ, Súmula 260).

A convivência pacífica e harmônica entre os condôminos pressupõe "acentuado espírito de cooperação, solidariedade, mútuo respeito e tolerância"[15], que devem cumprir as normas internas do condomínio edilício, bem como os moradores a qualquer título, visitantes e empregados se submetem também a tais normas.

A Lei nº 14.010/20, nos arts. 12 e 13, visa instituir medidas de caráter emergencial e transitório para reger o meio condominial edilício em virtude dos efeitos do COVID-19. Houve, no PL nº 1.179/20, a previsão da atribuição de mais poderes ao síndico do condomínio (art. 11), o que foi vetado pelo Presidente da República. Devido ao receio com a disseminação do COVID-19 no país, "particulares principiaram por imaginar impor a iguais restrições de circulação, limitações ao exercício de atividades alheias (comerciais ou não), ou impedimentos de ações associativas"[16]. Devido ao convívio no meio condominial de apartamentos, salas comerciais, casas, ou mesmo simplesmente pelo fato da vizinhança, passou-se por exemplo a se discutir sobre "a viabilidade de iniciativa coletiva (ou seja, do condomínio), privadamente, para impor a descontinuidade de obras residenciais, restrições de ingresso, circulação e utilização de áreas comuns ou privativas, a realização válida de assembleias condominiais não presenciais etc."[17]

O condomínio edilício exige a presença de uma estrutura administrativa que possibilite o seu funcionamento de modo a harmonizar e conciliar os interesses comuns com os interesses particulares de cada um dos condôminos, de modo a propiciar uma convivência saudável e pacífica entre todos. O condomínio é formado por "três estruturas de poder, análogas às estruturas com que se divide o poder na sociedade civil"[18]: a) o síndico; b) a assembleia geral; c) o conselho fiscal. Por isso, a Lei 4.591/64 e o Código

---

13. BENACCHIO, Marcelo. Comentários ao art. 1.334. In: NANNI, Giovanni Ettore (Coord.). *Comentários ao Código Civil*: Direito Privado contemporâneo. São Paulo: Saraiva, 2019, p.
14. MELO, Marco Aurélio Bezerra de. *Direito Civil...*, op. cit., p. 247.
15. SALOMÃO, Luis Felipe. *Direito Privado*, op. cit., p. 496.
16. BAHIA, Saulo José Casali. Pandemia, relações privadas e eficácia horizontal dos direitos fundamentais: o caso dos condomínios edilícios. In: BAHIA, Saulo José Casali (org.). *Direitos e deveres fundamentais em tempos de coronavírus*. São Paulo: Editora Iasp, 2020, p. 258.
17. BAHIA, Saulo José Casali. Pandemia, relações privadas, ..., op. cit., p. 258.
18. PENTEADO, Luciano de Camargo. *Direito das Coisas*, op. cit., p. 385.

Civil instituíram mecanismos e órgãos condominiais voltados ao desenvolvimento das relações, com a administração e gestão do condomínio. Destacam-se a assembleia geral, o síndico e o conselho fiscal do condomínio que são órgãos semelhantes às estruturas consolidadas quanto à divisão do poder político no Estado brasileiro. Assim, o síndico exerce funções executivas, promovendo as medidas necessárias ao cumprimento das deliberações das assembleias e exercendo a administração ordinária no meio condominial. A assembleia tem o propósito de concentrar as deliberações mais importantes sobre o meio condominial, com reuniões periódicas. Finalmente, o conselho fiscal apura a regularidade da administração exercida pelo síndico, especialmente sob a perspectiva econômica e financeira.

Devido à crise decorrente da pandemia do COVID-19, o PL nº 1.179/20 havia previsto que até 30.10.2020 ao síndico poderiam ser atribuídos os poderes de "restringir a utilização das áreas comuns para evitar a contaminação do Coronavírus (Covid-19)" e de "restringir ou proibir a realização de reuniões, festividades, uso dos abrigos de veículos por terceiros, inclusive nas áreas de propriedade exclusiva dos condôminos" (PL nº 1.179/20, art. 11), sem prejuízo dos poderes já conferidos pelo Código Civil (art. 1.348). Tal regra foi vetada pelo Presidente da República sob a justificativa de que qualquer restrição no meio condominial deva ser deliberada em assembleia. Contudo, a despeito do veto presidencial, deve-se considerar o preceito normativo contido no art. 11, do PL nº 1.179/20, perfeitamente aplicável no momento atual que é transitório e excepcional.

Aqui se aplica a noção a respeito da eficácia horizontal das normas sobre direitos fundamentais no âmbito das relações privadas, de modo a verificar a observância dos mandamentos da proporcionalidade/razoabilidade da imposição das medidas restritivas ou proibitivas no meio condominial. Há orientação doutrinária no Brasil no sentido de que "a teoria da eficácia imediata dos direitos fundamentais nas relações jurídico-privadas, (...), vem a preencher um vazio axiológico-normativo constatado na concepção clássica dos direitos fundamentais"[19]. De acordo com outra parcela da doutrina constitucional brasileira, há o reconhecimento mitigado da produção de efeitos diretos das normas de direitos fundamentais nas relações privadas, com o "reconhecimento de uma relação de complementariedade entre a vinculação dos órgãos estatais e a vinculação dos atores privados aos direitos fundamentais, que também se verifica em relação ao modo pelo qual se opera esta eficácia"[20].

Os dois poderes transitórios e emergenciais, referidos no PL nº 1.179/20 no meio condominial, independem de prévia deliberação em assembleia condominial para que possam ser imediatamente exercidos pelo síndico, exatamente em razão das circunstân-

---

19. SOMBRA, Thiago Luís Santos. *A eficácia dos direitos fundamentais nas relações jurídico-privadas*. Porto Alegre: SAFabris, 2004, p. 202.
20. SARLET, Ingo Wolfgang. A influência dos direitos fundamentais no direito privado: o caso brasileiro. In: MONTEIRO, António Pinto; NEUNER, Jorg; SARLET, Ingo (Orgs.). *Direitos fundamentais e direito privado*: uma perspectiva de direito comparado. Coimbra: Almeida, 2007, p. 142.

cias excepcionais e atípicas nas quais as pessoas estão envolvidas como modo de prevenir a propagação do COVID-19 entre os condôminos, seus familiares, amigos, funcionários e quaisquer outras pessoas que tenham contato com o meio condominial. Há um claro alargamento do "poder de polícia" do síndico no meio condominial, justificado em razão do risco à saúde e à tranquilidade das pessoas devido à ameaça do COVID-19, com claro objetivo de empreender medidas tendentes a manter as pessoas separadas para reduzir a possibilidade do contágio pelo vírus. Caso tivesse sido sancionado o art. 11, do PL n° 1.179/2020, tal alargamento do poder de polícia do síndico ficaria mais claro e, por isso, seria inquestionável, cumprindo a finalidade da norma de gerar maior segurança jurídica no meio condominial. De todo modo, mesmo sem a norma projetada haver sido transformada em lei, tais medidas transitórias e emergenciais já podem ser adotadas pelo síndico, com as devidas cautelas para não caracterizar excesso ou abuso quanto ao seu poder jurídico.

Na questão referente à saúde na vida em condomínio edilício, a maior parte das convenções condominiais é omissa a respeito de medidas admissíveis por parte dos síndicos e das assembleias, enquanto que outras referem-se genericamente ao dever geral de comunicação das doenças contagiosas. Entre os deveres dos condôminos, encontra-se o dever negativo de não prejudicar a saúde dos demais condôminos e outras pessoas que tenham convivência no meio condominial (CC, art. 1.336, IV). Quanto às relações de vizinhança em geral, o Código Civil prevê que "o proprietário ou o possuidor de um prédio tem o direito de fazer cessar as interferências prejudiciais à segurança, ao sossego e à saúde dos que o habitam, provocadas pela utilização de propriedade vizinha" (CC, art. 1.277). Ademais, no condomínio edilício, compete ao síndico a "defesa dos interesses comuns" (Lei 4.591/64, art. 22, § 1°, "a"; CC, art. 1.348).

No meio condominial, em razão da maior proximidade das unidades exclusivas lá existentes, as questões de vizinhança se avolumam com muito mais intensidade, razão pela qual "caberá aos condôminos respeitar a finalidade do condomínio, bem como não causar interferência prejudicial aos vizinhos"[21], inclusive em questões de saúde da coletividade. Assim, em condomínio de natureza residencial, não se revela possível que o condômino (também profissional liberal) possa exercer atividade profissional no interior do apartamento; contudo, a doutrina tem admitido que em situações emergenciais e esporádicas, "é possível receber clientes"[22]. Assim, no momento atual com medidas de isolamento social, houve um significativo aumento de empregados, empregadores, servidores públicos, profissionais liberais, autônomos, trabalhadores informais, no exercício de atividade laboral/funcional/profissional em regime de *home office*. Tal circunstância se justifica devido à crise sanitária instalada, aliada às medidas impostas

---

21. BENACCHIO, Marcelo. Comentários ao art. 1.336. In: NANNI, Giovanni Ettore (Coord.). *Comentários ao Código Civil*: Direito Privado contemporâneo. São Paulo: Saraiva, 2019, p. 1.706.
22. BENACCHIO, Marcelo. Comentários ao art. 1.336. In: NANNI, Giovanni Ettore (Coord.). *Comentários ao Código Civil*: Direito Privado contemporâneo. São Paulo: Saraiva, 2019, p. 1.706.

pelas autoridades públicas quanto às restrições e proibições de reuniões e aglomerações de pessoas no mesmo espaço.

O art. 11, I, do PL nº 1.179/20, ao prever a imposição de restrições à utilização das áreas comuns, ressalvava apenas a necessidade de tal restrição não atingir o acesso à unidade exclusiva de cada um dos condôminos, seja o apartamento, a sala comercial, o terreno construído. O termo "propriedade exclusiva", empregado no PL, deveria ser interpretado como sendo o objeto da unidade autônoma (passível de propriedade exclusiva por alguém), mas que possa ser utilizada por outra pessoa que não o proprietário/condômino, como no exemplo do locatário, comodatário, usufrutuário, entre outros, ou seja, o possuidor direto sobre a unidade. Como já se orientava a jurisprudência do STJ, ainda que haja inadimplência de determinado condômino quanto à obrigação de contribuir para o rateio das despesas periódicas, não se pode impor a sanção de suspensão de uso de serviços essenciais, tais como o uso de elevadores da edificação[23]. No caso, tratava-se de mulher idosa – condômina inadimplente – que morava no oitavo andar do prédio de apartamentos, sendo reconhecida ofensa à dignidade da pessoa da condômina pela proibição dela usar os elevadores, além da prática de ato abusivo, com repercussão na esfera da provocação do dano moral[24].

Deve-se recordar que os direitos e deveres do condômino, em situações de normalidade, ainda que previstos na convenção condominial, podem ser alterados em virtude do comportamento do condomínio como um todo, podendo haver casos de consideração dos institutos da *supressio* (supressão de direitos) e da *surrectio* (surreição de direitos)[25]. Assim, por exemplo, o condomínio pode ter reconhecida a perda do direito sobre área comum exclusivamente ocupada por um determinado condômino durante certo lapso de tempo, fazendo surgir ao condômino específico o direito à ocupação sem limitação de tempo, tal como pode o condomínio perder o direito à demarcação das vagas de garagem se não houve tal medida durante certo tempo, devendo se acomodar à situação criada[26]. Nestes casos o período da pandemia não alterará a situação que já se consolidou devido à inércia do condomínio a esse respeito.

A interdição de uso da piscina do *playground* do condomínio de apartamentos, o fechamento do clube recreativo existente como área comum do condomínio de casas e de prédios de unidades residenciais, por exemplo, são medidas que se inserem no poder emergencial atribuído por lei ao síndico, exatamente em razão das precauções recomendadas pelas autoridades públicas para evitar a disseminação do COVID-19. Há, no entanto, uma questão referente à compatibilidade e proporcionalidade de tal medida à luz da noção da eficácia horizontal das normas de direitos fundamentais nas relações privadas.

---

23. SALOMÃO, Luis Felipe. *Direito Privado, op. cit.*, p. 502.
24. MELO, Marco Aurélio Bezerra de. *Direito Civil...*, *op. cit.*, p. 249.
25. PENTEADO, Luciano de Camargo. *Direito das Coisas, op. cit.*, p 388.
26. SÃO PAULO, Tribunal de Justiça. 4ª Câm. Direito Privado, Embargos Infringentes n. 304.405.4/3-02, rel. Desembargador Francisco Loureiro, j. 12.01.2006, Boletim AASP n. 2.476/1.212.

A circunstância de não haver sido utilizado o verbo "proibir" no PL nº 1.179/20 quanto à utilização das áreas comuns teria o sentido de, obviamente, ser assegurada a utilização de algumas partes comuns do condomínio edilício pelos condôminos para terem acesso à unidade autônoma e exclusiva, tais como a portaria, os elevadores, as escadas, as ruas existentes para o acesso à casa (unidade exclusiva no condomínio de casas e terrenos). Assim, não haverá qualquer óbice a que o síndico restrinja a utilização dos equipamentos e espaços de uso comum, tais como piscina, academia de ginástica, parque para as crianças, localizados no meio condominial. A circunstância de o inciso I, do projetado art. 11, haver sido vetado, não altera a possibilidade de o síndico atuar no sentido de impor restrições ao uso das áreas comuns em período emergencial e transitório que perdura no período da pandemia, mas por óbvio o ideal teria sido a regra projetada haver sido sancionada para gerar maior segurança jurídica e evitar conflitos desarrazoados devido às medidas adotadas pelo síndico.

O alargamento das restrições ao uso de áreas comuns do condomínio edilício não se baseia em sanção aplicável aos condôminos, diversamente das penalidades impostas em decorrência de alguma infração praticada por determinado condômino que também podem ensejar algum tipo de punição. Mesmo em períodos de normalidade, a destinação da área comum deve ser considerada de acordo com sua finalidade, não podendo, por exemplo, ser usada a piscina do condomínio edilício para realização de competições organizadas por morador com a participação de pessoas estranhas ao meio condominial com a atribuição de premiação em dinheiro[27].

Em tese poderá haver maior acirramento de ânimos neste período de emergência decorrente da pandemia, mas não há como se admitir que, no exercício da atribuição legal ao síndico, haja violação às garantias processuais e aos direitos fundamentais, tal como a jurisprudência vem reconhecendo e, por isso, deve ser observado o devido processo legal para aplicação de qualquer sanção a um dos condôminos[28].

O segundo poder emergencial e transitório previsto no PL nº 1.179/20 atribuível ao síndico seria o de restringir ou proibir a realização de reuniões, festividades – enfim, atividades de ajuntamento de pessoas no mesmo espaço físico -, inclusive no interior das unidades objeto de utilização exclusiva (como os apartamentos, as salas comerciais, as casas e seus jardins exclusivos), também como medida preventiva à disseminação do COVID-19 no meio condominial (PL nº 1.179/20, art. 11, II). As ressalvas quanto ao exercício de tal poder do síndico se resumiam apenas: a) vedação de restrição ao uso exclusivo da unidade pelo condômino, seus familiares e pelo possuidor direto do imóvel (locatário, comodatário, usufrutuário, usuário, etc...), nos termos da parte final do inciso II; b) vedação de restrição e de proibição quanto aos casos de atendimento médico a alguém na unidade, de execução de obras de natureza estrutural e de realização de outras

---

27. BENACCHIO, Marcelo. Comentários ao art. 1.335. In: NANNI, Giovanni Ettore (Coord.). *Comentários ao Código Civil*: Direito Privado contemporâneo. São Paulo: Saraiva, 2019, p. 1.704.
28. BENACCHIO, Marcelo. Comentários ao art. 1.244. In: NANNI, Giovanni Ettore (coord.). *Comentários ao Código Civil*: Direito Privado contemporâneo. São Paulo: Saraiva, 2019, p. 1.703.

benfeitorias necessárias nas partes comuns ou na unidade autônoma (PL nº 1.179/20, art. 11, parágrafo único). O veto presidencial neste caso também não se justifica e gera maior insegurança jurídica durante o período da pandemia.

A restrição ou proibição de realização de eventos com várias pessoas nas unidades objeto de titularidade exclusiva – imposta pelo síndico - ensejará um considerável número de conflitos entre o síndico e o condômino restrito ou proibido. Aqui é importante a consideração a respeito da figura da vedação ao abuso do direito para que o síndico atue em consonância com a boa fé, os bons costumes e os limites decorrentes do fim social e econômico (CC, art.187), não excedendo manifestamente seus poderes e atribuições[29]. O veto presidencial, neste caso, não se revela acertado pois não se pode presumir a atuação abusiva daquele que, eleito pelos condôminos, passou a exercer a administração do meio condominial e, em situações excepcionais, deve adotar as medidas mais prementes para assegurar a saúde, o sossego e a segurança dos que convivem no condomínio edilício.

Em interessante abordagem sobre a eficácia horizontal das normas de direitos fundamentais, Saulo Casali Bahia arrola algumas medidas que o síndico do condomínio edilício pode vir a empregar no período da pandemia e as analisa sob a ótica do exercício do poder privado no meio condominial e sua compatibilidade com as normas de direitos fundamentais[30]. Entre outros temas, há a questão das restrições à realização das obras no interior das unidades exclusivas, da proibição de frequência e uso de determinadas áreas comuns, das restrições de acesso aos visitantes para realização de festas, da cessão do imóvel para locação ou comodato, da medição da temperatura corporal dos condôminos e demais moradores do condomínio edilício.

A respeito de possível proibição ou restrição de obras no meio condominial, o PL nº 1.179/20 admitia tal medida adotada pelo síndico, até em razão da ressalva contida no texto – sobre tal medida proibitiva ou restritiva - se referir às obras de natureza estrutural e à realização de benfeitorias necessárias (art. 11, parágrafo único). É possível, inclusive, que algumas obras já tivessem sido iniciadas antes dos episódios relativos ao combate à pandemia do COVID-19. Considera-se que, nos casos em que a autoridade pública determina a paralisação da realização das obras em geral devido à presença de risco comprovado de contágio e disseminação do vírus, a mesma medida imposta pelo síndico no meio condominial é dotada de razoabilidade e legitimidade. Assim, da mesma maneira como antes observado, o veto presidencial ao art. 11, do PL, não impede as medidas adotadas pelo síndico de proibição ou restrição à realização de obras e outras benfeitorias no imóvel, até em razão do sistema legal atribuir poder de polícia ao síndico.

A questão mais polêmica existirá quando, sem determinação alguma feita por autoridade pública quanto à suspensão ou à proibição do início de obras, o síndico resolver impor tal medida. Não havendo risco objetivamente aferível e concreto acerca da

---
29. BENACCHIO, Marcelo. Comentários ao art. 1.244. In: NANNI, Giovanni Ettore (coord.). *Comentários ao Código Civil*: Direito Privado contemporâneo. São Paulo: Saraiva, 2019, p. 1.713.
30. BAHIA, Saulo José Casali. Pandemia, relações privadas, ..., *op. cit.*, p. 258.

contaminação da doença em virtude da realização das obras, considera-se que "o dever de zelar pela saúde da comunidade edilícia (horizontal ou vertical) não permite, sem avaliação das autoridades epidemiológicas chanceladas pela Administração Pública, a iniciativa exclusiva do condomínio"[31]. Logo, a proibição ou restrição à realização de obras e outras benfeitorias somente ocorrerá quando houver respaldo nas determinações e orientações das autoridades públicas, ressalvadas ainda assim as obras de natureza estrutural e as benfeitorias necessárias. De qualquer modo, havendo risco concreto de disseminação da grave doença no meio condominial, poderá o síndico adotar medidas restritivas ou proibitivas quanto às obras para realização de benfeitorias úteis ou voluptuárias, ainda que no interior das unidades, baseado na proteção do interesse comum (dos condôminos) e, até mesmo coletivo.

Acerca das restrições e limites de acesso através das áreas comuns para as unidades exclusivas, a medida imposta pelo síndico também deve se fundamentar nas restrições contidas na Lei 13.979/20 quanto às providências adotadas para o combate à pandemia pelo Poder Público. Em sendo implementadas medidas de isolamento social, de quarentena, de uso de determinados equipamentos (tais como máscaras) para evitar a disseminação do COVID-19, conforme determinações feitas pelas autoridades públicas, o acesso às áreas comuns no meio condominial pode ser restrito ou proibido, tal como ocorre, por exemplo, na limitação do número de pessoas no interior dos elevadores, ou nos corredores ou nas escadas[32].

Tal medida não se confunde com a previsão em norma do regimento interno do condomínio edilício quanto à proibição de funcionários ou prestadores de serviços (como entregadores de produtos alimentícios ou outros) de utilização do elevador social, caso não estejam carregando volumes consideráveis; neste caso a regra do regimento é odiosa e discriminatória, segregando o acesso da pessoa a determinado equipamento comum em razão da condição social; somente não haverá discriminação odiosa quando houver outro aspecto dissociado da condição social da pessoa que justifique o tratamento diferenciado, tal como a empregada carregar consigo as várias sacolas de compra que trouxe do supermercado, o que também seria exigido do próprio condômino em circunstâncias normais de funcionamento[33]. Contudo, mesmo à luz do regime transitório e excepcional à luz da Lei nº 14.010/2020, não há como se proibir o uso de determinada área comum que dê acesso à unidade exclusiva, pois a liberdade de locomoção do morador e de seus familiares não pode ser restringida por ato do síndico do condomínio e mesmo em assembleia condominial.

Ainda sobre o tema do acesso e do uso às áreas comuns, há a questão da proibição ou da restrição ao uso de piscinas, quadras esportivas, academia de ginástica, salão de festas, área de lazer com churrasqueira, parques privados para crianças e adolescentes. O uso dessas áreas e dos equipamentos nelas existentes é facultativo

---

31. BAHIA, Saulo José Casali. Pandemia, relações privadas, ..., *op. cit.*, p. 262.
32. BAHIA, Saulo José Casali. Pandemia, relações privadas, ..., *op. cit.*, p. 262.
33. MELO, Marco Aurélio Bezerra de. *Direito Civil...*, *op. cit.*, p. 251.

de cada condômino, de seus familiares e visitantes. Caso haja medidas impostas pela Administração Pública quanto às restrições ou mesmo proibições de reuniões para se evitar a aglomeração de pessoas no mesmo espaço, com o isolamento social, o síndico poderá proibir ou restringir o acesso e o uso de tais áreas comuns. As restrições poderiam se basear em medidas de limitação quanto ao acesso e uso a determinados horários e com um número máximo de pessoas de maneira simultânea. As proibições representariam a interdição total do acesso e do uso dessas áreas comuns, com o fechamento do local.

O PL nº 1.179/20 (art. 11, II) previa a possibilidade da imposição de restrição de acesso aos espaços do condomínio de visitantes, bem como a proibição do início ou da continuidade da locação de abrigos de veículos para terceiros, realização de reuniões e festas com terceiros e convidados, a cargo de determinação do síndico do condomínio. "Sem autorização ou previsão pelas autoridades públicas, não pode haver restrição à entrada de visitantes, à locação ou cessão (onerosa ou gratuita) da unidade, ou a aglomerações no interior da unidade"[34]. Contudo, houve veto presidencial a respeito da regra projetada; apesar do veto, a essência da regra projetada se mantém, especialmente nos períodos de crise sanitária decorrente da pandemia.

Em razão de determinação feita por certas autoridades estaduais ou municipais, houve a proibição de realização de determinados eventos contendo razoável número de pessoas, tais como eventos esportivos (jogos de futebol, outras competições esportivas), realização de eventos culturais (representação de peças teatrais, realização de "shows"). Assim, tais medidas que proíbem a aglomeração de pessoas em espaços públicos justificam a imposição pelo síndico de proibição de realização de festas no interior das unidades exclusivas com número razoável de pessoas.

Contudo, "não há ainda como se associar o isolamento social à proibição de locação ou cessão do imóvel a terceiros, na medida em que o fim precípuo do imóvel precisa ser preservado, até mesmo para permitir o isolamento social dos que dele devam se utilizar locando ou recebendo em cessão"[35] gratuita. Assim, a vedação até mesmo da cessão do abrigo de veículo para locação ou comodato de terceiro – estranho ao condomínio – somente se justifica se o nível de intervenção do Poder Público chegue ao ponto de proibir o ingresso de visitantes em condomínios edilícios ou outros locais privados, a fim de evitar a rotatividade de pessoas no meio condominial.

As vagas de garagens (ou abrigos para veículos) sempre receberam um tratamento à parte na legislação brasileira quanto à viabilidade (ou não) de serem locadas ou emprestadas a pessoas estranhas ao condomínio (Lei 4.591/64, art. 2º, *caput*, e §§ 1º, 2º e 3º; CC, arts. 1.331, § 1º e 1.338). Atualmente considera-se que os abrigos de veículos somente poderão ser locados ou alienados a terceiros (não condôminos) se houver

---

34. BAHIA, Saulo José Casali. Pandemia, relações privadas, ..., *op. cit.*, p. 263.
35. BAHIA, Saulo José Casali. Pandemia, relações privadas, ..., *op. cit.*, p. 263.

expressa autorização na convenção condominial; não havendo tal previsão, a locação ou venda somente podem ser feitas em favor de outro condômino[36].

Nesta temática insere-se também o tema já judicializado no âmbito do Superior Tribunal de Justiça quanto à possibilidade, ou não, de haver proibição do titular de unidade exclusiva quanto à oferta de sua unidade em plataforma eletrônica de locação (ou seja, a locação por meio de aplicativo da unidade), normalmente por pequenos períodos de tempo[37], tal como vem acontecendo em outras áreas, como nos casos de aplicativos para transporte. Não havendo proibição contida na convenção condominial, o condômino é livre para usar e fruir da sua unidade da forma como lhe aprouver, sendo que especialmente no período da pandemia do COVID-19, com reflexos diretos nas questões relativas aos salários e demais rendas das pessoas em geral, por óbvio que o aproveitamento econômico da unidade exclusiva via aplicativo de locação é uma das maneiras pelas quais o titular da unidade poderá obter frutos civis, inclusive para fazer frente às suas despesas (até mesmo condominiais).

Tal tema envolve a denominada economia de compartilhamento – tal como ocorre com plataformas eletrônicas de intermediação de serviços, tais como "Booking", "Airbnb", entre outros – no âmbito do aproveitamento de unidades exclusivas existentes em condomínios edilícios. A polêmica quanto ao uso de plataformas eletrônicas na cessão do uso da unidade deverá ser potencializada nesse período da pandemia, pois de um lado há questão da saúde e segurança dos condôminos já moradores no meio condominial, e de outro lado há o direito do titular de unidade quanto à renda obtida com o recurso de determinados aplicativos de aluguel por dias ou temporada.

Caso haja determinação das autoridades públicas restringindo essas atividades com base em evidências científicas quanto à prevenção da disseminação do COVID-19, haveria razoabilidade em se admitir a proibição imposta pelo síndico para que os condôminos não possam se valer de plataformas eletrônicas de locação por curto ou curtíssimo prazo. Contudo, não havendo tal medida por parte da autoridade pública, não teria sentido a proibição no meio condominial.

Outro tema correlato é, por exemplo, o da medição de temperatura corporal dos moradores e visitantes, quando continuarem sendo admitidos. O raciocínio é assemelhado aos temas já mencionados: se não houver uma medida desta natureza adotada pelas autoridades públicas, "e por mais que síndicos e assembleias pretendam conter a propagação do vírus, não se pode exigir a medição de temperatura corporal de moradores e visitantes"[38]. Cuida-se de medida que, por óbvio, envolveria a privacidade da pessoa do condômino, morador ou visitante no meio condominial, a respeito das informações sobre o direito à integridade física relativa à sua saúde.

---

36. BENACCHIO, Marcelo. Comentários ao art. 1.331. In: NANNI, Giovanni Ettore (Coord.). *Comentários ao Código Civil*: Direito Privado contemporâneo. São Paulo: Saraiva, 2019, p. 1.700.
37. BRASIL, Superior Tribunal de Justiça, Quarta Turma, REsp 1.819.075, Rel. Min. Luis Felipe Salomão.
38. BAHIA, Saulo José Casali. Pandemia, relações privadas, ..., *op. cit.*, p. 263.

Contudo, é de se ressalvar a possibilidade em situações devidamente justificadas, em razão da urgência e do perigo real e concreto da disseminação do COVID-19, que o síndico possa sim empregar algumas dessas medidas, levando em conta a noção de atuação preventiva. De acordo com a doutrina,

> (...)considerando o que se disse sobre a eficácia horizontal dos direitos fundamentais, se o risco é concreto, palpável, inegável, e há séria expectativa de ser encampado pela Administração Pública, surgiu para o particular a capacidade de efetivamente se antecipar ao prejuízo iminente (disseminação do coronavírus), e adotar de logo medidas contra outros particulares. Figuras jurídicas assemelhadas já existem no direito penal (legítima defesa) e no direito civil (atos de defesa ou desforço para a proteção da posse, ou a exceção do contrato não cumprido). No caso do condomínio edilício, as medidas adotadas coletivamente terão de se valer da previsão geral de que "é dever do condômino não prejudicar a saúde dos demais" (art. 1.336, IV, do Código Civil brasileiro)[39].

Outro tema associado às medidas que o síndico pode vir a impor aos condôminos, moradores, empregados e visitantes no condomínio edilício diz respeito à possibilidade de configuração de comportamento antissocial do condômino nocivo (Código Civil, art. 1.337, *caput*). Havendo reiterada violação aos deveres perante o condomínio – inclusive aqueles decorrentes das restrições ou proibições impostas pelo síndico, nas hipóteses cabíveis –, inclusive com aplicação de multas em razão de infrações anteriores (CC, art. 1.336, § 2º), pode haver a configuração do comportamento nocivo. Trata-se do caso do condômino que já foi multado várias vezes quanto à multa simples em razão das festas que ele oferece aos convidados todas as segundas-feiras, não atentando para o horário limite, com recurso à poluição sonora incompatível e perturbadora aos demais condôminos[40]. Neste caso, o condômino será notificado para apresentar defesa dentro de prazo razoável (normalmente previsto na convenção), baseado na observância do devido processo legal com as garantias da ampla defesa e do contraditório, devendo ser realizada a assembleia condominial para deliberação a respeito da aplicação, ou não, da sanção correspondente à multa em até cinco vezes o valor da contribuição condominial mensal, de acordo com a gravidade das faltas e sua reiteração, sem prejuízo da responsabilidade civil que seja apurada contra o condômino infrator (CC, art. 1.337, *caput*).

Se ainda assim houver reiteração do comportamento antissocial, com a clara insuficiência do sistema normal de penas privadas ao condômino infrator, gerando incompatibilidade de convivência pacífica com os demais condôminos e moradores, poderá ser aplicada pena de até dez vezes o valor da contribuição condominial (CC, art. 1.337, parágrafo único), sendo que neste caso o síndico pode antecipar a medida sancionatória, sujeita a posterior deliberação da assembleia, observado o devido processo legal. A hipótese envolve a insuportabilidade da continuidade da convivência do condômino antissocial no meio condominial. No período de transição e emergência decorrente da pandemia e dos reflexos no meio condominial, é possível a configuração do comportamento antissocial de qualquer um dos condôminos e, não sendo recomendada

---

39. BAHIA, Saulo José Casali. Pandemia, relações privadas, ..., *op. cit.*, p. 264.
40. MELO, Marco Aurélio Bezerra de. *Direito Civil...*, *op. cit.*, p. 267.

a realização de assembleias presenciais por força das medidas impostas pelas autoridades públicas quanto ao isolamento social, à não admissão de aglomeração de pessoas, bem como não sendo viável a realização de assembleia por meios virtuais – devido à ausência de condições estruturais e materiais para tanto (alguns condôminos não têm equipamentos eletrônicos ou não sabem como usá-los) –, poderá o síndico impor a pena civil ao condômino infrator, sujeita à confirmação na assembleia condominial futura.

Parcela da doutrina tem considerado, corretamente, que a pena pecuniária não deva ser a única passível de aplicação ao condômino antissocial. Desse modo, se a multa imposta pelo comportamento antissocial não for eficaz para prevenir outras práticas assemelhadas, há a possibilidade da exclusão do condômino quanto à utilização de certas áreas comuns, tais como frequentar a piscina do condomínio[41]. No âmbito das Jornadas de Direito Civil do Conselho da Justiça Federal, foi aprovado o enunciado n. 508, de modo a admitir a exclusão do condômino antissocial: "Verificando-se que a sanção pecuniária mostrou-se ineficaz, a garantia fundamental da função social da propriedade (...) e a vedação ao abuso do direito (...) justificam a exclusão do condômino antissocial, desde que a ulterior assembleia prevista na parte final do parágrafo único do art. 1.337 do Código Civil delibere a propositura de ação judicial com esse fim, asseguradas todas as garantias inerentes ao devido processo legal".

De acordo com o PL nº 1.179/20 (art. 11), os preceitos normativos não teriam vigência no período posterior a 30.10.2020, seguindo a lógica e a razão de ser de sua excepcionalidade e temporariedade. Ainda que a essência do art. 11, do PL nº 1.179/20, se mantenha na atualidade, em razão do tratamento normativo sobre os poderes do síndico no condomínio edilício, é óbvio que medidas restritivas e proibitivas que podem ter como causa a pandemia somente serão justificadas e razoáveis no período emergencial e transitório, e não depois de cessada a pandemia. Sabe-se que, em razão dos efeitos da pandemia nas questões da economia no Brasil, muitos condôminos poderão ter dificuldades quanto ao pagamento da contribuição condominial periódica e, de modo claro, tal inadimplemento impactará os demais condôminos.

O art. 13, da Lei nº 14.010/2020, apenas reforça as regras dos art. 1.348, VIII, e 1.349, do Código Civil, a respeito do dever do síndico de prestar contas, sob pena de sua destituição, mesmo no período abrangido pela incidência das normas emergenciais e transitórias. Em resumo: a obrigatoriedade da prestação de contas não deixa de existir em razão das circunstâncias excepcionais e emergenciais abrangidas pelo período de risco em decorrência da pandemia. Assim, o síndico não se torna isento do dever de prestação de contas, mesmo quanto aos atos de gestão e administração praticados no período até 30.10.2020.

O síndico é responsável perante o condomínio pelos ações de má gestão (comissivas ou omissivas) e, em razão da circunstância da crise sanitária, é seu dever providenciar as

---

41. TEPEDINO, Gustavo; MONTEIRO FILHO, Carlos Edison do Rêgo; RENTERIA, Pablo. *Fundamentos do Direito Civil*. v. 5. Rio de Janeiro: GEN/Forense, 2020, p. 261.

medidas de manutenção e conservação das áreas comuns, dos equipamentos utilizados pelos moradores e visitantes – tais como os elevadores, as escadas –, devendo contratar empregados e fornecedores de produtos ou serviços em prol do condomínio, com a devida prestação de contas. A crise gerada pela pandemia não o isenta quanto a tais deveres, inclusive o de prestar contar dos atos e medidas adotadas no período.

4.3 DELIBERAÇÕES URGENTES EM ASSEMBLEIA CONDOMINIAL

Ainda sobre as medidas emergenciais e temporárias que podem ser instituídas pela Lei nº 14.010/2020, há regras sobre a faculdade de realização da assembleia condominial e votação por "meios virtuais", considerando a manifestação de vontade exteriorizada por cada condômino neste caso através da sua participação na assembleia virtual (art. 12).

A assembleia condominial é órgão essencial para as deliberações sobre temas muito importantes no condomínio edilício e, por isso, a lei impõe sua realização obrigatória como assembleia ordinária a cada ano. Os condôminos têm o direito de participar e votar das assembleias condominiais (CC, art. 1.335, III), estando adimplentes com suas obrigações condominiais e, para tanto, precisam ser convocados regularmente. Sua participação assemblear envolve apresentar requerimentos, se manifestar através do uso da palavra, cobrar informações do síndico e de outras pessoas, além de ter direito de voto nas deliberações sobre os temas incluídos na pauta assemblear.

A Lei 13.777/18, ao incluir o regime jurídico do condomínio em multipropriedade no Código Civil, já havia previsto a possibilidade de o regimento interno prever "a possibilidade de realização de assembleias não presenciais, inclusive por meio eletrônico" (CC, art. 1.358-Q, VIII). Tal regra tem caráter permanente e, portanto, já admitia a previsão quanto à realização e deliberação em assembleia condominial por meios virtuais ("meio eletrônico" na expressão codificada), mas apenas nos condomínios em multipropriedade imobiliária. Com a previsão contida na Lei nº 14.010/2020, os condomínios edilícios poderão realizar, durante o período da pandemia da COVID-19, as assembleias pelos meios virtuais, desde que assegurados os direitos de todos os condôminos quanto às suas convocações e possibilidades de participação assemblear.

A assembleia dos condôminos é o órgão deliberativo do condomínio edilício, representando a totalidade dos condôminos que, em regra, deliberam através do voto da maioria das frações ideais do terreno e das outras partes comuns, sendo obrigatória a realização de assembleia geral uma vez por ano (CC, art. 1.350) para tratar da aprovação do orçamento, do valor das contribuições condominiais, da prestação periódica de contas e, eventualmente, sobre eleição de síndico e alteração do regimento interno, além de outras matérias e assuntos que possam ser incluídos.

No regime jurídico do condomínio edilício, as decisões tomadas em assembleia obrigam a todos os condôminos, havendo quóruns diferenciados para determinadas deliberações (CC, art. 1.351; Lei 4.591/64, art. 25, parágrafo único). Sem suspender a vigência de qualquer uma das regras já existentes no Código Civil e nas leis especiais (em particular, a Lei 4.591/64), o art. 12, *caput*, da Lei nº 14.010/2020, admite a realização da assembleia e a votação dos condôminos por meios virtuais, a exemplo do que prevê o art. 5º, da Lei nº 14.010/2020, no que se refere às assembleias e reuniões das pessoas jurídicas de direito privado. As redações parcialmente distintas dos arts. 5º e 12, da lei emergencial e transitória, não conduzem a diferenças significativas quanto à faculdade do emprego dos meios tecnológicos de comunicação à distância (por sistemas de áudio e vídeo) para propiciar a realização das assembleias ou reuniões.

A parte final do *caput*, do art. 12, da Lei nº 14.010/2020, ao se referir à equiparação da manifestação da vontade exteriorizada por meio virtual à sua "assinatura presencial", deve ser interpretada no sentido de que a vontade é manifestada à distância, ou seja, com o auxílio dos recursos e instrumentos tecnológicos disponíveis para deixar inequívoca sua aprovação ou sua rejeição às propostas apresentadas pelo síndico ou por outro condômino de acordo com os itens incluídos em pauta, bem como a escolha do síndico, se também este for assunto de pauta. É recomendável, nos casos de realização de assembleias a distância em tempo real, que sejam gravadas as imagens e os sons obtidos durante os debates e votações. E, na eventualidade da assembleia ser realizada nos moldes das sessões virtuais de julgamento dos tribunais –, como, por exemplo, abertura da assembleia às 12:00 horas da segunda feira, com encerramento às 11:59 da sexta feira da mesma semana –, que haja a documentação da exteriorização da vontade dos condôminos, como por exemplo através de mensagem eletrônica (por *e-mail*) dirigida ao síndico e aos demais condôminos, por exemplo.

De todo modo, a Lei nº 14.010/2020 traz regra que faculta a realização da assembleia condominial por meios virtuais, mas não imporá a sua realização através desses meios, e o objetivo é exatamente atentar para as medidas de prevenção e contenção da propagação da COVID-19 ao permitir a realização e a tomada de deliberações, de maneira válida, através dos meios virtuais, o que poderia ser questionado posteriormente em razão da falta de previsão a esse respeito na legislação de caráter permanente sobre os condomínios edilícios. Para tanto, é necessário que os condôminos sejam devidamente orientados e capacitados a respeito da viabilidade de suas participações nas deliberações assembleares, podendo alguns se mostrar contrários à utilização dos meios virtuais desde que de modo justificado (como, por exemplo, não tendo instrumentos tecnológicos que viabilizem suas "presenças virtuais" nas assembleias designadas).

A regra do art. 12, *caput*, da Lei nº 14.010/2020, pode vir a se tornar regra permanente para os condomínios edilícios, mesmo depois de cessada a excepcionalidade do período da COVID-19 e, assim, permitir que haja maior segurança jurídica a respeito da validade das deliberações tomadas em assembleia condominial através dos meios digitais e virtuais de comunicação. Mesmo cessado o período de vigência da norma emergencial e transitória, não haverá qualquer óbice a que os condomínios edilícios incluam nas convenções condominiais regras que autorizem a realização das assembleias por meios virtuais, desde que assegurada a existência de instrumentos e tecnologia que não excluam a participação de qualquer um dos condôminos ou dos possuidores diretos das unidades exclusivas.

Caso não seja possível a realização da assembleia condominial no período de vigência da regra do *caput*, do art. 12, da Lei nº 14.010/2020, há a previsão de norma que prorrogará automaticamente os mandatos vencidos do síndico no período de 20.03 a 30.10.2020 para esta última data, pressupondo que no final de outubro de 2020 seja possível a realização de assembleia condominial presencial no mesmo espaço em razão do encerramento das restrições ou proibições de reuniões de pessoas simultaneamente no mesmo recinto. Trata-se de medida salutar, ainda que excepcional, para não permitir que o condomínio fique sem seu gestor, ainda que por um período de alguns meses ou mesmo dias, o que poderia causar prejuízos ao meio condominial.

As regras previstas nos arts. 12 e 13, da Lei nº 14.010/20, também se aplicarão aos modelos condominiais que guardam semelhança com o condomínio edilício, naquilo que couber, como no exemplo do condomínio em multipropriedade (CC, art. 1.358-B e seguintes, na redação dada pela Lei nº 13.777/18). Mesmo com a previsão contida no art. 1.358-Q, VIII, do Código Civil, sobre o regimento interno do condomínio em multipropriedade admitir a realização de assembleias não presenciais, inclusive por meio eletrônico, é possível que concretamente em determinado caso de multipropriedade não tenha sido prevista tal possibilidade no regime interno. Assim, no período de transição em decorrência da COVID-19, será possível a utilização do meio virtual para realização da assembleia entre os multiproprietários até em razão das restrições/proibições à realização de reuniões de várias pessoas no mesmo espaço físico.

Por definição legal, multipropriedade imobiliária "é o regime de condomínio em que cada um dos proprietários de um mesmo imóvel é titular de uma fração de tempo, à qual corresponde a faculdade de uso e gozo, com exclusividade, da totalidade do imóvel, a ser exercida pelos proprietários de forma alternada" (CC, art. 1.358-C, *caput*), sendo aplicáveis as regras do Código Civil e das Leis 4.591/64 e 8.078/90, de forma supletiva e subsidiária, ao meio condominial formado entre os multiproprietários (CC, art. 1.358-B). Logo, também no exemplo do condomínio em multipropriedade imobiliária haverá os órgãos referentes à administração e às deliberações do referido condomínio e, neste particular, aplicam-se as regras emergenciais e transitórias introduzidas pela Lei nº 14.010/2020, quanto à atuação do administrador do condomínio e às deliberações nas assembleias dos condôminos/multiproprietários.

4.4 OBRIGAÇÃO DE CONTRIBUIR PARA O RATEIO DAS DESPESAS CONDOMINIAIS

A Lei nº 14.010/2020 não estabeleceu qualquer regra transitória e emergencial para tratar do tema referente à obrigação de cada condômino a respeito da contribuição periódica para as despesas condominiais, como regra, na proporção das suas frações ideais (Lei 4.591/64, art. 12, *caput*; CC, art. 1.336, I). Trata-se de obrigação *propter rem* que decorre da titularidade sobre a unidade exclusiva em conjugação com a titularidade sobre a fração ideal do terreno e das demais partes comuns do condomínio edilício.

A previsão a respeito da incidência de juros moratórios e de imposição de multa para o condômino inadimplente na legislação brasileira (CC, art. 1.336, § 1º) não permite a aplicação de qualquer outro tipo de sanção que não esteja prevista em lei, notadamente a proibição de uso de equipamentos comuns ou de serviços essenciais no meio condominial, como no exemplo da proibição do uso de elevadores para o condômino inadimplente[42].

As consequências da pandemia do COVID-19 e dos atos das autoridades sanitárias na determinação das medidas de controle da propagação do vírus têm impactado fortemente a economia nacional, com reflexos no desemprego, ruína de várias sociedades empresárias e empresários de grande, médio e pequeno portes, na interrupção das atividades de vários profissionais liberais, autônomos e trabalhadores informais.

Além dos acontecimentos decorrentes da propagação do COVID-19 atingirem diretamente a vida e a saúde de milhares de pessoas mundo afora (e no Brasil não é diferente), há graves e significativos impactos na renda do brasileiro em geral, inclusive daqueles que estão inseridos nos condomínios edilícios.

As contribuições condominiais, obviamente, serão duramente afetadas[43] e, para tanto, uma solução transitória – até em razão dos pagamentos que o condomínio precisa fazer para seus empregados, seus fornecedores de produtos ou de serviços, entre outros – é a utilização dos recursos do fundo de reserva (Lei 4.591/64, art. 9º, § 3º, "j") constituído com valores pecuniários dos condôminos no período anterior ao início da crise sanitária e econômica do país.

Outra medida que o síndico poderá adotar será o emprego das técnicas de negociação com os condôminos inadimplentes, viabilizando a solução consensual dos conflitos que obviamente decorrem da inadimplência de alguns ou vários condôminos com possível impacto nos condôminos adimplentes. A experiência contemporânea vem se direcionando para o estímulo aos métodos mais adequados de solução de conflitos através de técnicas de negociação, do emprego da mediação, da busca pela conciliação, ao invés de invocar a tutela jurisdicional num cenário de excesso de demandas que batem as portas do sistema de justiça.

O Conselho Nacional de Justiça, órgão do Poder Judiciário responsável pela criação e desenvolvimento de políticas públicas afetas ao sistema de justiça, há algum tempo vem estimulando o desenvolvimento dos métodos consensuais de solução dos conflitos, o que é demonstrado pelo conteúdo a Resolução 125/10. Assim, notadamente no período

---

42. BRASIL, STJ, Terceira Turma, REsp 1.401.815/ES, rel. Min. Nancy Andrighi, julgado em 03.12.2013.
43. DINIZ, Ana Carolina. *Condomínios já registram aumento de inadimplência:* taxa de não pagamento ficou em 18% em abril, enquanto a média histórica era de 9%, segundo Secovi Rio. *O GLOBO*. Rio de Janeiro: O Globo, 26.04.2020, p. 25: "A crise causada pela pandemia de Covid-19 provocou aumento de inadimplência nos condomínios em abril".

de crise sanitária com repercussão e reflexos diretos no padrão econômico de vida das pessoas – inclusive condôminos em condomínio edilício –, é realçada a importância da solução negociada quanto às dívidas vencidas referentes às contribuições condominiais.

Assim, ponderação, tolerância, solidariedade, lealdade, transparência, impessoalidade são aspectos que deverão ser considerados até em razão das circunstâncias excepcionais que a população brasileira vem passando neste período de crise sanitária. Por óbvio que o tratamento dado ao condômino inadimplente em razão dos efeitos econômicos decorrentes da pandemia causada pelo COVID-19 não pode ser equiparado ao tratamento dado ao condômino inadimplente em circunstâncias regulares e normais de funcionamento da economia brasileira e de ausência dos efeitos deletérios decorrentes da pandemia do COVID-19.

Assim, por exemplo, a imposição de multa ou a incidência de juros moratórios em decorrência do inadimplemento da contribuição condominial periódica não devem ser consideradas, especialmente à luz da regra do art. 396, do Código Civil, eis que o não pagamento se deu por fato ou omissão que não é imputável ao condômino.

A denominada *mora debitoris* se sujeita a alguma circunstância atribuível ao devedor, mediante ação ou omissão sua; caso o retardamento do cumprimento da prestação se verifique por fato não imputável ao devedor, como no exemplo do caso fortuito ou motivo de força maior, não há que se cogitar da mora[44]. É exatamente a hipótese: a pandemia do COVID-19 e suas repercussões nas finanças de significativa parcela da população (inclusive entre condôminos de unidades localizadas em condomínios edilícios) caracterizam motivo de força maior para excluir a imputação referente à prestação de contribuir para o rateio das despesas condominiais. É certo que a prestação principal continuará exigível e passível de cobrança, com os meios próprios de negociação. Contudo, a multa e os juros de mora são exigíveis devido à incidência da regra do art. 396, do Código Civil, perfeitamente aplicável à hipótese em questão.

---

44. NANNI, Giovanni Ettore. Comentários ao art. 396. In: NANNI, Giovanni Ettore (Coord.). *Comentários ao Código Civil*: Direito Privado contemporâneo. São Paulo: Saraiva, 2019, p.635.

5
MEDIDAS EXCEPCIONAIS SOBRE AS RELAÇÕES FAMILIARES E A SUCESSÃO HEREDITÁRIA

O RJTE, instituído pela Lei nº 14.010/2020, também se preocupou com os impactos da pandemia do COVID-19 no âmbito das relações familiares e sucessórias, notadamente em virtude das determinações e/ou recomendações feitas pelas autoridades públicas. Diante das notícias científicas referentes aos modos de contágio do COVID-19 e de seus possíveis efeitos letais, notadamente em relação às pessoas consideradas integrantes de grupos mais vulneráveis – tais como os idosos e as pessoas com alguma doença preexistente de natureza cardíaca ou respiratória –, algumas medidas vêm sendo impostas e outras recomendadas pelas autoridades públicas (e até por cientistas ligados às pesquisas científicas referentes à transmissão do COVID-19) e que alteraram o "modus vivendi" no âmbito das relações familiares. A Lei 13.979/20, ao prever as medidas de combate à pandemia do COVID-19 que podem ser impostas pelo Poder Público, expressamente consigna que tais medidas devem ser limitadas no tempo e no espaço ao mínimo indispensável à promoção e preservação da saúde pública, sem que possam significar violação à dignidade, aos direitos humanos e às liberdades fundamentais da pessoa (art. 3º, §§ 1º e 2º, III).

As medidas de distanciamento social, de utilização de certos equipamentos para prevenir o contágio, aliadas às realidades decorrentes das mudanças operadas nos segmentos das atividades profissionais – tais como o trabalho remoto em casa (*home office*) e a possibilidade de redução da jornada de trabalho com proporcional diminuição do salário na iniciativa privada[1] –, ao mesmo tempo que ensejaram, em muitos casos, a suspensão do convívio presencial entre alguns familiares (tais como avós e netos, tios e sobrinhos e irmãos), simultaneamente permitiram a potencialização do contato efetivo e mais permanente entre os cônjuges, os companheiros, e os pais e filhos.

A Lei nº 14.010/2020 prevê duas regras emergenciais e transitórias para tratar das questões envolvendo as famílias: a) a questão referente à situação do devedor de ali-

---

1. A Medida Provisória 927, de 22.03.2020, dispõe sobre as medidas trabalhistas que podem ser adotadas no período de duração da pandemia da COVID-19, com objetivos de preservação do emprego e da renda (art. 1º), facultando ao empregador e ao empregado a celebração de acordo individual escrito a respeito de tais medidas (art. 2º), que terá preponderância sobre os demais instrumentos normativos e negociais. O STF, ao apreciar algumas ações diretas de inconstitucionalidade, manteve o indeferimento do pedido de concessão de liminar (ADI's 6.344, 6.346, 6.348, 6.349, 6.352 e 6.354).

mentos com prisão civil decretada; b) a suspensão temporária das regras legais quanto ao início e ao término dos inventários, adjudicações de herança ou partilha de bens.

Outros temas propositadamente não foram incluídos na Lei nº 14.010/2020, tais como possíveis alterações do regime jurídico da guarda dos filhos comuns, modificação da obrigação dos alimentos especialmente quanto à redução do *quantum* ou exoneração, ainda que na tramitação do projeto de lei que levou à edição do RJET tenham sido apresentadas propostas para inclusão de tais questões[2].

Há, também, outros temas referentes às relações familiares e sucessórias que não foram tratados na Lei nº 14.010/2020, tais como a possibilidade de a habilitação e a celebração do casamento civil se realizarem, a admissibilidade de realização de testamento comum sob a modalidade do testamento público, entre outras.

No Estado do Rio de Janeiro, por exemplo, a Corregedoria Geral de Justiça baixou o Provimento 31/2020, tratando de medidas que podem ser implementadas no âmbito dos serviços notariais e de registro público no âmbito territorial estadual durante o período da pandemia do COVID-19. Para a habilitação para o casamento civil, há a previsão do contato prévio do oficial do registro civil em meio remoto através de ferramenta eletrônica que permita a conversa simultânea dele com os dois nubentes; de que os nubentes deverão comparecer à serventia acompanhados das testemunhas para assinar o requerimento de habilitação, desde que adotadas as cautelas e determinações das autoridades de saúde pública; de que os interessados poderão fazer uso de certificado digital, emitido em conformidade com o padrão ICP-Br (Provimento 31/20, art. 23).

E, quanto à celebração do casamento civil, há a previsão de que, munidos os noivos do certificado de habilitação, poderá ser designada data e hora para a cerimônia de celebração, que "poderá ser realizada por videoconferência para permitir a participação simultânea de nubentes, juiz de paz, registrador e preposto, além de duas testemunhas, servindo-se para tanto de programa que assegure a livre manifestação" (Provimento 31/20, art. 24), sendo dispensada a autorização para o casamento ser celebrado fora da sede do cartório. Tais providências, por óbvio, deverão ser cercadas das cautelas necessárias para assegurar a livre manifestação da vontade dos noivos com a presença – em tempo real (em meio remoto) – das duas testemunhas, do juiz de paz, do oficial do registro civil ou de seu preposto.

Outro tema que merece redobrada atenção é o da possibilidade de confecção de cédulas testamentárias em razão das restrições e proibições existentes quanto ao contato presencial, sendo digno de nota o tratamento dado no Código Civil ao testamento militar nuncupativo (CC, art. 1.896), único admitido a ser feito sob a forma de declaração verbal, mas nas estritas condições previstas na lei.

---

2. As Emendas 47, 48 e 49, dos Senadores Soraya Thronicke e Rodrigo Pacheco, tinham como objetivo instituir regras transitórias para permitir a redução do valor anteriormente estabelecido da pensão alimentícia e ensejar a alteração das condições da guarda dos filhos menores pelos pais nos tempos de "quarentena" ou de isolamento social. Tais emendas não foram acolhidas sob o fundamento de que a legislação brasileira já prevê mecanismos para tais hipóteses.

5.1 ALIMENTOS: PRISÃO CIVIL, "QUANTUM"

O primeiro tema constante do Capítulo XI, da Lei nº 14.010/2020, é o da prisão civil do devedor de alimentos no âmbito das relações familiares, suspendendo a eficácia da regra do art. 528, do CPC/2015, ainda que no período até 30.10.2020, para somente permitir que a prisão se dê exclusivamente sob a modalidade de prisão domiciliar, e não em estabelecimento prisional.

Os alimentos, no âmbito do Direito de Família, decorrem do princípio da solidariedade[3]. A obrigação alimentar é reflexo da indispensabilidade de se atender o mais valoroso direito da personalidade que é o direito à vida daquele que passa por privações materiais e, por isso, há caráter de ordem pública acerca das normas jurídicas que tratam dos alimentos[4], sem prejuízo da esfera de disponibilidade existente quanto às prestações alimentares pretéritas, bem como à forma e ao *quantum* da prestação alimentar.

Apesar das diferenças entre os alimentos entre parentes (CC, arts. 1.696 a 1.698) e o dever de sustento e de educação dos pais em relação aos seus filhos menores (CF/88, art. 229; ECA, art. 22; CC, arts. 1.566, IV, 1.634, I e 1.722), a legislação civil unificou o tratamento normativo para ambas as hipóteses, além de tratar dos alimentos entre cônjuges e companheiros (CC, art. 1.694). Durante a menoridade, os filhos devem ser sustentados pelos seus pais, independentemente "de suas fortunas", eis que se trata de imposição legal aos genitores em favor das crianças ou adolescentes, admitindo-se sua continuidade quanto à obrigação alimentar até o filho completar 24 (vinte e quatro) anos de idade, desde que esteja se preparando para a obtenção da autossubsistência mediante o ingresso no mercado de trabalho[5]. O direito à educação inclui o acesso do jovem aos níveis mais elevados de ensino e de pesquisa, sendo que a idade de 24 (vinte e quatro) anos corresponde à média nacional de formação universitária regular, além de ser adotada na legislação tributária para fins de o jovem ser considerado dependente econômico do contribuinte de imposto de renda[6].

Uma das classificações sobre os alimentos no Direito de Família leva em conta a natureza da prestação: a) prestação alimentar própria, caso em que o devedor dos alimentos fornece *in natura* os elementos necessários para o atendimento às necessidades do credor, como por exemplo entregando os mantimentos periodicamente, pagando a mensalidade escolar e os cursos do filho; b) prestação alimentar imprópria, hipótese na qual há o pagamento de determinada soma em dinheiro.

Enquanto os alimentos em geral abrangem o atendimento à alimentação propriamente dita, à cura (com os remédios e tratamentos médicos e hospitalares), ao vestuário,

---

3. CAHALI, Yussef Said. *Dos alimentos*. 3. ed. São Paulo: Ed. RT, 1998, p. 33.
4. GAMA, Guilherme Calmon Nogueira da. *Direito Civil*: família. São Paulo: Atlas, 2008, p. 485.
5. GAMA, Guilherme Calmon Nogueira da. *Direito Civil*: família, *op. cit.*, p. 490. No mesmo sentido do texto: OLIVEIRA, José Lamartine C. de; MUNIZ, Francisco José Ferreira. *Curso de Direito de Família*. 4. ed. 2. tir. Curitiba: Juruá, 2002, p. 76-77.
6. LÔBO, Paulo. *Direito civil*: famílias. 3. ed. São Paulo: Saraiva, 2010, p. 390.

à habitação e à educação – se o credor for menor – (CC, art. 1.920), os alimentos gravídicos cobrem as despesas adicionais do período da gravidez e outras dela decorrentes (alimentação especial, assistência médica e psicológica, exames complementares, internação hospitalar, parto, medicamentos e outras prescrições preventivas e terapêuticas indispensáveis à boa gestação), bastando haver indícios de paternidade para imposição do pagamento da verba alimentar (Lei 11.804/08, arts. 2º e 6º).

Os alimentos devem ser acordados ou fixados na proporção da necessidade do credor e da possibilidade do devedor (CC, art. 1.694, § 1º). A doutrina tem considerado que o preceito normativo deve receber leitura interpretativa mais flexível a respeito da possibilidade do devedor, notadamente em decorrência das transformações levadas a efeito nas estruturas econômica e social existentes no Brasil, com agravamento das desigualdades devido ao aumento do número de pessoas em situação de miséria. Do contrário, não haveria em qualquer hipótese a possibilidade de assalariado com ganho mensal de um salário mínimo prestar alimentos aos seus filhos menores[7].

Em razão da importância dos alimentos no Direito de Família – baseados na noção de assegurar a vida da pessoa do alimentando –, a única possibilidade atual de prisão civil é a do devedor de alimentos, o que é expressamente ressalvado na Constituição Federal (art. 5º, LXVIII) e decorrente de disposição contida no Pacto de São José da Costa Rica. Trata-se de medida extrema, cujas imposição e execução são tratadas no âmbito da legislação processual (CPC/2015, art. 528). A prisão civil do devedor de alimentos não é pena, e sim instrumento de coerção ao devedor para que possa "remover a resistência e teimosia do inadimplente devedor de alimentos"[8], instrumento valioso de eficácia processual. A justificativa para o reconhecimento da prisão civil decorre da circunstância de a prestação alimentar referir-se "ao sustento do ser humano, à sua sobrevivência digna" e, por isso há um interesse estatal a respeito do seu cumprimento[9].

No sistema jurídico existente na época de vigência do Código de Processo Civil de 1973 (arts. 732, 733 e 735) e da Lei 5.478/68 (arts. 16 a 18), havia a seguinte gradação a respeito da execução do crédito alimentício: "primeiro, o desconto em folha; em seguida, a expropriação (de aluguéis e outros rendimentos); por último, indiferentemente, a expropriação (de quaisquer bens) e a coação pessoal"[10]. Logo, não havendo possibilidade do desconto em folha (devedor não assalariado), e tampouco identificação de bens frugíferos *in concreto* do devedor, o credor poderia escolher entre a expropriação de bens do devedor ou a imposição da prisão civil, conforme ritos distintos no âmbito das normas processuais então vigentes. O sistema foi sutilmente alterado com o início de vigência do Código de Processo Civil de 2015 (arts. 528 a 532; 911 a 913) apenas para

---

7. GAMA, Guilherme Calmon Nogueira da. *Direito Civil*: família, op. cit., p. 492.
8. MADALENO, Rolf. A execução de alimentos pela via da dignidade humana. In: CAHALI, Francisco José; PEREIRA, Rodrigo da Cunha (Coords.). *Alimentos no Código Civil*. São Paulo: Saraiva, 2005, p. 251.
9. MALUF, Carlos Alberto Dabus; MALUF, Adriana Caldas do Rego Freitas Dabus. *Curso de Direito de Família*. São Paulo: Saraiva, 2013, p. 706.
10. ASSIS, Araken de. *Da execução de alimentos e prisão do devedor*. 5. ed. São Paulo: Ed. RT, 2001, p. 116.

excluir a previsão da expropriação de aluguéis e outros rendimentos. Não sendo caso de desconto da prestação alimentícia em folha de pagamento (CPC/2015, arts. 529 e 912), cabe ao credor escolher entre promover o cumprimento da sentença ou a execução do título executivo extrajudicial através dos atos de expropriação de bens ou valores ou requerer o decreto de prisão civil pelo prazo de 1 (um) a 3 (três) meses.

O devedor de alimentos – em razão de acordo celebrado entre as partes, ou por determinação contida em decisão interlocutória que fixe os alimentos, ou em sentença que deva ser cumprida – será pessoalmente intimado para, em 3 (três) dias, "pagar o débito, provar que o fez ou justificar a impossibilidade de efetuá-lo" (CPC/2015, art. 528, *caput*). Na eventualidade de não ser atendida a determinação judicial, o juiz mandará protestar o pronunciamento judicial (CPC/2015, art. 528, § 1º) e, com a escolha do credor quanto à medida judicial a ser implementada, decretar a prisão civil pelo prazo de 1 (um) a 3 (três) meses, cujo cumprimento ocorrerá em regime fechado, ainda que separado dos presos comuns do sistema de justiça penal (CPC/2015, art. 528, §§ 3º e 4º).

No passado, houve intenso debate doutrinário e dissídio jurisprudencial acerca da viabilidade (ou não) de imposição da prisão civil em regime domiciliar, tendo o STF apreciado o tema no sentido de que "não se aplica à prisão civil o regime de prisão albergue" devido ao "caráter constritivo da prisão civil"[11]. O CPC/2015 definiu a questão sob o prisma da regra de que a prisão será cumprida em regime fechado em estabelecimento prisional, sendo que o devedor ficará preso em cela distinta dos presos comuns do sistema de justiça penal (art. 528, § 4º). Na doutrina processual vigente à época do CPC/73, colhe-se a seguinte assertiva: "o deferimento de prisão domiciliar ao executado constitui amarga pilhéria. Dela não resulta nenhum estímulo real sobre a vontade renitente do devedor"[12].

O débito alimentar que enseja o decreto de prisão civil compreende aquele referente ao período de até 3 (três) prestações anteriores ao ajuizamento da medida visando o cumprimento do acordo, da decisão interlocutória ou da sentença, e desde que o alimentando não tenho optado por promover as medidas de execução de obrigação de pagar quantia certa (CPC/2015, art. 528, §§ 7º e 8º, c.c. art. 520 e seguintes). Desde o advento da Lei 11.441/07 – com a faculdade da utilização da escritura pública nos acordos de separação e divórcio, desde que não haja interesse de incapaz –, houve polêmica acerca da viabilidade de decretação da prisão civil com base no título executivo extrajudicial, a saber, a escritura pública do acordo de separação ou divórcio com a previsão dos alimentos em favor de um dos ex-cônjuges[13]. Sucede que, com o advento da nova lei processual civil, a questão se tornou resolvida devido à previsão da aplicação dos §§ 2º a 7º, do art. 528 na execução dos alimentos fundada em título executivo extrajudicial (CPC/2015, art. 911,

---

11. BRASIL, STF, 2ª Turma, rel. Ministro Néri da Silveira, *RTJ* 149/164 e *RT* 703/231.
12. ASSIS, Araken de. *Da execução de alimentos e prisão do devedor, op. cit.*, p. 148.
13. CASSETARI, Christiano. Da possibilidade de prisão do devedor de alimentos fixados em escritura pública de divórcio e de extinção da união estável. In: COLTRO, Antônio Carlos Mathias; DELGADO, Mário Luiz (Coords.). *Divórcios e inventários extrajudiciais*. 4. ed. Porto Alegre: Lex Magister Editora, 2016, p. 68.

parágrafo único)[14]. A respeito da justificativa quanto à impossibilidade do pagamento da dívida alimentar, a doutrina considera que seu acolhimento não gera a exoneração da dívida, mas sim a suspensão da exigibilidade da prestação para o fim de não gerar o decreto de prisão civil[15]. Além disso, não se revela justificada a impossibilidade do pagamento da prestação quando ela for criada pelo próprio devedor, como no exemplo ainda comum da pessoa que se demite do seu emprego apenas para não ter descontado em seu vencimento mensal o valor correspondente aos alimentos devidos ao credor. A impossibilidade referida na lei processual diz respeito à circunstância alheia à vontade do devedor, resultante de motivo de força maior[16].

O art. 15, da Lei nº 14.010/2020, suspenderá a vigência do § 4º, do art. 528, do CPC/2015, para prever que o cumprimento da prisão civil decretada se dará exclusivamente sob a modalidade de prisão domiciliar até 30.10.2020, como medida emergencial e transitória decorrente do risco de contágio do COVID-19 no âmbito do sistema carcerário existente no território nacional. No Parecer n. 18/2020, da Senadora Simone Tebet, houve expressa menção de que tal regra objetiva alinhar o texto do projeto de lei à orientação adotada pelo Superior Tribunal de Justiça a respeito do tema, que foi manifestada em decisão da Ministra Nancy Andrighi, como medida de contenção da pandemia causada pelo COVID-19, com base na Recomendação n. 62/2020, do Conselho Nacional de Justiça[17].

Em decisão monocrática, ao apreciar o habeas corpus coletivo impetrado pela Defensoria Pública do Estado do Ceará, o Ministro Paulo de Tarso Sanseverino deferiu parcialmente a liminar para o fim de determinar o cumprimento às decisões de imposição de prisão civil aos devedores de alimentos, excepcionalmente, em regime domiciliar, devendo as condições e o tempo do regime domiciliar ser fixados pelo juiz da execução da ordem de prisão, em observância às medidas adotadas pelas autoridades públicas do Estado do Ceará[18]. Posteriormente, a requerimento da Defensoria Pública da União, o relator estendeu os efeitos da decisão para todas as pessoas com decreto de prisão civil no território nacional[19].

Obviamente que a regra transitória será aplicável para os casos de decreto de prisão civil do devedor de alimentos, pois, em razão das consequências econômicas da pandemia e dos atos praticados pelas autoridades públicas, pode ser que o devedor de alimentos venha a ficar desempregado ou impossibilitado de dar prosseguimento às

---

14. OLIVEIRA, Euclides de. Separação extrajudicial, partilha de bens e alimentos. In: COLTRO, Antônio Carlos Mathias; DELGADO, Mário Luiz (Coords.). *Divórcios e inventários extrajudiciais*. 4. ed. Porto Alegre: Lex Magister Editora, 2016, p. 264.
15. CAHALI, Yussef Said. *Dos alimentos, op. cit.*, p. 1.094.
16. CAHALI, Yussef Said. *Dos alimentos, op. cit.*, p. 1.095.
17. "Por causa do coronavírus, ministra manda devedor de alimentos cumprir prisão domiciliar" (Superior Tribunal de Justiça, Notícias, matéria publicada em 19.03.2020. Disponível em: [www.stj.jus.br]. Acesso em: 02.04.2020.
18. BRASIL, Superior Tribunal de Justiça, HC 568.021/CE, relator Ministro Paulo de Tarso Sanseverino, decisão monocrática publicada em 25.03.2020.
19. BRASIL, STJ, Petição no HC 568.021/CE, relator Ministro Paulo de Tarso Sanseverino, decisão monocrática publicada em 30.03.2020.

suas atividades profissionais (como empresário, ou profissional autônomo) – como no exemplo do fechamento do seu estabelecimento na via pública ou no *shopping center* – e, assim, justificar a impossibilidade de efetuar o pagamento do débito alimentar. Neste caso, havendo comprovação de fato que impossibilitou de modo absoluto o adimplemento da pensão alimentícia, o juiz não decretará a prisão civil (CPC/2015, art. 528, § 2º). Trata-se de reconhecer o motivo de força maior, alheio à vontade do devedor, que o impede de cumprir o comando judicial quanto à efetiva prestação alimentar referente ao período pretérito ao início da execução.

O art. 1.699, do Código Civil, trata da regra da alteração dos alimentos desde que ocorra mudança na situação financeira do credor ou do devedor dos alimentos, no sentido da exoneração, redução ou majoração da obrigação alimentar. O binômio necessidade/possibilidade, apurado no momento da quantificação inicial dos alimentos, pode se alterar no curso da relação jurídica decorrente da obrigação alimentar e, por isso, o desequilíbrio que venha a ser detectado deve ser corrigido para fins de atender a equação de proporcionalidade[20]. Reconhece-se a presença da cláusula *rebus sic stantibus* no acordo ou na sentença de alimentos e, por isso, o *quantum* dos alimentos se manterá inalterado enquanto forem mantidas as condições objetivas (de necessidade e de possibilidade) que permitiram sua implantação.

Desse modo, a legislação brasileira já prevê mecanismos para o devedor poder requerer a redução – ou em situações mais graves – a exoneração dos alimentos anteriormente acordados ou impostos judicialmente, tratando-se, obviamente, de hipóteses merecedoras de apreciação urgente, notadamente no período de crise decorrente da pandemia do COVID-19. A alteração da prestação dos alimentos deverá ser obtida através de pronunciamento judicial vindicado pelo interessado em rever o *quantum* dos alimentos de modo a manter o equilíbrio inicial da relação obrigacional envolvendo o trinômio "necessidade-possibilidade-proporcionalidade". A variação do *quantum debeatur* não é consequência automática dos acontecimentos na condição econômica (ou financeira) de qualquer dos sujeitos da relação obrigacional, sendo necessário pronunciamento jurisdicional[21].

Admite-se a fixação dos alimentos provisórios na ação revisional desde que sejam constatadas circunstâncias excepcionais que identifiquem o manifesto desequilíbrio entre a necessidade atual do credor e a possibilidade contemporânea do devedor. O mesmo deve ser considerado na ação de exoneração dos alimentos, para o fim de concessão de tutela de urgência em circunstâncias bastante excepcionais[22]. Outro aspecto a ser considerado é da eficácia retroativa da sentença que promove a redução, majoração ou exoneração dos alimentos à data da citação do réu na demanda, com a ressalva da impossibilidade de compensação e de repetição de valores já pagos (STJ, Súmula 621).

---

20. Gama, Guilherme Calmon Nogueira da. Comentários ao art. 1.699. In: NANNI, Giovanni Ettore (coord.). *Comentários ao Código Civil*: Direito Privado contemporâneo. São Paulo: Saraiva, 2019, p. 2083.
21. GAMA, Guilherme Calmon Nogueira da. Comentários ao art. 1.699, *op. cit.*, p. 2083.
22. GAMA, Guilherme Calmon Nogueira da. Comentários ao art. 1.699, *op. cit.*, p. 2084.

No momento atual, com os efeitos da pandemia do COVID-19 sobre a condição financeira do devedor de alimentos – devidamente demonstrada –, tal como a redução salarial baseada no acordo individual autorizado pela MP 927/20, e a interrupção de seu trabalho como profissional liberal devido às medidas impostas pelas autoridades públicas, por exemplo, será possível a obtenção da redução do *quantum* dos alimentos, diante da previsão legal (CC, art. 1.699), ou em situação mais dramática a exoneração dos alimentos.

Contudo, no caso de possível exoneração da obrigação alimentar, a questão deverá ser muito bem aferida eis que o credor dos alimentos também não tem condições de se automanter através dos seus recursos e rendas de bens. A hipótese se assemelha à falência do devedor (no caso de empresário individual ou da sociedade empresária), na qual não haverá motivo para a exoneração da obrigação alimentar: "o dever de sustento se mantém, não obstante o estado falencial do devedor, adaptado à nova contingência"[23].

Para os casos em que não haja motivo para redução ou exoneração dos alimentos, havendo inadimplemento injustificado, e atendidos os requisitos da legislação processual, caberá o decreto de prisão civil que, até 30.10.2020, somente poderá ser cumprido em regime domiciliar. Neste caso, o cuidado para que a medida não seja inócua deve ser aferido pelo magistrado, pois em vários locais já há medidas adotadas pelas autoridades públicas quanto à proibição de saída das pessoas de suas residências, ressalvados apenas os deslocamentos para a compra de mantimentos e medicamentos, como vêm se constatando em regiões da Itália, Espanha, Estados Unidos da América e, até mesmo, no Brasil. Caso a prisão em regime domiciliar não seja diferenciada das proibições que as pessoas em geral já vêm passando no que se refere às medidas de proibição de deslocamento para fora da residência, não há sentido no decreto da prisão domiciliar, sendo obviamente recomendada a adoção de outras medidas previstas na legislação processual civil, tais como o protesto quanto à determinação de pagamento (CPC, art. 528, § 1º), e a opção pelas medidas executivas contra bens do patrimônio do devedor (CPC, art. 528, § 8º).

Como já advertia Yussef Said Cahali, a lei processual, "tendo em consideração os *privilegia alimentorum*, estabelece a sequência de prioridades dos modos possíveis de execução, de maneira atender, com maior eficácia e celeridade, à situação da necessidade do alimentário reconhecida pela decisão judicial (implícita no acordo homologado, se o caso) sem prejuízo da garantia de uma relativa liberdade individual do devedor recalcitrante"[24]. Tal ponderação doutrinária, se contextualizada ao momento atual, somente admite o decreto de prisão civil nos casos referentes às três prestações anteriores ao ajuizamento da execução, bem como às que se vencerem no curso do processo (CPC, art. 528, § 7º), baseado na interpretação do Superior Tribunal de Justiça[25], expressa na Súmula n. 309: "o débito alimentar que autoriza a prisão civil do alimentante é o

---

23. CAHALI, Yussef Said. *Dos alimentos, op. cit.*, p. 997.
24. CAHALI, Yussef Said. *Dos alimentos, op. cit.*, p. 1.065.
25. MULLER, Patrícia. Execução, revisão e exoneração de alimentos. In: FREITAS, Douglas Phillips (org.). *Curso de direito de família*. Florianópolis: Vox Legem Editora, 2004, p. 222.

que compreende as três prestações anteriores à citação e as que vencerem no curso do processo".

Caso o credor opte por realmente requerer a prisão civil do devedor inadimplente de alimentos, com a viabilidade de cumprimento em regime domiciliar, a tecnologia tem permitido o monitoramento do cumprimento de determinações judiciais de prisão domiciliar, por exemplo, com o emprego das "tornozeleiras eletrônicas" e, por isso, ainda que haja flexibilização das medidas sanitárias, por exemplo, com a admissibilidade de certos deslocamentos pelas pessoas em geral, o devedor de alimentos não poderá se ausentar da sua residência permanente em razão da prisão domiciliar. A questão envolve o efetivo controle e fiscalização da prisão civil em regime domiciliar, o que infelizmente ainda não é realidade na maior parte dos Estados no Brasil.

Mesmo no período da pandemia, caso haja o pagamento da prestação alimentícia no curso da prisão domiciliar, o juiz suspenderá imediatamente a ordem de prisão (CPC/2015, art. 528, § 6º). Tal hipótese não se confunde com aquela na qual, antes de o devedor ser efetivamente preso, o oficial de justiça susta o cumprimento do mandado de prisão quando é identificada a realização do pagamento ou do depósito da quantia devida, constante do mandado judicial[26]. A suspensão do cumprimento da prisão pelo juiz somente ocorre quando, já tendo sido cumprida a ordem de prisão, a liberação do devedor depende da expedição de alvará de soltura, ordenado pelo magistrado.

5.2 GUARDA DE FILHOS MENORES

Outro tema que também vem sofrendo efeitos decorrentes da pandemia do COVID-19, e das medidas adotadas pelas autoridades públicas para combater os efeitos nefastos da referida pandemia, diz respeito ao regime da guarda dos filhos comuns entre os pais (ou até mesmo outros parentes), não apenas envolvendo ex-casais (que foram casados ou companheiros), mas também pessoas que nunca tiveram relação familiar, mas se tornaram pais do mesmo filho, como no exemplo de namorados que tiveram filho e terminaram seu relacionamento amoroso mesmo antes ou pouco depois do nascimento da criança, ou mesmo de pessoas que nunca tiveram relacionamento de namoro, mas em virtude de encontros casuais, geraram o nascimento do filho comum. A cessação da convivência dos pais – por força da separação de fato, da separação formal, do divórcio ou da dissolução da união estável – não pode representar a separação de pais e seus filhos[27].

Em decorrência de acordos homologados judicialmente, ou ainda de determinações contidas em decisões interlocutórias ou sentenças transitadas em julgado, o regime de guarda dos filhos comuns, bem como as visitas à criança ou ao adolescente, em alguns casos, vêm sendo impactados pelos receios de contaminação do COVID-19 e, por isso, podem haver motivos para requerer a alteração do regime anteriormente estabelecido,

---

26. CAHALI, Yussef Said. *Dos alimentos, op. cit.*, p. 1.126.
27. LÔBO, Paulo. *Direito civil*: famílias, *op. cit.*, p. 186.

notadamente em preservação do melhor interesse da criança e do adolescente (CF/88, art. 227; ECA, art. 1º). Há casos de pedidos de suspensão do direito de visitas, sob o fundamento de que os deslocamentos da criança ou do adolescente poderiam caracterizar grave risco, como por exemplo nos casos de o titular do direito de visitas ser profissional da área da saúde (médicos, enfermeiros, auxiliares de enfermagem, cuidadores, alguns psicólogos) ou ainda conviver com pessoas idosas ou pessoas integrantes de grupos de risco ao COVID-19 no seu domicílio, ou mesmo nos casos de crianças com doenças respiratórias graves e que ficariam expostas à contaminação caso viessem a ter contato com o outro genitor com quem ela não reside sob o mesmo teto[28].

Desse modo, há notícias de algumas ações ajuizadas no período da pandemia com vistas à alteração do regime de guarda sob o fundamento de que o genitor que reside com a criança estaria criando entraves para o efetivo exercício da guarda compartilhada ou para o exercício do direito à convivência, normalmente com alegação de prática de alienação parental. Em alguns sítios eletrônicos são noticiadas disputas judiciais quanto à suspensão das visitas paternas "durante o período da quarentena", com substituição do contato físico por "telefonemas ou vídeo chamadas com pelo menos uma hora de duração nos dias destinados à convivência entre pai e filho"[29], à continuidade do regime de convivência "durante a pandemia do COVID-19"[30], com o cumprimento do acordo sobre as visitas, e à suspensão da convivência do pai com sua filha de dois anos de idade em virtude da viagem ao exterior que ele fizera, pelo prazo de quatorze dias, restabelecendo-se o contato se fosse provado que ele não teria se contaminado com o COVID-19[31].

É interessante observar que, à luz de tratados e convenções internacionais referentes aos direitos das crianças, há normalmente previsão a respeito de medidas que devem ser adotadas em casos de possível colocação da criança em situação de risco e, portanto, de maior vulnerabilidade. Assim, por exemplo, há disposições sobre o não retorno da criança ao Estado da sua residência habitual quando houver "risco grave de a criança, no seu retorno, ficar sujeita a perigos de ordem física ou psíquica, ou de qualquer outro modo, ficar numa situação intolerável"[32], ou quando o retorno "não for compatível com os princípios fundamentais do Estado requerido com relação à proteção dos direitos humanos e das liberdades fundamentais"[33]. Na doutrina brasileira, ao ser comentada a

---

28. TEIXEIRA, Ana Carolina Brochado. Algumas reflexões sobre os impactos da COVID-19 nas relações familiares. *GEN Jurídico*. Disponível em: [genjuridico.com.br]. Acesso em: 01.05.2020.
29. SANTOS, Juliana Ribeiro dos. Suspensão das visitas paternas em razão da pandemia do COVID-19. Disponível em: [http://www.reginabeatriz.com.br/post/suspens%C3%A3o-das-visitas-paternas-em-raz%C3%A3o-da-pandemia-do-covid-19]. Acesso em: 30.04.2020.
30. XADE, Carolina; ONETTO, Marina. Manutenção do regime de convivência durante a pandemia do COVID-19. Disponível em: [http://www.reginabeatriz.com.br/post/manuten%C3%A7%C3%A3o-do-regime-de-conviv%-C3%AAncia-durante-a-pandemia-do-covid-19]. Acesso em: 30.04.2020.
31. Disponível em: [https://www.conjur.com.br/2020-mar-13/desembargador-proibe-pai-ver-filha-risco-coronavirus]. Acesso em: 22.04.2020.
32. Convenção da Haia sobre aspectos civis do Sequestro Internacional de Crianças, internalizada no Direito brasileiro pelo Decreto 3.413/00, art. 13, "b".
33. Convenção da Haia sobre aspectos civis do Sequestro Internacional de Crianças, internalizada no Direito brasileiro pelo Decreto 3.413/00, art. 20.

hipótese de exceção ao retorno da criança ao país de sua residência habitual, notadamente na parte referente à colocação da criança "numa situação intolerável", observou-se que: situação intolerável (...) compreende as situações externas à criança que justificariam a sua permanência no país de refúgio", inserindo-se nesta hipótese "graves situações conjunturais do país da residência habitual, como **epidemias sérias**, devastações naturais e também atos de abuso ou violência à mãe da criança"[34].

À luz do Direito de Família brasileiro, após as reformas de 2008 e 2014 no Código Civil (arts. 1.583 e 1.584, na redação dada pelas Leis 11.698/08 e 13.058/14), reconhece-se atualmente como prioritário o regime da guarda compartilhada na definição dos efeitos das relações jurídicas entre pais e filhos menores, mas sempre baseado no princípio do melhor interesse da criança e do adolescente. Deve-se sempre estimular a solução consensual a respeito do tema da guarda do filho comum e, por óbvio, também no período emergencial e transitório do RJET das relações jurídicas de Direito Privado, a solução dialogada entre os interessados, com a oitiva do filho, é o melhor caminho para as devidas adaptações relativas ao efetivo funcionamento do regime da guarda e da convivência paterno-filial (ou materno-filial), notadamente nos casos de isolamento social, restrição de locomoção nas vias e logradouros públicos.

A guarda dos filhos menores é prevista na lei brasileira como dever comum dos pais em decorrência da autoridade parental (ou "poder familiar" na expressão do Código Civil), sendo reforçada ainda no âmbito do casamento (CC, art. 1.566, IV) e da união estável (CC, art. 1.724). "A guarda representa a convivência efetiva e diuturna dos pais com o menor sob o mesmo teto, assistindo-o material, moral e psiquicamente"[35]. A norma constitucional (art. 229) não distingue o tipo de relacionamento mantido entre os pais para afirmar o dever conjunto de "assistir, criar e educar os filhos menores".

Na atualidade do Direito de Família, a ressignificação da noção da autoridade parental se vincula muito mais à noção de proteção, resguardo, promoção, respeito e cuidado com os interesses e direitos da criança ou do adolescente como filho de seus pais, notadamente no tema referente à convivência familiar[36]. As questões mais difíceis e complexas normalmente decorrem de pais que foram casados ou que viveram em união estável e, após determinado período de duração da entidade familiar baseada na conjugalidade, vem a dissolver a sociedade (conjugal ou companheiril), com a necessidade de definição dos efeitos da dissolução quanto à condição dos filhos menores (ou maiores com incapacidade relativa). Desde o advento do texto constitucional de 1988 no Brasil, o direito dos pais à guarda dos filhos se transformou no direito à continuidade da convivência ou no direito de contato dos filhos com seus pais (CF/88, art. 227, *caput*).

Quando a criança somente é reconhecida como filha por um dos seus genitores (na maior parte dos casos, pela mãe), sua guarda será exercida exclusivamente por ele (CC,

---

34. TIBURCIO, Carmen. Comentários ao art. 13. In: TIBURCIO, Carmen; CALMON, Guilherme (Coords.). *Sequestro internacional de crianças*: comentários à Convenção da Haia de 1980. São Paulo: Atlas, 2014, p. 290.
35. GRISARD FILHO, Waldyr. *Guarda compartilhada*. São Paulo: Ed. RT, 2000, p. 59.
36. GAMA, Guilherme Calmon Nogueira da. Comentários ao art. 1.583, *op. cit.*, p. 1.968.

art. 1.612), tratando-se de hipótese típica de entidade familiar monoparental (CF/88, art. 226, § 4º). No entanto, nos casos de pessoas que não se casaram, nem constituíram união estável entre elas, o reconhecimento do filho comum por ambos implicará a guarda em favor daquele que revelar atender aos melhores interesses do filho (CC, art. 1.612). Tal regra ainda é reflexo do período anterior à edição da Lei 13.058/14 a respeito do modelo da guarda unilateral (ou uniparental, exclusiva). Tal modelo é aquele segundo o qual a guarda jurídica e a guarda física do filho se concentram em um dos pais, abrangendo poderes de reger a vida do filho, dirigir-lhe a criação e educação, deliberar sobre questões importantes referentes ao desenvolvimento físico, psíquico e existencial do filho, enquanto que o outro genitor terá direito de visitar seu filho, tê-lo em sua companhia em espaços de tempo predeterminados, fiscalizar o exercício do poder familiar do outro genitor (CC, art. 1.589).

No sistema jurídico anterior a 1988, a guarda unilateral era o regime que a lei brasileira prestigiava, privilegiando os interesses dos pais em disputa e da apuração da culpa na dissolução da sociedade conjugal (na separação judicial) para definir quem ficaria com a guarda jurídica do filho comum (Lei 6.515/77, art. 10). O período se caracterizava pela preocupação com os interesses dos adultos, em clara postura normativa que desconsiderava a criança como sujeito de direito. Atualmente, em razão das mudanças operadas com a Constituição Federal e com a internalização de tratados e convenções internacionais (tais como as Convenções da ONU e da Conferência da Haia sobre os direitos das crianças), devido à prioridade absoluta das crianças, e do seu melhor interesse, não importa investigar culpa na dissolução da entidade familiar fundada na conjugalidade para se instituir o regime de guarda, de modo a permitir o atendimento das necessidades do filho menor. Logo, "o filho ficará sob a guarda de quem revelar melhores condições para exercê-la, afastando-se a odiosa regra da culpa do pai ou da mãe"[37], caso o modelo a ser instituído seja o da guarda unilateral.

Contudo, o modelo da guarda unilateral se revelou insuficiente e inadequado ao atendimento do melhor interesse do filho, na maior parte dos casos, no período pós--dissolução da entidade familiar, razão pela qual foram cogitadas outras modalidades de guarda, tais como: i) a guarda alternada – cada um dos pais detém a guarda física do filho alternadamente, em consonância com um limite espaço-temporal preestabelecido (uma semana, um mês, uma parte da semana, ou repartição organizada do dia a dia), responsabilizando-se pelos poderes-deveres neste período –; ii) guarda dividida (ou "aninhamento") – caso em que o filho vive em espaço único (fixo), com alternância da presença dos pais em períodos de tempo –; iii) guarda compartilhada (ou conjunta) – a que permite o exercício compartilhado da guarda e que permite aos pais o compartilhamento da criação e da educação do filho, com adequada comunicação e convivência da criança com ambos os pais[38].

---

37. LÔBO, Paulo. *Direito civil*: famílias, *op. cit.*, p. 189.
38. GAMA, Guilherme Calmon Nogueira da. Comentários ao art. 1.583, *op. cit.*, p. 1.969.

A guarda compartilhada ganhou expressa previsão na legislação brasileira com a edição da Lei 11.698/08 (que deu nova redação aos arts. 1.583 e 1.584, CC), e compreende o exercício comum da autoridade parental, com a continuidade da convivência da criança com ambos os pais em situação próxima à que existia quando os pais ainda formavam uma entidade familiar (pelo casamento ou pela união estável). A criança tem residência fixa – única e não alternada –, mas permite que os pais deliberem conjuntamente sobre "o programa geral de educação dos filhos, compreendendo não só a instrução"[39] como também sobre os assuntos relativos ao desenvolvimento das faculdades físicas e psíquicas do filho comum. É certo que o modelo da guarda compartilhada nem sempre será o mais adequado para determinadas situações, especialmente quando ainda se perceba a presença de ressentimentos e rusgas decorrentes de dissolução de sociedade (conjugal e companheiril) que impeçam a existência de relacionamento harmônico e saudável entre os pais.

Ainda assim, a guarda compartilhada se tornou prioritária com o advento da Lei 13.058/14 e, por isso, o modelo ideal a ser implementado, não sendo instituído um regime de visitação. Há expressa previsão legal sobre o tempo de convívio e de comunicação do filho com ambos os pais ser dividido de modo equilibrado, levando em conta as condições de fato e os interesses do filho (CC, art. 1.583, § 2º). Diversamente do que no início se supôs, o regime da guarda compartilhada também pode decorrer de determinação judicial, e não é fruto apenas dos casos de acordo entre os pais (CC, art. 1.584, *caput*), sendo que no curso da demanda judicial o juiz deverá informar aos pais o "significado da guarda compartilhada, sua importância, a similitude de deveres e direitos atribuídos aos genitores e as sanções pelo descumprimento de suas cláusulas" (CC, art. 1.584, § 1º).

À luz da legislação brasileira, há claramente estímulo à solução consensual do litígio que envolve a guarda de filho comum, inclusive com auxílio de equipe interdisciplinar e de orientação técnico-profissional, sendo a ação de guarda tratada como ação de família (CPC/2015, art. 693) com a indicação da realização de sessões de mediação e audiências de tentativa de conciliação (CPC/2015, arts. 694 e 696; CC, art. 1.584, §§ 1º e 3º). Caso haja notícia da prática de atos de alienação parental, é fundamental a atuação da equipe técnica no caso, bem como sejam empregadas algumas cautelas, inclusive a escuta especializada (Lei 13.431/17).

O descumprimento do acordo de guarda ou da decisão judicial que impôs o regime de guarda pode ser sancionado através da "redução das prerrogativas atribuídas ao seu detentor" (CC, art. 1.584, § 4º), sem prejuízo de também poder caracterizar ato de alienação parental – a conduta de um dos genitores que possa interferir na formação psíquica do filho para o fim deste repudiar o outro genitor ou causar prejuízo ao estabelecimento ou à continuidade de vínculos de afeto com este (Lei 12.318/10, art. 2º).

---

39. GRISARD FILHO, Waldyr. *Guarda compartilhada*, op. cit., p. 148.

Os atos de alienação parental buscam causar o afastamento da criança do convívio de um dos genitores através de uma campanha de desqualificação dele, com a criação de obstáculos de convivência da criança com ele, a omissão de informações relevantes sobre a criança, a apresentação de falsa "denúncia" de maus tratos e outros ilícitos graves (como abuso sexual)[40]. As hipóteses mais frequentes de prática de alienação parental consistem nos casos de ruptura do convívio entre os pais do filho comum – seja em razão da dissolução da sociedade formada entre os cônjuges ou entre os companheiros –, com o "inconformismo do alienador em relação ao alienado", havendo "espírito de emulação ou de vingança que lamentavelmente leva à prática da alienação parental"[41].

A tragédia "Medeia", de Eurípides, é simbólica e demonstra "o constante inconformismo e a revolta de uma mulher traída que encontra na morte dos filhos um meio de se vingar de Jasão", sendo que o "aspecto emocional desencadeia a tortura pessoal de Medeia, em relação ao seu amor, em relação ao fruto deste amor (os filhos) e em relação ao homem que a abandonou (embora sendo pai de seus filhos)"[42]. Na tragédia grega a mãe mata seus filhos como forma de se vingar do seu ex-marido, num contexto dramático dos efeitos deletérios do "luto" da separação, sendo que a história se repete nos dias atuais com outra roupagem na qual se busca, através da alienação parental, o rompimento do convívio e do contato do outro genitor com o filho do ex-casal.

A alienação parental normalmente se identifica a partir de um processo que visa alterar o relacionamento do filho com um dos seus pais, com a finalidade de reduzir (ou eliminar) os laços de afeto da criança com o outro genitor, mediante a utilização de "artifícios que visem neutralizar o exercício da autoridade parental do genitor não guardião, ou daquele que tem menos influência" sobre o filho[43]. Há estudos na Psicologia a respeito dos distúrbios psíquicos e comportamentais que a criança pode vir a ter, tais como ansiedade, pânico, depressão, tendo sido apresentada a síndrome da alienação parental pelo psiquiatra norte-americano Richard Gardner ainda na década de oitenta do século XX. Para o Direito, a alienação parental pode caracterizar grave violação ao direito fundamental da criança à convivência familiar saudável[44], especialmente com um dos seus genitores. De acordo com a Psicologia, na visão de Richard Gardner, o genitor que induz uma criança à síndrome da alienação parental pratica uma forma de abuso emocional, podendo ser mais prejudicial do que o abuso psicológico ou sexual, eis que pode causar não apenas perda total de contato da criança com um dos pais, mas também a manifestação de distúrbios psiquiátricos ao longo de toda a vida da criança vítima da referida síndrome[45].

---

40. GAMA, Guilherme Calmon Nogueira da. Comentários ao art. 1.584, *op. cit.*, p. 1.973.
41. MALUF, Carlos Alberto Dabus; MALUF, Adriana Dabus. *Curso ..., op. cit.*, p. 634.
42. LEITE, Eduardo de Oliveira. *Alienação parental:* do mito à realidade. São Paulo: Ed; RT, 2015, p. 90-91.
43. TEIXEIRA, Ana Carolina Brochado; RODRIGUES, Renata de Lima. Alienação parental: aspectos práticos e processuais. Civilistica.com. Rio de Janeiro, a. 2, n. 1, 2013. Disponível em: [http://civilistica.com/wp-content/uploads/2015/02/Teixeira-e-Rodrigues-civilistica.com-a.2.n.1.2013.pdf]. Acesso em: 12.10.2018, p. 5.
44. MALUF, Carlos Alberto Dabus; MALUF, Adriana Dabus. *Curso ..., op. cit.*, p. 637.
45. SOUSA, Analícia Martins de. *Síndrome da alienação parental.* São Paulo: Cortez Editora, 2010, p. 108.

Entre os atos de alienação parental exemplificados na lei brasileira encontram-se: i) dificultar o exercício da autoridade parental; ii) embaraçar o contato do filho com o outro genitor; iii) dificultar o exercício do direito regulamentado de convivência familiar; iv) mudar o domicílio para local distante, sem qualquer justificativa, visando dificultar a convivência do filho com o outro genitor (Lei 12.318, art. 2º, parágrafo único, II, III, IV e VII). As sanções previstas para coibir a prática de atos de alienação parental abrangem a ampliação do regime de convivência familiar em favor do genitor alienado, a determinação da alteração da guarda para o modelo de guarda compartilhada ou sua inversão, a imposição cautelar do domicílio do filho, a suspensão da autoridade parental do genitor alienador, entre outras (Lei 12.318/10, art. 6º).

Acerca do regime de convivência da criança com o genitor não guardião, a legislação civil brasileira prevê o direito de visita e de comunicação, bem como o direito de fiscalização da manutenção e da educação do filho comum (CC, art. 1.589, *caput*). A maior parte dos casos nos quais haverá a instituição do regime de convivência através do direito de visita se relaciona à guarda unilateral em favor de um dos genitores. O direito de visita envolve não apenas a prerrogativa de o genitor não guardião ir ao encontro da criança no local onde ela reside para se comunicar e manter contato com ela na sua residência ou em outro local previamente indicado, como também a prerrogativa de ter a criança em sua companhia fora do espaço físico da residência da criança, levando-a consigo para sua residência ou outro local, e lá permanecendo em convívio durante o tempo acordado ou estipulado (exemplo: fins de semana alternados, um mês de férias ao ano, entre outras possibilidades). O direito de visita, também considerado direito de adequada comunicação e supervisão da educação do filho, titularizado pelo pai ou pela mãe não convivente, é representado pela noção do "direito de manter um contato pessoal com o menor, de maneira mais ampla e fecunda que as circunstâncias possibilitam", e tem a ele correlacionado o direito da criança de ser visitado[46].

De modo geral, três são as modalidades de visitação: i) visitação livre – sem qualquer indicação a respeito de dias e horários para o contato com o filho; ii) visitação de mínima regulamentação – modalidade na qual são apontadas as visitas em finais de semana alternados, associadas em regra à companhia do filho durante tais períodos no lar do genitor não guardião, com previsão sobre um mês de férias, alguns dias festivos durante o ano etc...; iii) visitação extremamente regulamentada – com dias, horários e locais previamente estabelecidos, com planejamento de atividades com o filho[47].

O direito de visita pode ser suspenso em situações relacionadas à exposição da criança ou do adolescente a perigo, como seria nos casos de suspensão ou perda da autoridade parental, mas para tanto é necessário o reconhecimento de tais circunstâncias excepcionais e graves para que seja determinada a suspensão da visitação.

---

46. GRISARD FILHO, Waldyr. *Guarda compartilhada, op. cit.*, p. 93.
47. GAMA, Guilherme Calmon Nogueira da. Comentários ao art. 1.589, *op. cit.*, p. 1.977.

Devido à pandemia do COVID-19 e as medidas implementadas pelas autoridades sanitárias no que se refere à prevenção da disseminação da doença no meio social, realmente há casos nos quais se faz necessária alguma alteração a respeito do regime de guarda e, se for o caso, de visitação do filho comum. Em tais casos, sem que haja motivo imputável à pessoa do genitor não guardião e à pessoa do genitor guardião, pode ser necessária a adaptação das estipulações anteriormente feitas (por acordo ou por sentença), mediante novas regras acordadas ou impostas no âmbito da solução adjudicada do conflito. Deve-se ter o cuidado de não permitir que, em razão do momento de excepcionalidade que decorra da pandemia, não se crie espaço para a prática de atos de alienação parental.

Há manifestação doutrinária no sentido de estabelecer uma ordem a ser observada nestes casos. Deve-se partir da regra – que é a da convivência familiar já existente – para a exceção – a determinação de suspensão da convivência: "1º. Manter a convivência nos moldes estabelecidos; 2º. Se não for possível, tratar o período do isolamento social como férias; 3º. Se houver risco à criança (...), aí sim deve-se pensar em suspender as visitas"[48]. Caso venha a ser adotada a solução mais drástica – suspensão da convivência presencial –, deve ser estabelecido o período de tempo da suspensão, ainda que posteriormente seja necessária prorrogação do referido período. A sugestão da ordem acima referida, por óbvio, leva em conta a extraordinariedade da situação decorrente da pandemia da COVID-19 associada às medidas que as autoridades públicas têm implementado nas esferas federal, estadual e municipal (Lei 13.979/20). Desse modo, diante de fatores completamente alheios à vontade dos pais, o regime de guarda e de visitação que anteriormente havia sido estabelecido (por acordo ou por sentença) poderá ser adaptado à nova realidade, desde que haja solução consensual ou adjudicada a esse respeito. Contudo, não se pode excluir a viabilidade da comunicação entre o genitor não guardião (nos casos de guarda unilateral) ou o genitor guardião (não coresidente com seu filho) e a criança sob regime de convivência, até em razão do direito fundamental à convivência familiar (CF, art. 227, *caput*).

Atualmente, com os recursos tecnológicos disponíveis – envolvendo a utilização de plataformas de comunicação *on-line*, com recursos de imagem e de som –, as devidas adequações dos acordos ou determinações judiciais à realidade emergencial e transitória quanto aos efeitos da pandemia do COVID-19, é perfeitamente possível que a criança ou o adolescente não precise se deslocar fisicamente para manter contato em tempo real com o outro genitor – com quem ela não resida – e, assim, atenuar as consequências das medidas restritivas ou proibitivas decretadas ou sugeridas pelas autoridades públicas – aí incluídas as autoridades sanitárias. Cuida-se de uma adequação excepcional do direito de visita para permitir a comunicação, o relacionamento, a convivência e o trato à distância (em tempo real) com utilização da tecnologia da informação e da comunicação pelos meios virtuais.

---

48. TEIXEIRA, Ana Carolina Brochado. Algumas reflexões sobre os impactos da COVID-19 nas relações familiares. *GEN Jurídico*. Disponível em: [genjuridico.com.br]. Acesso em: 01.05.2020.

A regra do art. 1.583, § 5º, do Código Civil, ainda que se refira tão somente à guarda unilateral, prevê a supervisão que o pai ou a mãe, que não tenha a guarda do filho, possa exercer sobre o guardião, exigindo informações e prestações de contas – objetivas e subjetivas – em assuntos e questões que possam repercutir na saúde – física e psíquica – do filho, bem como nos assuntos educacionais. Mesmo no modelo da guarda compartilhada, consoante o qual há o exercício comum da autoridade parental em relação aos pais, buscando preservar a continuidade do contato permanente do filho com ambos os pais, normalmente a criança ou o adolescente terá residência fixa com um deles e, por isso, o outro pai, especialmente nesta época transitória e excepcional – decorrente da calamidade pública decorrente do COVID-19 –, poderá se valer da norma que trata do poder de supervisão sobre os atos do outro guardião, sem necessidade de alteração do modelo para guarda unilateral. Cuida-se, tão somente, de adaptação do regime de guarda compartilhada à realidade temporária e emergencial decorrente da pandemia do COVID-19 e das medidas adotadas pelas autoridades públicas para tentar prevenir a disseminação da doença que tem causado tantas mortes no planeta.

Outro tema relacionado à convivência familiar da criança e do adolescente diz respeito à incidência do art. 1.589, parágrafo único, do Código Civil, quanto trata do direito de visita reconhecido aos avós, sempre tendo como referencial o melhor interesse da criança ou do adolescente. Há estudos a respeito do papel dos avós na formação psíquica e física dos seus netos, pois comumente aqueles transmitem valores ético-morais, fornecem apoio financeiro e emocional à família, fornecem relatos da história coletiva e familiar, ajudam seus netos em momentos de crise, inclusive em decorrência da separação de seus pais[49]. Contudo, há casos de ruptura do relacionamento dos pais que gera medidas de restrição ou impedimento de acesso dos netos aos avós, com impactos maléficos na vida das crianças ou adolescentes e dos idosos.

O direito de visita dos avós sobre seus netos já era admitido na doutrina brasileira antes mesmo do advento do Código Civil de 2002, baseado na solidariedade que deve "imperar no grupo familiar"[50]. A convivência familiar, reconhecida como direito fundamental da criança e do adolescente (CF, art. 227, *caput*), por óbvio inclui os avós, devido à família extensa e à realidade cultural e social existente no Brasil. Como regra, a manutenção do relacionamento entre avós e netos não deve sofrer "solução de continuidade" em razão do potencial malefício que a ruptura da convivência pode gerar para criança ou adolescente e para a pessoa idosa[51].

A questão mais intrincada envolve o convívio dos netos com os avós, outros parentes idosos ou com doenças consideradas integrantes de grupos de risco (de acordo com as orientações das autoridades sanitárias), porquanto nestes casos também deve

---

49. GISERMAN, Cesar; SEIXAS, Tatiana Rocha. O direito de visitação dos avós: a importância da manutenção dos vínculos. In: PEREIRA, Tânia da Silva; OLIVEIRA, Guilherme de (Coords.). *O cuidado como valor jurídico*. Rio de Janeiro: Forense, 2008, p. 169.
50. ELIAS, João Roberto. *Pátrio poder*. São Paulo: Saraiva, 1999, p. 68.
51. GISERMAN, Cesar; SEIXAS, Tatiana Rocha. O direito de visitação dos avós, *op. cit.*, p. 174.

incidir preceitos que visam proteger os interesses dos idosos e demais pessoas vulneráveis sob o prisma da saúde. De novo, é recomendada solução negociada entre as pessoas envolvidas, permitindo que a criatividade possa ensejar uma adequação das medidas às restrições e proibições determinadas pelas autoridades públicas.

O mais gravoso decorre das hipóteses nas quais não haja diálogo entre os adultos envolvidos no tema da convivência com a criança ou o adolescente, quando então o magistrado terá que dar a solução sempre levando em conta o melhor interesse da criança ou do adolescente, ponderando ainda quanto à presença do interesse da pessoa idosa (CF, arts. 1º, III, c.c. 230).

5.3 ABERTURA E ENCERRAMENTO DE INVENTÁRIO, ADJUDICAÇÃO OU PARTILHA

O antepenúltimo ponto a ser tratado neste capítulo envolve tema ligado ao Direito das Sucessões sob o prisma do início e da conclusão dos inventários e adjudicações de herança ou partilhas de bens, em decorrência do falecimento de pessoa no período reconhecido como de calamidade pública decorrente da pandemia do COVID-19. As informações repassadas à comunidade internacional têm dado conta do crescimento vertiginoso do número de óbitos de pessoas contaminadas pelo COVID-19 em vários países, tais como Itália, Espanha, Estados Unidos da América, entre outros, o que já vem se refletindo também no Brasil. Além dos impactos da pandemia na vida de centenas de milhares de pessoas, há as questões referentes às restrições quanto ao sepultamento devido ao risco de contaminação de outras pessoas, e os efeitos burocráticos quanto às providências de obtenção da certidão de óbito e de realização dos inventários, a revelar os inúmeros desafios a serem enfrentados no âmbito do Direito das Sucessões.

O Direito das Sucessões decorre da necessidade do reconhecimento da modificação subjetiva da relação jurídica anteriormente existente no âmbito do patrimônio da pessoa do autor da sucessão, devido à extinção da personalidade civil do falecido, mas também pode envolver algumas situações jurídicas existências, tais como o reconhecimento de filho em testamento, nomeação de tutor para os filhos menores, entre outras hipóteses. A morte da pessoa natural é causa instantânea da abertura da sucessão, com a transmissão automática da herança (legítima e/ou testamentária) para os herdeiros do falecido, independentemente de qualquer ato, por força da ficção jurídica da *saisine* (CC/02, art. 1.784; *le mort saisit le vif*) – a investidura automática, instantânea e sem formalidade do herdeiro (ou dos herdeiros) na titularidade e posse da universalidade hereditária.

A *saisine* corresponde à uma ficção jurídica a respeito da transmissão da herança de modo automático aos herdeiros, não permitindo que o patrimônio herdado fique acéfalo, evitando sua qualificação como "coisa de ninguém" ou "coisa abandonada". Diversamente do herdeiro, o legatário – sucessor a título singular do falecido – não se torna possuidor com a abertura da sucessão, devendo vindicar a entrega ou a transferência dos bens ou valores para que possa se tornar possuidor deles.

A abertura da sucessão, que enseja a ficção jurídica da transmissão automática da herança, não se confunde com a abertura do inventário[52]. O inventário, entendido como modo necessário de liquidação do acervo hereditário, atualmente pode ser realizado pela via da escritura pública (Lei n. 11.441/07; CPC/2015, art. 610, §§ 1º e 2º) ou através de procedimento judicial (CPC/2015, art. 610 e seguintes), com a identificação do sucessor ou dos sucessores (a título universal e a título singular), do acervo hereditário (inclusive as dívidas deixadas pelo falecido), de modo a preparar o monte para posterior adjudicação ao único herdeiro ou partilha entre os herdeiros existentes, separados os bens ou valores dos legatários, se houver[53]. Na precisa lição doutrinária, sob o prisma do Direito Civil, o termo "inventário" designa "a exata relação, descrição e avaliação de todos os bens que o defunto possuía ao tempo de sua morte"[54]. O processo de inventário, por sua vez, é o processo judicial de caráter contencioso consoante o qual os interessados buscam apurar os haveres do falecido, com a liquidação do passivo, a avaliação dos bens remanescentes e, sendo o caso, sua divisão entre os sucessores ou sua adjudicação ao único herdeiro. "O inventário, como instituto de Direito Civil, representa o modo necessário de liquidação do acervo hereditário", preparando-o para a divisão dos bens, se for o caso; ao passo que sob o prisma processual civil, "o inventário é o procedimento especial de jurisdição contenciosa"[55].

A unidade do inventário decorre da natureza jurídica do acervo hereditário deixado pelo falecido que constitui, como herança, uma universalidade de direito (CC, art. 1.791), com a ressalva apenas dos bens situados no exterior que serão objeto de inventário no país onde eles se localizem ou forem encontrados.

O art. 1.796, do Código Civil, previu o prazo de 30 (trinta) dias, a contar da abertura da sucessão – morte do autor da herança – para ser aberto o inventário do patrimônio deixado. Tal regra, no entanto, foi alterada para ser estabelecido o prazo de 2 (dois) meses, a contar da abertura da sucessão (CPC/2015, art. 611). A inobservância de tal prazo, contudo, não acarreta qualquer consequência no âmbito dos direitos dos herdeiros e/ou legatários, tratando-se de prazo impróprio. Apenas sob o prisma da incidência do imposto de transmissão *causa mortis* (ITCM), poderá haver a imposição de multa sobre o valor devido a título do tributo, de acordo com a legislação estadual (ou distrital) aplicável. A esse respeito, houve orientação sumulada do Supremo Tribunal Federal quanto à constitucionalidade da imposição da multa em razão do descumprimento do início ou do encerramento do inventário: "Não é inconstitucional a multa instituída pelo Estado-membro, como sanção pelo retardamento do início ou ultimação do inventário" (Súmula 542). Também o atraso para o início do inventário pode ter implicações

---

52. TEPEDINO, Gustavo; NEVARES, Ana Luiza Maia; MEIRELES, Rose Melo Vencelau. *Fundamentos do direito civil*. v. 7. Rio de Janeiro: Forense, 2020, p. 242.
53. GAMA, Guilherme Calmon Nogueira da. *Direito Civil*: sucessões. 2. ed. São Paulo: Atlas, 2007, p. 242.
54. OLIVEIRA, Arthur Vasco Itabaiana de. *Tratado de direito das sucessões*. 5. ed. Rio de Janeiro: Freitas Bastos, 1987, p. 366.
55. GAMA, Guilherme Calmon Nogueira da. *Direito Civil*: sucessões, *op. cit.*, p. 24.

na ordem de preferência para nomeação do inventariante[56], mas sem repercussão na diminuição ou exclusão dos direitos dos herdeiros e/ou legatários.

O art. 16, *caput*, da Lei nº 14.010/2020, trouxe norma transitória, ao estabelecer que, para as sucessões abertas – coincidentes ao momento do falecimento dos autores da sucessão – a partir de 01.02.2020, o termo inicial de contagem do prazo para realização do inventário (na via extrajudicial ou na via judicial) será a data de 30.10.2020 e, por isso, os herdeiros, o possível inventariante, os legatários, o testamenteiro (se houver) e demais interessados na definição do inventário somente precisarão promover as medidas de início do inventário até dois meses depois do dia 30.10.2020 (ou seja, 30.12.2020). Tal mudança obviamente impactará os sujeitos ativos da relação tributária do ITCM, eis que não haverá atraso nestes casos para abertura do inventário em decorrência da norma transitória criada para ser aplicada apenas no período de reconhecimento oficial da pandemia do COVID-19. O prazo de 2 (dois) meses, também exigido no âmbito da lavratura da escritura pública de inventário e partilha (ou adjudicação), sob pena de aplicação de multa pelo fisco estadual, igualmente ficará suspenso no período previsto na Lei nº 14.010/2020.

Outro prazo impróprio para o encerramento do inventário, com a efetiva adjudicação dos bens em favor do único herdeiro, ou com a realização da partilha dos bens, valores e outros direitos entre os herdeiros, também mereceu tratamento transitório na lei emergencial. O art. 16, parágrafo único, da Lei nº 14.010/2020, prevê a suspensão do prazo de 12 (doze) meses (CPC/2015) para ultimação do processo de inventário, adjudicação ou partilha, caso o feito tenha sido iniciado antes de 01.02.2020, até o dia 30.10.2020, data na qual o prazo voltará a ter curso, abatido o prazo anteriormente observado até o dia 01.02. Assim, por exemplo, caso o processo de inventário tenha sido distribuído em 01.12.2019, houve o cômputo de 2 (dois) meses até a suspensão do prazo de 12 (doze) meses (CPC/2015, art. 611, parágrafo único), sendo que tal prazo voltará a correr depois do dia 30.10.2020, até completar os 10 (dez) meses remanescentes do prazo total original.

O prazo de 12 (doze) meses para o encerramento do inventário, adjudicação ou partilha também não implicará perda de direitos sucessórios em favor dos herdeiros e/ou legatários, mas apenas poderá ensejar a remoção do inventariante por possível desídia (CPC/2015, art. 622, I e II) ou a perda do direito do testamenteiro à vintena, caso também seja demonstrada sua desídia. Ou seja: a regra da suspensão do prazo de encerramento do inventário, adjudicação ou partilha, na via judicial, é importante para o inventariante e para o testamenteiro, mas sem qualquer consequência para os herdeiros e/ou legatários.

Deve-se apenas observar que, nos casos em que haja um único herdeiro no acervo hereditário, não será necessária a instauração de inventário judicial, podendo o inventário e a adjudicação do acervo hereditário ao único herdeiro serem realizados por escritura pública. Mas se houver a opção pela via judicial – eis que a escolha da escritura pública

---

56. OLIVEIRA, Euclides de. In: AZEVEDO, Álvaro Villaça. *Código Civil comentado.* v. XX. São Paulo: Atlas, 2004, p. 36.

é uma faculdade, e não uma imposição legal –, o inventário e a adjudicação terão que seguir o prazo do art. 611, parágrafo único, do CPC/2015, com a suspensão no período de 01.02.2020 a 30.10.2020, por força da norma transitória do art. 16, parágrafo único, da Lei nº 14.010/2020.

5.4 ELABORAÇÃO DE CÉDULA TESTAMENTÁRIA

No âmbito da Sucessão Testamentária, o período da pandemia do COVID-19 também pode acarretar certas consequências, especialmente em razão das medidas restritivas ou proibitivas de locomoção das pessoas, bem como de limitações de reunião de pessoas em determinados espaços públicos e privados. Há, assim, uma preocupação a respeito da possibilidade de estipulação sobre aspectos patrimoniais ou existenciais em manifestação de última vontade, com o resguardo da preocupação com a real e livre declaração de vontade feita pelo testador.

A Sucessão Testamentária se baseia, na contemporaneidade, nas conexões entre os elementos individual e social, não sendo suficiente a autonomia privada reconhecida ao testador para poder dispor sobre após o momento da sua morte, reconhecendo-se a função social do testamento, em sintonia com o estágio atual do ordenamento jurídico brasileiro[57]. Trata-se da espécie de sucessão cuja devolução é regulada, no todo ou em parte, em conformidade com a vontade do testador, nos termos da lei, expressa num negócio jurídico de eficácia *causa mortis* denominado testamento (ou codicilo em alguns casos).

Entre as características do testamento, encontram-se: i) a unilateralidade; ii) *intuitu personae* (ser personalíssimo); iii) a gratuidade; iv) a solenidade ou formalidade exigida por lei; v) a eficácia diferida no tempo (*causa mortis*); vi) a revogabilidade. Para a confecção válida do testamento, devem ser observados os três momentos seguintes: i) a identificação civil da pessoa do testador com sua declaração de vontade; ii) a espontaneidade da referida declaração de vontade; iii) a capacidade de fato do testador à época da declaração de vontade, devido à noção de capacidade testamentária ativa[58].

A legislação civil se preocupou em identificar as modalidades de testamento, distinguindo as espécies de testamentos comuns (confeccionados por qualquer das pessoas; CC, art. 1.862) e as espécies de testamentos especiais (apenas em circunstâncias extraordinárias com a dispensa de algumas formalidades; CC, art. 1.886). Há preocupação do legislador em garantir a autenticidade e a liberdade da manifestação de vontade do testador e, por isso, uma das exigências para a validade do testamento é a forma escrita (somente excepcionada no caso de testamento militar nuncupativo ou *in extremis* – art. 1.896).

---

57. GAMA, Guilherme Calmon Nogueira da. *Direito Civil*: sucessões, *op. cit.*, p. 152.
58. CARVALHO, Luiz Paulo Vieira de. *Direito das Sucessões*. 2. ed. São Paulo: Atlas, 2015, p. 567.

A Lei nº 14.010/2020 não suspende ou altera qualquer das regras da legislação permanente que regula a Sucessão Testamentária e, portanto, encontram-se eficazes as normas do Código Civil acerca das espécies de testamento, inclusive quanto às formalidades que precisam ser preenchidas para sua elaboração e, se for o caso, apresentação ao tabelião (ou oficial de notas).

De imediato é oportuno descartar a possibilidade de se considerar válido o testamento militar sob a forma nuncupativa nos tempos da pandemia do COVID-19. Tal testamento especialíssimo representa a única exceção à exigência da forma escrita do testamento no Direito brasileiro. Assim, o testador militar, ferido em combate, pode confiar oralmente sua última vontade a duas testemunhas que, posteriormente, deverão reduzir a declaração oral à forma escrita, assinando este documento para, em seguida, apresentá-lo ao auditor[59]. Tal testamento especial somente se justifica em virtude do iminente risco de vida do testador que, a princípio, tem a condição de militar ou de pessoa a serviço das Forças Armadas em campanha, devido ao grave ferimento sofrido por ocasião de uma batalha. Não há como se admitir que, nos casos envolvendo pessoas contaminadas pelo vírus do COVID-19, haja equiparação à situação envolvendo o militar, ou pessoa a ele equiparada para esse fim, gravemente ferido em batalha.

Do mesmo modo, restam descartadas as demais formas especiais de confecção da cédula testamentária (testamentos marítimo, aeronáutico e militar) diante das condições excepcionais que dão ensejo à sua elaboração se referirem a insuscetibilidade de se fazer o testamento sob uma das formas ordinárias (ou comuns). O testamento marítimo é aquele elaborado a bordo de navio brasileiro, de guerra ou mercante, durante a viagem, quando o testador tenha fundado temor de falecer antes do desembarque. O testamento aeronáutico, em condição parecida, é aquele feito em viagem a bordo de aeronave militar ou comercial, da mesma forma que o marítimo, quando houver justo receio de o testador falecer antes do desembarque. Finalmente, o testamento militar é aquele feito pelo militar ou civil a serviço das Forças Armadas, em campanha, dentro ou fora do território nacional brasileiro, ou em praça sitiada ou com as comunicações cortadas. Nenhuma das hipóteses acima referidas abrange a situação vivenciada pelas pessoas no período da pandemia do COVID-19 e, por isso, não seria válida a cédula testamentária confeccionada nessas circunstâncias.

Há, no entanto, a possibilidade da elaboração de testamento sob uma das formas ordinárias (ou comuns), a saber, testamento público, testamento particular ou testamento cerrado (ou secreto).

O testamento público é o lavrado pelo tabelião (ou seu substituto legal) no livro de notas, de acordo com a declaração de vontade do testador, expressa verbalmente em língua nacional, perante o próprio tabelião e na presença de duas testemunhas idôneas e desimpedidas. A oralidade na declaração de vontade do testador é fundamental na elaboração do testamento público, sendo possível que o testador se valha de apontamentos,

---

59. GAMA, Guilherme Calmon Nogueira da. *Direito Civil*: sucessões, op. cit., p. 201.

algumas notas ou minuta que tiver levado consigo[60]. Sem dúvida alguma, trata-se da espécie testamentária que oferece maior segurança ao testador e às pessoas por ele beneficiadas no testamento, eis que a princípio não houve vício de consentimento devido às cautelas impostas na lei e cumpridas pelo tabelião na confecção da cédula testamentária. Há uma série de exigências legais que confirmam a higidez da vontade do testador: i) declaração oral da pessoa do testador de modo específico sobre as disposições que quer instituir; ii) a assistência e presença de duas testemunhas durante todo o ato de lavratura da escritura pública; iii) leitura obrigatória do teor da escritura na presença de todos.

No âmbito do Estado do Rio de Janeiro foi editado o Provimento 31/20, da Corregedoria Geral de Justiça, para o fim de regulamentar "o funcionamento dos Serviços Notariais e de Registros do estado do Rio de Janeiro, durante o período de Emergência em Saúde Pública de Importância Nacional (ESPIN), em decorrência da infecção humana pelo novo Coronavírus (COVID-19)". Como regra, continuam exigíveis as providências previstas no Código Civil a respeito da presença simultânea no mesmo espaço do testador, das testemunhas e do tabelião para que todos os atos sejam praticados em conformidade com a exigência do Código Civil. Contudo, quando houver proibição da presença simultânea das pessoas no mesmo espaço, há previsão a respeito de contatos pelos meios virtuais com o emprego dos recursos tecnológicos para assinatura eletrônica no âmbito do referido Provimento, a justificar a viabilidade da confecção do testamento público mesmo no período mais agudo e grave da pandemia (Provimento 31, arts. 11 e 12). Na doutrina já há quem sustente a necessidade de que a lei contemple "as atuais formas digitais de comunicação, assinaturas, autenticações e registro de documentos, sem descuidar das garantias fundamentais para preservar a vontade livre, hígida e espontânea do testador"[61]. Por ora, ainda que em situação transitória e emergencial, ao menos à luz da normativa editada pela Corregedoria Geral no Rio de Janeiro, é possível a elaboração do testamento público com as cautelas previstas na lei civil, apenas com a substituição dos atos fisicamente presenciais pelos atos virtualmente presenciais (em tempo real, como ocorre em determinadas plataformas digitais), e as devidas adequações quanto à confirmação das identidades dos interessados para fins de confecção da cédula testamentária sob a forma pública.

O testamento cerrado (ou secreto) é o escrito pelo testador (ou alguém a seu pedido) que, por sua conveniência, pretende manter em sigilo o teor (ou conteúdo) da cédula testamentária, e que se completa com a lavratura do instrumento pelo tabelião que aprova o testamento apresentado na presença de duas testemunhas. Sua vantagem é a de manter em sigilo o conteúdo da cédula testamentária; sua desvantagem é a possibilidade de seu extravio ou inutilização. Na prática, trata-se de espécie de testamento que se compõe de duas etapas: i) a primeira de natureza particular quanto à redação do testamento pelo próprio testador ou alguém a seu pedido; b) a segunda de natureza pública quanto ao momento da apresentação do testamento cerrado para ser aprovado

---

60. GAMA, Guilherme Calmon Nogueira da. *Direito Civil*: sucessões, *op. cit.*, p. 188.
61. TEPEDINO, Gustavo; NEVARES, Ana Luiza Maia; MEIRELES, (...), *op. cit.*, p. 154.

pelo tabelião na presença das duas testemunhas. O tabelião lavrará o auto de aprovação, com sua posterior leitura, dobrando o auto junto com a cédula testamentária, colocando-o no interior de um invólucro para poder coser, lacrando os pontos de costura. Após tais providências, o invólucro será entregue ao testador ou à pessoa que ele indicar. Com o falecimento do testador, com a apresentação do testamento cerrado em juízo, o magistrado deverá verificar a regularidade do testamento e, não detectando qualquer vício externo, determinará a abertura do invólucro para que seja conhecida a vontade do testador de modo que seja cumprida.

A exemplo do testamento público no período da pandemia do COVID-19, também será possível a elaboração do testamento cerrado, sendo que a segunda fase da sua confecção – a fase de aprovação da cédula pelo tabelião – não poderá excluir o contato físico do tabelião com a cédula testamentária apresentada a ele para o fim de ser permitir o seu cerramento com as formalidades previstas na lei civil. De modo a evitar o descumprimento das medidas impostas pelas autoridades sanitárias – como por exemplo a proibição da reunião de determinado número de pessoas – poderá ser utilizado o sistema previsto no Provimento 31/20, da Corregedoria Geral de Justiça do Estado do Rio de Janeiro, com a utilização de meios eletrônicos e virtuais para colher a manifestação oral de vontade do testador para submeter a cédula à aprovação do tabelião, com o acompanhamento das testemunhas a respeito da referida declaração para fins de apresentação e aprovação da cédula.

Finalmente, o testamento particular (aberto ou hológrafo) é aquele escrito e assinado pelo testador, sendo lido e assinado na presença de, ao menos, três testemunhas que também deverão subscrevê-lo. Cuida-se de espécie testamentária mais simples eis que não exige a presença do tabelião na sua confecção ou na sua apresentação. O próprio testador redige, lê e assina a cédula testamentária, daí ele ser hológrafo (inteiramente escrito) e autógrafo (escrito pelo próprio testador), mas não necessita ser demógrafo (pois pode ser utilizado processo mecânico na sua elaboração)[62]. Nesta forma ordinária de testamento, não se admite que alguém escreva o testamento a pedido do testador que, assim exercerá a redação do texto de modo direto e pessoal.

Há, na lei, a previsão quanto à possibilidade de o testamento particular, desde que demógrafo (de próprio punho do testador), seja elaborado sem a presença das testemunhas, quando houver razões excepcionais expressamente declaradas na cédula justificando tal dispensa (CC, art. 1.879). Trata-se de um "testamento simplificado"[63], também denominado testamento "emergencial ou extraordinário"[64]. A referência à expressão "circunstâncias excepcionais" é imprecisa, tratando-se de conceito jurídico indeterminado devido à impossibilidade de a lei prever todas as situações fáticas possíveis de ocorrência. A doutrina costuma exemplificar com os casos de residência em

---

62. GAMA, Guilherme Calmon Nogueira da. *Direito Civil*: sucessões, op. cit., p. 194.
63. ROSENVALD, Nelson; BRAGA NETTO, Felipe. *Código Civil comentado*. Salvador: Editora Podium, 2020, p. 1.886.
64. CARVALHO, Luiz Paulo Vieira de. *Direito das Sucessões, op. cit.*, p. 596.

local afastado, desabitado e ermo, na eventualidade de situação de eminente risco[65], bem como a pessoa se encontrar sequestrada, em cárcere privado, envolvido por incêndio, terremoto, inundação, *epidemia*.[66] O juiz, ao avaliar o caso concreto, poderá confirmar a disposição de última vontade realizada nesta circunstância, utilizando-se os parâmetros da razoabilidade e da proporcionalidade, sendo que a hipótese relativa à pandemia do COVID-19 se insere, a princípio, como condição excepcional para o fim de autorizar a confecção do testamento particular emergencial.

Nas circunstâncias excepcionais que as pessoas têm experimentado durante o período da pandemia, notadamente em razão das medidas de prevenção e combate à disseminação do COVID-19, revela-se perfeitamente possível a aplicação da regra do testamento particular demógrafo sem a presença e assinatura das testemunhas, com indicação clara a respeito de o testamento ter sido elaborado nestas circunstâncias excepcionalíssimas e extraordinárias que impuseram o isolamento social, a quarentena. Para tanto, o magistrado deverá apurar realmente que o testador agiu livre e conscientemente, muitas vezes receoso de ser contaminado e não conseguir sobreviver ao COVID-19. Trata-se de regra inovadora instituída no Código Civil em vigor (art. 1.879) que já dá conta da realidade emergencial e transitória das pessoas que não podem ter contato com outras, e que residem sozinhas nos seus respectivos lares.

A esse respeito, houve recentemente quem apresentasse proposta para constar do PL 1.179/20, ora convertido na Lei nº 14.010/2020, regra transitória no seguinte sentido[67]:

> "Art. Para efeitos de aplicação do artigo art. 1.879 do Código Civil considera-se circunstância excepcional a pandemia de COVID19.
>
> 1º O disposto neste artigo aplica-se aos testamentos elaborados a partir do dia 20 de março de 2020.
>
> 2º Sob pena de caducar, o testamento elaborado nestas condições deverá ser confirmado pelo testador na presença de três testemunhas em até 90 dias contados da data da cessação da pandemia".

A regra proposta acima não atende à realidade dos fatos, bem como excepciona à regra permanente constante do art. 1.879, do Código Civil, passando a tratar do testamento particular demógrafo como subespécie de testamento especial, o que não se coaduna com o sistema jurídico existente na legislação brasileira. A circunstância de haver sido elaborado o testamento particular no momento de excepcionalidade já é albergado pela legislação permanente e, assim, criar regra de caducidade caso não haja confirmação do testador em até 90 (noventa) dias após a cessação da pandemia do COVID-19 contraria toda coerência e sistematicidade já existente sobre o tema. A preocupação deve ser centrada na higidez e liberdade da manifestação de vontade do

---

65. GAMA, Guilherme Calmon Nogueira da. *Direito Civil*: sucessões, *op. cit.*, p. 195.
66. CARVALHO, Luiz Paulo Vieira de. *Direito das Sucessões, op. cit.*, p. 596.
67. TARTUCE, Flávio. O testamento particular de emergência hológrafo simplificado em tempos de pandemia: uma proposta legislativa. *GENJurídico*. Disponível em: [http://genjuridico.com.br/2020/04/30/testamento-particular-holografo-pandemia/]. Acesso em: 02.05.2020.

testador, mas não em criar obstáculos à confecção de cédula testamentária sob a forma de testamento comum particular especialíssimo.

Desse modo, de fato não há motivo para se instituir regra transitória em matéria testamentária, eis que a legislação permanente já dá cabo das situações possíveis dentro do modelo normativo contemporâneo. Como já comenta a doutrina, ao interpretar a regra do art. 1.879, do Código Civil, "deve-se avaliar, dentre outros aspectos, se o testador não teria condições e/ou tempo para realizar o testamento da forma ordinária, tendo em vista a excepcionalidade da forma aqui prevista"[68]. A circunstância de o testador escrever o testamento de próprio punho já foi imposta na lei para evitar possíveis fraudes, sendo passível de aferição por prova pericial para identificação de que o texto foi, de fato, escrito pelo testador, sem qualquer tipo de constrangimento ou coação. Ademais, é incluída expressamente cláusula na cédula para identificar a excepcionalidade da confecção deste tipo de testamento particular.

O testamento particular simplificado não se sujeita a qualquer prazo de caducidade e, nessas circunstâncias excepcionais, poderá ser utilizado com muito mais efetividade do que outras formas testamentárias. O COVID-19 e as limitações ou proibições impostas pelas autoridades públicas representam a excepcionalidade das circunstâncias previstas na lei para justificar a incidência da norma.

5.5 DIRETIVAS ANTECIPADAS: "TESTAMENTO VITAL" E "MANDATO DURADOURO"

Último tema a ser abordado no âmbito das relações familiares e sucessórias envolve o tema da manifestação prévia de vontade em situações jurídicas existenciais, notadamente na parte referente à aceitação ou recusa de tratamento médico com determinadas medidas para prolongamento (ou não) da vida do declarante[69]. No Brasil o tema normalmente é associado à expressão *living will* (testamento vital), para designar a espécie do gênero das diretivas antecipadas de vontade ao lado do mandato duradouro. Na realidade, especialmente no que se refere às pessoas idosas, há interesse de se socorrer das diretivas antecipadas de vontade para, antes do momento em que não estejam mais em condições de se manifestar autonomamente, haver indicação a respeito de como deve ser medicamente tratado em casos nos quais, em tese, seria possível o recurso a mecanismos ou tipos de tratamento mais invasivos para manter a pessoa viva. O tema ganha bastante importância no período da pandemia do COVID-19 devido à possibilidade de, em razão da contaminação pelo vírus, a pessoa poder anteriormente expressar a aceitação ou recusa a determinado tipo de tratamento médico.

---

68. CAHALI, Francisco José. Comentários ao art. 1.879. In: NANNI, Giovanni Ettore (Coord.). *Comentários ao Código Civil*: Direito Privado contemporâneo. São Paulo: Saraiva, 2019, p. 2.317.
69. TEIXEIRA, Pedro Henrique da Costa. A prévia manifestação de vontade através de diretivas antecipadas em situações existenciais críticas. In: GAMA, Guilherme Calmon Nogueira da. *Direitos da personalidade da pessoa idosa*. Curitiba: Editora Prismas, 2017, p. 224.

De acordo com a doutrina, as diretivas antecipadas são espécies de negócios jurídicos no campo existencial, não proibidas no ordenamento jurídico brasileiro e, por isso, podem ser válidas (eis que estabelecidas de acordo com os requisitos para sua formação) e sujeitas à condição suspensiva relativa à futura doença ou estado comatoso no qual a pessoa possa se inserir. As diretivas antecipadas são gênero tendo como espécies o "testamento" vital e o mandato duradouro. Os principais aspectos discutidos a respeito se relacionam a serem negócios jurídicos unilaterais à disposição da pessoa humana para que, previamente, possa regulamentar o exercício do direito à autonomia corporal no tocante à atividade médica[70].

Diversamente do testamento regulado no Direito Civil, o "testamento" vital se submete à condição suspensiva que, caso venha a ser implementada, representa a impossibilidade fática da pessoa manifestar sua vontade, como paciente, em estágio terminal de vida. O mandato duradouro (ou *durable power of attorney for health care*), por sua vez, é o negócio jurídico no qual o declarante indica previamente a pessoa que será a responsável por fazer as escolhas referentes à saúde do mandante quando este se encontrar em estado de inconsciência e, portanto, sem condições de manifestar validamente sua vontade contemporânea à época da sua inconsciência. A doutrina costuma classificar o testamento vital como "um negócio jurídico unilateral de natureza existencial, sob condição suspensiva, vez que sua eficácia ficará suspensa até que ocorram os seguintes fatos, somados: (i) estado clínico fora de possibilidades terapêuticas de cura; e, (ii) perda de discernimento do paciente"[71].

Tal como o "testamento" vital, o mandato duradouro também é negócio jurídico unilateral sujeito à condição suspensiva, com o ponto distintivo de atribuição de poder a alguém (designado pelo mandante) como responsável pelas escolhas médicas e terapêuticas quando aquele estiver sem condições de manifestar validamente sua vontade a esse respeito.

Especificamente acerca do "testamento" vital, a I Jornada de Direito da Saúde do Conselho Nacional de Justiça considerou que as diretivas antecipadas de vontade devem, preferencialmente, ser manifestadas por escrito, através do Enunciado 37: "As diretivas ou declarações antecipadas de vontade, que especificam os tratamentos médicos que o declarante deseja ou não se submeter quando incapacitado de expressar-se autonomamente, devem ser feitas preferencialmente por escrito, por instrumento particular, com duas testemunhas, ou público, sem prejuízo de outras formas inequívocas de manifestação admitidas em direito".

Como espécie de negócio jurídico, as diretivas antecipadas devem se submeter ao regime de validade dos negócios jurídicos em geral (CC, art. 104), ou seja, a presença de agente capaz; objeto lícito, possível, determinado (ou determinável) e forma não defesa

---

70. TEIXEIRA, Pedro Henrique da Costa. A prévia manifestação de vontade..., *op. cit.*, p. 241.
71. DADALTO, Luciana. A judicialização do testamento vital: análise dos autos n. 108440521.2015.8.26.0100/TJSP. Civilistica.com a. 7. n. 2. 2018.

em lei. No que se refere aos requisitos subjetivos, a capacidade de fato do declarante se faz necessária por ocasião da formulação da diretiva antecipada de vontade, sendo que com as alterações realizadas na legislação civil pelo Estatuto da Pessoa com Deficiência (Lei 13.146/15), é possível a pessoa com deficiência mental exteriorizar sua vontade mediante diretiva antecipada de vontade, desde que seja identificada sua capacidade clínica naquele momento[72]. Quanto aos requisitos objetivos, o "testamento" vital pode conter cláusulas referentes à aceitação ou recusa de tratamento médico ou procedimento clínico, mas também pode abranger alguma outra estipulação (atípica) sobre a doação de órgãos, ainda que também relativas à situação de terminalidade da vida. O tema resvala para as questões relativas à eutanásia, distanásia e ortotanásia, sendo que tem sido considerado válida cláusula que disponha que a pessoa "deseja receber todos os meios de suporte vital possíveis, pois considera indigno morrer desidratado e faminto", não sendo admitida previsão de práticas referentes à eutanásia e ao suicídio assistido[73]. O objeto do mandato duradouro envolve a nomeação do procurador de saúde para tomar decisões sobre as questões do tratamento médico e hospitalar do mandante, mas também engloba os limites e as diretrizes referentes a tais decisões.

Não havendo previsão na lei brasileira a respeito da forma a ser seguida nas diretivas antecipadas de vontade, observa-se o princípio da liberdade da forma (CC, art. 107). Assim, sequer há fundamento para se negar o reconhecimento de determinadas manifestações heterodoxas de vontade, tais como "tatuagem corporal que define cláusulas de não reanimação ou de rejeição a suporte vital"[74], ainda que se saiba da relutância dos profissionais da área da saúde em seguir tal diretiva. E, a respeito da revogação da diretiva antecipada de vontade, não há que se seguir o princípio da atração da forma anteriormente seguida, além de não haver prazo de eficácia do conteúdo das diretivas antecipadas de vontade.

No momento em que a pandemia do COVID-19 atinge gravemente a saúde de milhares de pessoas no mundo e, logicamente no Brasil, há de se reconhecer a relevância de se admitir a diretiva antecipada de vontade – sob as modalidades do "testamento" vital e do mandato duradouro – como instituto que venha produzir consequências jurídicas relativas à escolha do tratamento médico e hospitalar que a pessoa pode fazer previamente ou à designação de alguém como seu procurador de saúde para fazer tal escolha, na eventualidade de a pessoa do declarante encontrar-se sem condições clínicas de manifestar validamente sua vontade.

Logo, no período da pandemia do COVID-19, o "testamento" vital poderá ser feito e, assim, os profissionais de saúde deverão verificar que a condição prevista no negócio foi implementada. Assim, "para fazer um testamento vital a pessoa precisa estar ciente e consciente da sua condição de mortal e, especialmente no contexto do COVID-19, estar ciente e consciente de que poderá ficar em estado tão grave que não seja mais possível

---

72. TEIXEIRA, Pedro Henrique da Costa. A prévia manifestação de vontade..., *op. cit.*, p. 264.
73. TEIXEIRA, Pedro Henrique da Costa. A prévia manifestação de vontade..., *op. cit.*, p. 270-271.
74. TEIXEIRA, Pedro Henrique da Costa. A prévia manifestação de vontade..., *op. cit.*, p 283.

falar-se em reversão da doença"[75]. Tal hipótese não viola a previsão quanto à proibição do constrangimento a tratamento médico ou intervenção cirúrgica que atenda ao risco de vida (CC, art. 15).

Em tempos de crise sanitária com sérias ameaças à vida, à saúde e ao bem estar das pessoas em geral, a "importância do testamento vital aparece em um cenário que compreende as manifestações de vontade para o fim de vida sob a perspectiva ampla da aceitação e da recusa, como duas faces de uma mesma moeda"[76] – a saber, o direito à autodeterminação que pode ser positivo (solicitação de tratamento) ou negativo (recusa de tratamento).

As diretivas antecipadas de vontade e, mais especificamente o "testamento" vital, representam atualmente um grande desafio, inclusive e principalmente diante de riscos objetivamente identificados nos temas da vida e da morte das pessoas. Como as manifestações individuais de vontade podem ser balanceados com os interesses coletivos e sociais (de alocação de recursos) e, assim, o testamento vital pode ser considerado "no seu devido lugar: ser um instrumento de autoconhecimento para o paciente e de auxílio na tomada de decisão pelos profissionais"[77].

A circunstância de não haver regra expressa a respeito das diretivas antecipadas de vontade não impede sua utilização, notadamente nos períodos de risco concreto à saúde pública e de cada uma das pessoas humanas, sendo clara decorrência da dignidade da pessoa humana na construção de sua historicidade. E, tal como ocorre nos casos de escritura pública de testamento, as diretivas antecipadas poderão ser formalizadas por instrumento público, observando as disposições previstas no Provimento 31/20, da Corregedoria Geral de Justiça do Estado do Rio de Janeiro, inclusive com recurso aos meios virtuais para sua concretização devido às medidas proibitivas ou restritivas a respeito da locomoção das pessoas em espaços públicos, bem como da realização de reuniões com número superior de pessoas, em atendimento às recomendações sanitárias.

---

75. DADALTO, Luciana. O papel do testamento vital na pandemia da covid-19. Disponível em: [https://testamento-vital.com.br/blog/o-papel-do-testamento-vital-na-pandemia-da-covid-19/]. Acesso em: 03.05.2020.
76. DADALTO, Luciana. O papel do testamento vital, *op. cit.*
77. DADALTO, Luciana. O papel do testamento vital, *op. cit.*

6
MEDIDAS EXCEPCIONAIS NAS RELAÇÕES CONCORRENCIAIS

A pandemia do COVID-19, a par das graves consequências que vêm causando na vida, saúde e integridade físico-psíquica das pessoas naturais, tem impactado duramente as atividades econômicas em vários setores da indústria, do comércio e da prestação de serviços. Associadas ao combate à disseminação da doença com altos índices de contaminação e de graves consequências à saúde das pessoas, as medidas ordenadas ou sugeridas pelas autoridades públicas, no contexto do estado de calamidade pública provocado pela pandemia (inclusive previstas na Lei n°13.979/20, entre outras), vêm se refletindo diretamente na iniciativa privada, inclusive no campo concorrencial.

A Lei n° 14.010/2020 prevê três regras emergenciais e transitórias para tratar das questões envolvendo a concorrência empresarial no Direito brasileiro: a) a suspensão da eficácia das normas que proíbem a venda de mercadoria ou prestação de serviço abaixo do preço de custo; b) a regra de interpretação favorável ao empresário ou à sociedade empresária nos casos previstos como possível infração à ordem econômica no período da pandemia; c) a suspensão da eficácia das normas que tratam de limites aos atos de concentração, quando se tratar de contrato associativo, consórcio ou *joint venture* entre 2 (duas) ou mais empresas.

Deve-se atentar para a advertência de Plauto Faraco de Azevedo no sentido do processo hermenêutico funcionar como sistema aberto: "É do cotejo da singularidade da situação sub judice com os dados legais – as normas jurídicas e a ordem jurídica a que pertencem – que pode o juiz, antecipando e valorizando os efeitos sociais de sua decisão, retirar a convicção da razoabilidade da escolha metodológica realizada"[1]. No contexto contemporâneo – decorrente da calamidade pública provocada pela pandemia e dos consequentes reflexos dos atos das autoridades públicas em vários segmentos da atividade econômica –, por óbvio que o processo de interpretação das normas jurídicas recebe o influxo das situações extraordinárias nas quais a população em geral, o empresariado em particular e o Estado se inserem.

Atualmente reconhece-se a necessidade de se apreender um novo tipo de conexão e de comunicação entre o econômico e o jurídico-político no Estado e, consequentemente, na própria sociedade civil. Na dicção da doutrina, a efetividade da Constituição econômica pressupõe a implementação de uma ordem justa da economia que possibilite

---

1. AZEVEDO, Plauto Faraco de. *Aplicação do direito e contexto social*. 2. ed. São Paulo: Ed. RT, 1998, p. 133.

defender a liberdade e a dignidade da pessoa humana no contexto do desenvolvimento econômico[2].

A noção clássica de ordem pública obrigatoriamente necessita ser revisitada, já que tradicionalmente se expressava nos textos legislativos sob a forma de remarcar situações excepcionais à regra existente. Ao contrário, na atualidade, a ordem pública econômica se revela como instrumento técnico de uma legislação diversificada não necessariamente sob a forma de interdição (proibição, negação), mas sob o manto da própria organização e programação da economia, não sendo caracterizada pela excepcionalidade, nos tempos normais de funcionamento da vida em sociedade. Há, de acordo com a doutrina de Eros Roberto Grau, a ordem pública econômica de direção – tendente ao estabelecimento de uma certa organização da economia nacional – e a ordem pública econômica de proteção – com o objetivo de tutelar e promover, em certos contratos, a parte economicamente mais fraca[3].

No segmento das relações consideradas "privadas", o Direito Econômico apresenta viés obrigatoriamente interdisciplinar, especialmente em razão de o princípio e valor máximo do ordenamento jurídico brasileiro da dignidade da pessoa humana e do valor social da livre iniciativa fundamentarem a existência e o exercício da atividade econômica (em sentido amplo), nos termos da Constituição brasileira de 1988 (arts. 1°, III, IV, 3° e 170). Também se insere nesta disciplina o estudo da política econômica da circulação da riqueza, com a abordagem tanto da concentração (espontânea ou provocada) e a concorrência dela decorrente[4].

Ao realizar a análise dos objetivos das leis antitruste, Paula Forgioni observa que as normas jurídicas sobre o tema servem como instrumento de implementação de políticas públicas: "o Estado, com o escopo de formatar o funcionamento do mercado, pode afastar a aplicação da Lei Antitruste, eliminando ou amenizando, por exemplo, a vigilância ou controle sobre o processo de concentração"[5]. A doutrina também costuma associar o abuso do poder econômico com alguns elementos caracterizadores – domínio dos mercados, eliminação total ou parcial da concorrência e o aumento arbitrário dos lucros – que podem existir separadamente. Os dois primeiros elementos correspondem "à criação de um monopólio artificial que, mesmo sem o aumento arbitrário dos lucros, é reprimido enquanto tal", já que o agente monopolizador parte de uma situação de concorrência efetiva para a busca da sua eliminação, o que representa um fato potencialmente danoso, mesmo que não haja o aumento arbitrário dos lucros[6].

---

2. MOREIRA, Vital. *Economia e Constituição*. Coimbra: Coimbra Editora, 1974, *passim*.
3. GRAU, Eros Roberto. *A ordem econômica na Constituição de 1988*. São Paulo: Ed. RT, 1990.
4. SOUZA, Washington Peluso Albino de. Achegas à Lei 8.884/94. In: ROCHA, João Carlos de Carvalho; MOURA JÚNIOR, Flávio Paixão; DOBROWOLSKI, Samantha Chantal; SOUZA, Zani Tobias de (Coords.). *Lei Antitruste*. Belo Horizonte: Del Rey Editora, 2005, p. 277.
5. FORGIONI, Paula A. *Os fundamentos do antitruste*. 2. ed. São Paulo: Ed. RT, 2005, p. 195.
6. COMPARATO, Fábio Konder. *O poder de controle na sociedade anônima*. 3. ed. Rio de Janeiro: Forense, 1983, p. 382-383.

Entre os princípios constitucionais que regem a atividade econômica se encontram: a) a propriedade privada; b) função social da propriedade; c) a livre concorrência; d) defesa do consumidor; e) defesa do meio ambiente; f) busca do pleno emprego; e g) tratamento favorecido para as empresas de pequeno porte (CF, art. 170). A busca da eficiência alocativa e a tutela da livre concorrência "não encontram abrigo na Constituição do Brasil senão de forma mitigada, em coerência com os demais princípios"[7].

A defesa da concorrência, em todos os tempos e lugares, sempre envolveu litígios significativos ("disputas de peso") e, por isso, reconheceu-se ao CADE (Conselho Administrativo de Defesa Econômica) – uma autarquia federal no Brasil – a atribuição para atuar como agência voltada à dar concretude ao sistema brasileiro de proteção à concorrência, controlando e fiscalizando a iniciativa privada quanto à prevenção e à repressão de infrações à ordem econômica, bem como estimulando a concorrência leal, transparente e benéfica ao mercado e à sociedade civil.

No âmbito da livre concorrência – decorrente do exercício lícito do poder econômico – "projeta-se a imagem da normalidade – juridicidade – de um ambiente em que o poder econômico se volta para a produção e circulação de mercadorias e serviços, sempre na busca da recompensa pecuniária, derivada da conquista de mais mercados, com *justa causa* para a situação de lucratividade"[8]. No âmbito do Direito argentino, conceitua-se ato de concorrência desleal "*el acto realizado directa o indirectamente por un operador de mercado, objetivamente contrario a los correctos uso y costumbres mercantiles y a la buena fe, el cual afecta o puede afectar el normal desarrollo concurrencial de otros operadores*"[9].

De modo resumido, é considerada prática infracional à ordem econômica a conduta praticada pelo agente que resultar, efetiva ou potencialmente, na dominação dos mercados, na eliminação da concorrência e no aumento arbitrário dos lucros, sendo irrelevante a presença do elemento subjetivo (culpa) para sua configuração. Os valores tutelados na legislação são de toda a coletividade, e não apenas dos agentes econômicos que atuam nos diversos setores.

Assim, revela-se pertinente proceder à análise das normas emergenciais e transitórias contidas no art. 14 da Lei nº 14.010/2020, sobre a suspensão de eficácia de determinadas regras, reconhecendo expressamente que circunstâncias extraordinárias são a razão de tais medidas adotadas no regime concorrencial no Direito brasileiro.

---

7. GRAU, Eros Roberto; FORGIONI, Paula A. CADE V. BACEN: conflito de competência entre autarquias. In: ROCHA, João Carlos de Carvalho; MOURA JÚNIOR, Flávio Paixão; DOBROWOLSKI, Samantha Chantal; SOUZA, Zani Tobias de (Coords.). *Lei Antitruste*. Belo Horizonte: Del Rey Editora, 2005, p. 93.
8. PETTER, Lafayete Josué. Ato jurisdicional positivo na ordem econômica. In: ROCHA, João Carlos de Carvalho; MOURA JÚNIOR, Flávio Paixão; DOBROWOLSKI, Samantha Chantal; SOUZA, Zani Tobias de (Coords.). *Lei Antitruste*. Belo Horizonte: Del Rey Editora, 2005, p. 142.
9. MENÉNDEZ, Sebastián Alfredo García. *Competencia desleal*. Buenos Aires: LexisNexis, 2004, p. 70.

6.1 SUSPENSÃO DE EFICÁCIA QUANTO A ALGUMAS INFRAÇÕES

O primeiro tema constante do Capítulo IX, da Lei nº 14.010/2020, é o da suspensão da eficácia das regras dos incisos XV e XVII do § 3º, do art. 36, da Lei 12.529/11. De acordo com a lei antitruste, consideram-se infrações da ordem econômica: i) vender mercadoria ou prestar serviços injustificadamente abaixo do preço de custo (inciso XV); ii) cessar parcial ou totalmente as atividades da empresa sem justa causa comprovada (inciso XVII). A primeira parte do art. 14 da Lei nº 14.010/2020, apenas suspende a eficácia dos dois referidos incisos no período de 20.03.2020 (data do Decreto Legislativo 6/20) até 30.10.2020 ou "enquanto durar a declaração do estado de calamidade pública" contida no DL 6/20.

A previsão de suspensão da eficácia da norma sobre duas das infrações da ordem econômica contidas no art. 36, da Lei 12.529/11, na realidade tem efeito mais pedagógico do que propriamente criar norma transitória a respeito da não configuração de infração administrativa. A presença de duas expressões nos dois incisos – "injustificadamente" (XV) e "sem justa causa" (XVII) – do dispositivo legal de caráter permanente já contempla a situação vivenciada pelos efeitos da pandemia do COVID-19 a respeito desses dois comportamentos, levando em conta a grave crise econômica e financeira provocada pelos impactos da pandemia. Apenas os preços predatórios são proibidos e cominados de sanção na Lei Antitruste. A prática do preço da mercadoria ou do serviço abaixo do custo nem sempre será ilícita, tal como se verifica no exemplo "de desova de produtos perecíveis, em que o empresário, por opção racional, prefere suportar menores prejuízos a perder toda a produção disponível para a venda"[10].

O legislador prevê a presença de "circunstâncias extraordinárias" (Lei nº 14.010/2020, art. 14, § 1º) e, por isso, há justificativa para a venda de mercadorias ou prestação de serviços abaixo do preço de custo, bem como há justa causa para a cessação parcial ou total das atividades da empresa. Há manifestação doutrinária no sentido da desnecessidade de tal previsão no texto legal, eis que a Lei 12.529/11 já "ressalva a possibilidade de ação dos agentes econômicos mediante justificativa"[11]. É consabido que a orientação do CADE sobre o elenco de hipóteses previstas no art. 36, § 3º, é meramente enunciativo e, por isso é possível haver a configuração de infração da ordem econômica desde que presentes os pressupostos contidos no *caput* do art. 36, bem como a simples circunstância de haver a prática de qualquer uma das condutas do § 3º, do art. 36, não conduz necessariamente à conclusão de que houve ilícito eis que se faz necessária a presença dos efeitos anticompetitivos previstos no *caput*[12].

---

10. FORGIONI, Paula A. *Os fundamentos do antitruste, op. cit.*, p. 360.
11. FERNANDES, Micaela Barros Barcelos; BOUÇAS, Danielle Fernandes. Breves notas sobre o PL 1.179/20: o regime jurídico emergencial e transitório das relações jurídicas de direito privado (RJET) em virtude da pandemia de coronavírus. Disponível em: [https://www.migalhas.com.br/depeso/324650/breves-notas-sobre-o-pl-1179-20-o--regime-juridico-emergencial-e-transitorio-das-relacoes-juridicas-de-direito-privado-rjet-em-virtude-da-pandemia-de-coronavirus]. Acesso em: 05.05.2020.
12. FRAZÃO, Ana. Breves reflexões sobre as soluções propostas pelo Projeto de Lei 1.179/2020: Impactos da Covid-19 sobre o Direito Antitruste. Disponível em: [https://www.jota.info/opiniao-e-analise/colunas/constituicao-empresa-e-mercado/impactos-da-covid-19-sobre-o-direito-antitruste-20042020]. Acesso em: 06.05.2020.

De fato, não haveria necessidade da edição de regra transitória para tratar da venda de mercadorias ou prestação de serviços abaixo do preço de custo, bem como da cessação parcial ou total das atividades da empresa no período da pandemia, como não sendo condutas consideradas infrações da ordem econômica. De qualquer forma, devido à situação de crise sanitária e de crise econômica dela decorrente, a regra transitória dá mais segurança jurídica aos agentes econômicos já tão atingidos pelas crises de modo que não seja possível a configuração de infração da ordem econômica.

Há de se ressalvar, no entanto, os casos de abusos e oportunismos de certos agentes econômicos quando se detectar que se aproveitaram do contexto da pandemia – mas sem sofrerem os efeitos dela – para adotarem comportamentos manifestamente contrários aos valores que norteiam a livre iniciativa num ambiente concorrencial saudável e leal. Na realidade, a correta interpretação dos preceitos normativos emergenciais não pode, por óbvio, dar ensejo a comportamentos oportunistas que não estejam relacionados aos efeitos maléficos da pandemia no âmbito da Economia.

A fixação unilateral do preço, por óbvio, não é reputada ilícita, mas pode vir a se tornar antijurídica quando restringir, limitar ou acabar com a concorrência, causando um prejuízo potencial ao interesse econômico geral. As condutas que afetam a formação dos preços das mercadorias ou dos serviços constituem, de fato, algumas das hipóteses de maior importância contempladas nas normas anticoncorrenciais[13]. Todavia, em casos de extrema relevância – como os provocados pela pandemia do COVID-19 –, até em razão da justificativa da extraordinariedade da situação, poderá haver o comportamento da fixação de preços abaixo do preço de custo da mercadoria ou do serviço até para viabilizar o abastecimento às pessoas físicas e jurídicas quanto às suas necessidades no período de crise. "A prática dos chamados preços predatórios (inc. XV) não decorre da mera precificação abaixo do custo, mas apenas se configura quando tal situação for injustificada"[14]. Assim, ao se constatar a presença de razões legítimas, fundamentadas na racionalidade econômica, não há que se cogitar da prática de infração à ordem econômica.

A cessação parcial ou total das atividades empresariais, especialmente daquela que detém posição dominante no mercado, pode gerar a diminuição da oferta com elevação do preço, caracterizando-se como abuso da posição dominante[15]. Contudo, notadamente no período de crise grave no âmbito da Economia – devido aos efeitos da pandemia –, há casos de fechamento de estabelecimentos industriais e comerciais que não se refiram às atividades essenciais para a sociedade civil e, por isso, há justa causa para a cessação das atividades.

---

13. CUEVAS, Guillermo Cabanellas de las. *Derecho antimonopólico y de defensa de la competência*. 1. Buenos Aires: Heliasta, 2005, p. 407.
14. FRAZÃO, Ana. Breves reflexões sobre as soluções. ..., *op. cit.*
15. CUEVAS, Guillermo Cabanellas de las. *Derecho antimonopólico...*, *op. cit.*, p. 684.

6.2 REGRA DE INTERPRETAÇÃO A RESPEITO DAS DEMAIS INFRAÇÕES

A Lei nº 14.010/2020 também traz regra de interpretação a respeito das demais infrações tipificadas no art. 36, da Lei12.259/11, ao prever que o órgão competente (a princípio o CADE ou algum órgão do Poder Judiciário) deverá considerar a presença de circunstâncias extraordinárias relativas à pandemia para apreciar possível ocorrência de infração da ordem econômica, desde que ocorrida no período que perdurará até 30.10.2020 ou até a cessação da declaração do estado de calamidade pública prevista no Decreto Legislativo 6/20.

Tal regra de hermenêutica enseja que, na prática, ainda que sejam realizadas algumas das condutas consideradas por lei como infrações da ordem econômica em matéria concorrencial, tais condutas não venham a ser sancionadas, de modo a permitir que os agentes econômicos possam agir com mais liberdade, especialmente em casos de cooperação entre eles para viabilizar o "atendimento das necessidades da escassez de serviços e produtos, evitando o grande risco de desabastecimento"[16].

Por óbvio não se trata de "dar um cheque em branco" aos agentes econômicos a respeito de não ser possível a configuração da prática de infração da ordem econômica, sob pena de se desmoronar todo o sistema de tutela da livre e saudável concorrência. Há, obviamente, que se atentar para a finalidade do ato praticado pelo agente econômico, isoladamente ou concertado com outros agentes, decorrente da extraordinariedade dos reflexos da pandemia nos vários segmentos mercadológicos.

Desse modo, a norma cria uma diretriz interpretativa para que, durante e após o período da pandemia do COVID-19, as ações realizadas pelos agentes econômicos, unilateralmente ou em conjunto, não possam ser interpretadas apenas pela sua ocorrência como infrações de ordem econômica (ilícitos concorrenciais). Repita-se, no entanto, que "as alterações legais não podem ser interpretadas como isenção legal ao direito antitruste, e permissão de qualquer prática sem preocupação com as consequências concorrenciais, mas sim que o intérprete deve considerar as circunstâncias especiais em que estamos vivendo"[17].

Uma das práticas que merecerá maior cuidado na avaliação envolve o desenvolvimento de esforços conjuntos de certos agentes econômicos para fabricação, distribuição e/ou fornecimento de bens essenciais à população ou diretamente vinculados ao segmento da saúde e, por isso, atitudes cooperativas entre empresas e empresários do setor devem ser analisadas com base no parâmetro interpretativo previsto na Lei nº 14.010/2020. Talvez o tema pudesse ter sido melhor tratado na legislação de emergência, mas a regra transitória serve de base para desenvolvimento do raciocínio jurídico neste sentido.

---

16. FERNANDES, Micaela Barros Barcelos; BOUÇAS, Danielle Fernandes. Breves notas sobre o PL (...), op. cit.
17. FERNANDES, Micaela Barros Barcelos; BOUÇAS, Danielle Fernandes. Breves notas sobre o PL 1.179/20 (...), *op. cit.*

6.3 SUSPENSÃO DA EFICÁCIA A RESPEITO DE CERTOS ATOS DE CONCENTRAÇÃO

A segunda parte do art. 14, da Lei nº 14.010/2020, também suspende a eficácia do inciso IV, do art. 90, da Lei 12.529/11, que trata de um dos atos de concentração consistente na celebração de contrato associativo, consórcio ou *joint venture* entre duas ou mais empresas.

A noção de concentração econômica se baseia no aumento do poder econômico de um ou mais agentes econômicos que atuam no mercado relevante. Daí a razão pela qual os acordos entre empresas podem também ser compreendidos como práticas concentracionistas, porquanto "a partir do momento em que dois agentes (concorrentes ou não) se unem, ainda que mantenham sua autonomia, passarão a deter uma *vantagem competitiva* sobre os demais e que (...) se transforma em maior poder econômico" delas[18]. São também chamadas de "concentrações virtuais", ou seja, casos em que não há transferência de titularidade – alienação de ativos ou do poder de controle – mas caracterizam atos de concentração, tais como várias *joint ventures* entre empresas que não geram uma nova estrutura jurídica e gerencial a elas[19].

O art. 90, da Lei 12.529/11, ao tratar dos atos de concentração, elenca as hipóteses de fusão de duas ou mais empresas, de incorporação de uma ou mais empresas por outra (ou outras), de aquisição do controle ou partes de uma ou outras empresas, além da celebração de contratos associativos, consórcios ou *joint venture* entre duas ou mais empresas. Costuma-se apontar alguns fatores para o agente econômico praticar atos de concentração: i) a operação pode tender à neutralização da concorrência entre os agentes econômicos, servindo como uma das formas de se obter ou reforçar a posição monopolística, o que normalmente é refutado pela autoridade pública antitruste, ou ter por consequência a neutralização da concorrência em mercado relevante diverso daquele que envolve a atividade principal do agente econômico que pratica a concentração[20]; ii) a operação pode permitir o surgimento de "economias de escala e o melhor aproveitamento dos recursos disponíveis"[21]; iii) a operação pode envolver, na prática, a aquisição de pessoal especializado, patentes e outros privilégios, e não a aquisição do outro agente econômico; iv) a operação da venda da empresa pode ser o "meio mais eficiente ou mais seguro de preservar a continuidade de suas atividades"[22], nos casos do empresário que pretende encerrar sua atividade profissional para deixar aos seus herdeiros outro tipo de bens que não sua participação na sociedade; v) outros fatores, tais como "ganhos ou economias

---

18. FORGIONI, Paula A. *Os fundamentos do antitruste*, op. cit., p. 464.
19. CARVALHO, Nuno. *As concentrações de empresas no direito antitruste*. São Paulo: Resenha Tributária, 1995, p. 110.
20. FORGIONI, Paula A. *Os fundamentos do antitruste*, op. cit., p. 470.
21. FORGIONI, Paula A. *Os fundamentos do antitruste*, op. cit., p. 471.
22. FORGIONI, Paula A. *Os fundamentos do antitruste*, op. cit., p. 472.

tributárias"[23] que são viabilizados, ou a operação ser uma opção de investimento de capital, entre tantos outros.

O impacto dos atos de concentração sobre o mercado envolve a verificação sobre a possível (e natural) diminuição do grau de concorrência. À luz de interpretação doutrinária ainda à época da vigência da Lei 8.884/94, considerava-se que: i) "todos os atos restritivos da concorrência" devem ser submetidos ao CADE, decorrentes de atos de concentração (seja por acordos entre empresas ou concentrações econômicas); ii) nos atos de concentração econômica (fusões, incorporações, aquisições, constituição de empresa comum), era presumida a restrição à concorrência sempre que o ato envolvesse mais de trinta por cento do mercado relevante ou que as empresas possuíssem faturamos bruto anual superior a determinado valor pecuniário[24].

O art. 14, da Lei nº 14.010/2020 suspende a eficácia apenas do inciso IV, do art. 90, da Lei 12.529/11, único caso que não envolve alteração das autonomias objetiva e subjetiva das empresas envolvidas nos contratos associativos, na formação de consórcio ou de uma *joint venture*. Para esse fim a *joint venture* representa "a associação entre dois ou mais interessados para a realização de um objetivo comum"[25] na qual haverá um contrato-base e outros contratos "ramificados", quando houver necessidade, para a consecução dos negócios pretendidos pelas empresas.

Ana Frazão observa que não é possível se confundir cooperação entre agentes econômicos com os atos de concentração previstos no art. 90, IV, da Lei 12.529/11: "estes correspondem ao mais alto grau de cooperação, em que os agentes envolvidos se engajam em uma empresa comum, compartilhando os riscos e a rentabilidade da ação conjunta"[26]. Contudo, além dos contratos associativos há outras modalidades de cooperação entre agentes econômicos que não alcançam o grau de organização para serem considerados contratos associativos e, por isso, a atividade de interpretação das normas contidas nos arts. 36 e 90, ambos da Lei 12.529/11, deverá levar em conta a situação de extraordinariedade na qual o mercado, o Estado e a sociedade civil se encontram para não necessariamente considerar que houve infração da ordem econômica em matéria concorrencial.

Em virtude da crise da pandemia do COVID-19 tem-se verificado a utilização do modelo de celebração de contratos associativos, consórcios e *joint ventures* especialmente no momento de retração do mercado econômico em vários segmentos. A suspensão da vigência do art. 90, IV, da Lei 12.529/11, no entanto, não impedirá a posterior análise do ato de concentração praticado no período da pandemia, bem como a investigação sobre a prática de infração da ordem econômica, quando se constatar que a concentração pode não ter sido motivada para minimizar os efeitos econômicos deletérios da pandemia e dos atos das autoridades públicas. "Evita-se, assim, que as condições excepcionais que

---

23. FORGIONI, Paula A. *Os fundamentos do antitruste*, op. cit., p. 472.
24. FORGIONI, Paula A. *Os fundamentos do antitruste*, op. cit., p. 495.
25. ROVAI, Armando Luiz. *Direito de empresa*. Rio de Janeiro: Elsevier, 2007, p. 117.
26. FRAZÃO, Ana. Breves reflexões sobre as soluções. ..., *op. cit.*

estão sendo criadas para enfrentamento da COVID-19 e suas consequências sejam fonte de práticas oportunistas"[27].

Nos termos do art. 14, da Lei nº 14.010/2020, os órgãos responsáveis poderão apurar se "realmente os acordos eram necessários ao combate ou à mitigação das consequências decorrentes da pandemia". Desse modo, não se exclui a verificação do real objetivo praticado pelo ato de concentração com os contratos associativos, consórcios e *joint ventures*.

Há crítica de parcela da doutrina da regra transitória quanto à suspensão da eficácia do art. 90, IV, da Lei 12.529/11: "era imperioso que o legislador previsse ao menos que a suspensão estaria condicionada às necessidades e às urgências da pandemia, a fim de evitar o oportunismo excessivo"[28]. Tal crítica decorre da presença de regra "muito aberta" que, na prática, poderá dar ensejo aos oportunismos de momento, em virtude da crise. A crítica é parcialmente procedente, mas pode ser superada em razão da previsão contida no art. 14, § 2º da Lei nº 14.010/2020, que contempla a análise posterior "do ato de concentração ou de apuração de infração à ordem econômica", caso em que será examinado se realmente os acordos entre os agentes econômicos envolvidos eram necessários ao combate ou à mitigação dos efeitos maléficos decorrentes da pandemia, seja no caso do abastecimento de produtos (inclusive mantimentos, medicamentos, equipamentos de preservação da saúde) e serviços essenciais à população e ao Estado no período de crise.

Contudo, há outro aspecto a respeito da crítica que merece maior consideração. Trata-se da previsão *a posteriori* do controle exercido sobre o ato de concentração. De fato, cabe ao CADE realizar a verificação sobre o ato pretendido, se os motivos alegados da sua realização são legítimos, bem como apurar se os meios escolhidos pelos agentes econômicos são necessários, adequados e proporcionais diante das circunstâncias existentes.

Com a previsão sobre o exercício do controle ser feito após os contratos associativos, a constituição de consórcio entre empresas ou a formação das *joint ventures*, "são grandes os riscos de que mesmo cooperações com fins legítimos possam se utilizar de meios indevidos, de forma a propiciar contatos, trocas de informações concorrencialmente sensíveis e outros procedimentos que ultrapassem os objetivos das cooperações em regime de exceção"[29]. Tal observação é procedente e as previsões quanto aos riscos já se verificaram em outras situações emergenciais e graves e, por isso, o ideal seria que, em virtude da urgência, o ato de concentração na modalidade de contratos associativos, consórcios ou *joint ventures* possa ser imediatamente praticado, mas com submissão logo em seguida ao CADE para aferição da sua legitimidade, com emprego de meios

---

27. FERNANDES, Micaela Barros Barcelos; BOUÇAS, Danielle Fernandes. Breves notas sobre o PL 1.179/20 (...), *op. cit.*
28. FRAZÃO, Ana. Breves reflexões sobre as soluções. ..., *op. cit.*
29. FRAZÃO, Ana. Breves reflexões sobre as soluções. ..., *op. cit.*

necessários, adequados e proporcionais diante das circunstâncias geradas pela crise da pandemia do COVID-19.

No que se refere à atuação do tribunal administrativo do CADE, em processos de consulta, a respeito da licitude e legitimidade de atos, contratos, consórcios ou mesmo *joint venture,* o prazo máximo para julgamento desses casos é de cento e vinte dias, com seu início na data da distribuição da consulta ao relator. Contudo, "a média de tempo de análise das consultas mais recentes é de aproximadamente 60 dias, tendo havido casos analisados em apenas 14 dias – agilidade que se espera do CADE em procedimentos semelhantes no contexto da pandemia"[30].

Recentemente houve notícia a respeito do incentivo do governo federal a que as companhias aéreas realizassem contratos associativos exatamente como forma de minimizar os impactos econômicos da pandemia do COVID-19 no setor aéreo[31].

Assim, por exemplo, com as restrições à locomoção de pessoas e bens, inclusive a proibição de alguns voos internacionais, e até mesmo nacionais, o setor aéreo foi diretamente impactado em razão da crise sanitária que repercutiu no desenvolvimento de suas atividades, daí o tratamento emergencial e transitório para admitir os contratos associativos, a formação de consórcios e de *joint ventures* entre empresas. Há uma sensação de que a crise pode atingir profundamente alguns setores econômicos, com a utilização de "mecanismos de cooperação duradouros entre concorrentes", incluindo os contratos associativos, "assim entendidos aqueles com duração igual ou superior a dois anos e que estabeleçam empreendimento comum para exploração de atividade econômica, desde estabeleçam o compartilhamento dos riscos e resultados da atividade econômica que constitua seu objeto"[32].

Todos os atos que possam caracterizar restrição à concorrência (com implicação de prejuízo à livre iniciativa, de prejuízo à livre concorrência ou de geração de domínio de mercado) devem ser submetidos à avaliação do CADE, sejam acordos entre empresas ou concentrações econômicas. Na medida em que o ato gere concentração econômica na qual os agentes tenham faturamento bruto anual superior a determinado valor monetário, ou em que haja o envolvimento de mais de determinado percentual de um certo mercado relevante, há o dever de sua submissão às autoridades que compõem o Sistema Brasileiro de Defesa da Concorrência[33].

Antes mesmo da edição da Lei nº 14.010/2020 já seria possível a prática de contratos associativos antes mesmo da manifestação definitiva do CADE. No contexto

---

30. YAMASHITA, Érica Sumie. Reflexos concorrenciais da COVID-19. Disponível em: [https://www.machadomeyer.com.br/pt/inteligencia-juridica/publicacoesij/concorrencial-e-antitrusteij/reflexos-concorrenciais-da-covid-19]. Acesso em: 06.05.2020.
31. RODRIGUES, Lorena; RODRIGUES, Ricardo. Com pandemia, empresas podem formar cartéis do bem. *Estadão* (O Estado de São Paulo). Disponível em: [https://economia.estadao.com.br/noticias/geral,empresas-se-ajudam-nos-carteis-do-bem,70003260039]. Acesso em: 04.04.2020.
32. YAMASHITA, Érica Sumie, *op. cit.*
33. FORGIONI, Paula A. *Os fundamentos do antitruste, op. cit.*, p. 497.

da crise da pandemia, os pedidos de autorização para a consumação do contrato, com liminar requerida, serão mais frequentes, com observância dos critérios: i) demonstração pelos interessados de que não há risco de dano irreparável à concorrência; ii) reversibilidade das medidas contratadas; iii) existência de risco iminente de significativos prejuízos econômicos e irreversíveis caso não haja concessão da autorização precária[34].

No período regular de funcionamento do mercado e das atividades em geral, o CADE havia concedido autorização precária no caso envolvendo a Concessionária Aeroporto Rio de Janeiro S/A (referente ao aeroporto do Galeão, no Rio de Janeiro) quanto ao aumento de quarenta por cento para cem por cento da Excelence B.V. na Rio de Janeiro Aeroporto S/A, pois considerou-se que a concessionária não teria condições financeiras de pagar valor de parcela se não fosse a autorização precária do CADE e, consequentemente, teria que cessar suas atividades como concessionária no aeroporto, o que obviamente impactaria o funcionamento do aeroporto até que nova licitação fosse realizada[35].

Quanto aos demais atos de concentração previstos no art. 90, da Lei 12.529/11 (incisos I, II e III), não houve alteração sobre o efetivo e prévio controle da autarquia federal, não tendo sido editada regra emergencial e transitória para tais hipóteses. Ou seja: a legislação permanente continua aplicável na sua totalidade a respeito dos demais atos de concentração.

6.4 TERMO FINAL DAS MEDIDAS EXCEPCIONAIS

A regra transitória contida no *caput* do art. 14, da Lei nº 14.010/2020, reforça a excepcionalidade das medidas referentes às práticas concorrenciais no que tange às condutas previstas no art. 36, § 3º, da Lei 12.529/11 – possivelmente infrações da ordem econômica – e às concentrações empresariais referidas no art. 90, IV, da Lei 12.529/11 –, cujos efeitos somente poderão ser produzidos até o dia 30 de outubro de 2020, ou enquanto durar o período abrangido pelo estado de calamidade pública.

A parte final do *caput* do art. 14, da Lei nº 14.010/2020, prevê, além do termo final como sendo o dia 30.10.2020, a alternativa quanto a prazo incerto referente ao período reconhecido na declaração de calamidade pública prevista no Decreto-Legislativo 06/20. Em sendo ultrapassada a data 30.10.2020 a respeito dos efeitos da pandemia, deverá ser considerada parte final do *caput* do art. 17 quanto à referência ao período de duração do tempo abrangido pela declaração do estado de calamidade pública.

Aliás, no Decreto Legislativo 6/20, há a previsão de que o período a ser considerado vai até 30.12.2020, para os fins de calamidade pública, notadamente para "as dispensas do atingimento dos resultados fiscais previstos no art. 2º da Lei 13.898, de 11 de novembro

---
34. YAMASHITA, Érica Sumie, *op. cit.*
35. YAMASHITA, Érica Sumie, *op. cit.*

de 2019, e da limitação de empenho de que trata o art. 9º da Lei Complementar 101, de 4 de maio de 2000" (DL 6/20, art. 1º).

Os efeitos posteriores do ato praticado somente se justificam durante as circunstâncias que ocasionaram a emergência da regra transitória.

As normas de Direito Econômico, inclusive as que tratam das questões concorrenciais, atribuem certas consequências jurídicas aos efeitos econômicos de determinadas condutas e, por isso, é importante conhecer as "leis" econômicas que impõem os efeitos dos comportamentos relativos às atividades produtoras e fornecedoras de produtos e de serviços[36]. Em períodos de crise econômica grave, tais como se verifica na hipótese da pandemia do COVID-19, a flexibilização de determinadas normas se revela necessária até em razão das finalidades ínsitas ao mercado, à população e aos entes estatais. No caso, a suspensão da eficácia de certas normas sobre atos configuradores de infrações de ordem econômica e atos de concentração de empresas é medida emergencial e transitória, mas não pode dar ensejo a práticas oportunistas que venham a exatamente contrariar todo o sistema de proteção à concorrência leal e à livre-iniciativa.

---

36. CUEVAS, Guillermo Cabanellas de las. *Derecho antimonopólico...*, op. cit., p. 29.

CONCLUSÃO

"Uma lei sanitária provocada por uma epidemia é aplicável até que um acto administrativo declare cessado no país o estado de infecção"[1]. A frase, datada do início da década de 20 do século passado na Itália, parece se encaixar perfeitamente ao contexto atual do Direito Privado emergencial brasileiro devido à pandemia do COVID-19. As repercussões da crise sanitária no âmbito das situações jurídicas patrimoniais e existenciais nas relações privadas são claras e inexoráveis e, por isso, é de se louvar a iniciativa do parlamento brasileiro quanto à instituição de um regime jurídico emergencial e transitório para as relações jurídicas de Direito Privado.

Ao tratar dos deveres fundamentais, a doutrina observa que, para ser admitido como dever fundamental, o dever geral de recolhimento domiciliar em tempos do COVID-19 "precisa apresentar densidade jurídica suficiente, até porque os deveres fundamentais não são meras imposições assentadas em virtudes humanas"[2]. O dever de recolhimento domiciliar consiste no conjunto de sujeições das pessoas à limitação da liberdade de ir e vir "em espaços e vias públicas, ou em espaços e vias privadas equiparadas a vias públicas, buscando conter os efeitos do crescimento desenfreado do número de casos de COVID-19 e inevitável sobrecarga de atendimentos nas unidades hospitalares"[3]. Tais imposições decorrem da necessidade da proteção de bem jurídico maior do que a liberdade individual que é a saúde pública e a vida das demais pessoas. Trata-se de dever fundamental de "proteger a saúde (dever de segunda dimensão) e inerente à lógica de solidariedade responsável do Estado social, influenciados pelos ideais de solidariedade (dever de terceira dimensão), assumindo os indivíduos uma série de obrigações concretas para proteger interesses transindividuais"[4].

O COVID-19 aponta para o imprevisto, sendo que nas palavras de Boaventura de Sousa Santos, "as pandemias mostram de maneira cruel como o capitalismo neoliberal incapacitou o Estado para responder às emergências"[5]. Uma das constatações decorrentes da pandemia é a incapacidade do Estado, sua falta de previsibilidade quanto às emergências e desastres de grandes proporções que já eram anunciadas como prováveis e de ocorrência próxima. Quando houver o retorno à "normalidade", muitas questões e situações serão diferentes: "quando se reconstituirão os rendimentos anteriores?

---

1. FERRARA, Francesco. *Interpretação e aplicação das leis*. Traduzido por Manuel A. Domingues de Andrade. 4. ed. Coimbra: Arménio Amado Editor, 1987, p. 191.
2. MARTINS, Carlos Eduardo Behrmann Rátis. Dever geral de recolhimento domiciliar em tempo de coronavírus. In: BAHIA, Saulo José Casali (org.). *Direitos e deveres fundamentais em tempos de coronavírus*. São Paulo: Editora IASP, 2020, p. 55.
3. MARTINS, Carlos Eduardo Behrmann Rátis. Dever geral de recolhimento (...), *op. cit.*, p. 55.
4. MARTINS, Carlos Eduardo Behrmann Rátis. Dever geral de recolhimento (...), *op. cit.*, p. 56.
5. SANTOS, Boaventura de Sousa. *A cruel pedagogia do vírus*. Coimbra: Almedina, 2020, p. 28.

Estarão os empregos e os salários à espera e à disposição? Quando se recuperarão os atrasos na educação e nas carreiras? Desaparecerá o Estado de exceção que foi criado para responder à pandemia tão rapidamente quanto a pandemia?"[6] São dúvidas que, a par das preocupações que a preservação da vida e da saúde já provocam, povoam inevitavelmente as mentes das pessoas, até mesmo as materialmente desprendidas. Em uma sociedade capitalista, as relações existenciais estão umbilicalmente associadas aos interesses patrimoniais.

É certo que a estrutura social e econômica atualmente existente para lidar com as mazelas e problemas gravíssimos no âmbito da sociedade brasileira não será modificada em razão das medidas adotadas para controlar a pandemia do COVID-19. Contudo, deve-se buscar extrair da situação de crise lições que, no mínimo, permitirão que as pessoas e os governantes possam refletir a respeito do presente e do futuro da humanidade.

A Lei nº 14.010/2020, ao reconhecer o ambiente excepcional causado à população brasileira pela pandemia do COVID-19 e pelos atos das autoridades públicas na implementação de políticas emergenciais de prevenção e controle da disseminação da grave doença, é retrato da necessidade de uma lei emergencial e transitória no âmbito das relações jurídicas privadas. Não à toa as normas jurídicas instituídas em caráter transitório incluem questões desde a teoria geral do Direito Civil, passando pelos segmentos do Direito das Obrigações, Direito das Coisas, Direito de Família, Direito das Sucessões, Direito do Consumidor, até chegar aos temas relevantes de Direito Comercial e de Direito Econômico, tais como os segmentos das empresas consideradas individualmente e no âmbito concorrencial.

No início do século XX, mais precisamente em 1918, no Direito francês foi editada a Lei *Faillot* para cuidar de aspectos transitórios referentes à revisão dos contratos no período pós-1ª Grande Guerra Mundial. Na Alemanha, neste ano de 2020 foi elaborada a Lei de Atenuação dos Efeitos da Pandemia do COVID-19 no Direito Civil, Falimentar e Recuperacional. Em praticamente todos os países mais severamente atingidos pela pandemia do COVID-19 algumas iniciativas de tratar normativamente dos impactos da pandemia na saúde e vida das pessoas, na continuidade da atividade econômica nos segmentos da produção, distribuição, consumo e trabalho, vêm sendo adotadas, o que não seria diferente no caso brasileiro.

A aceleração dos acontecimentos globalizados, o inesperado das transformações e a maior complexidade da vida atual geram a necessidade da pronta atuação dos atores – públicos e privados – no cenário que se descortina. O fundamental é observar que conquistas civilizatórias na história da humanidade não sejam relativizadas ou ignoradas, em especial em momentos de crise. O RJET, tal como instituído pela Lei nº 14.010/2020, é resultado da convergência de fatores relacionados à observância dos direitos fundamentais – inclusive a segurança jurídica – em período de crise sanitária sem precedentes em tempos mais recentes no país e, como tal, vigorará na exata medida

---

6. SANTOS, Boaventura de Sousa. *A cruel pedagogia do vírus, op. cit.*, p. 30.

e durante o tempo indispensável para o retorno à normalidade institucional, social e econômica na realidade brasileira.

A respeito dos vetos presidenciais a certos dispositivos previstos no Projeto de Lei nº 1.179/20, a conclusão a que se chega é a de que os vetos aos arts. 4º, 6º, 9º e 11 não se justificam e, por isso, compete ao Congresso Nacional rejeitá-los pelo voto da maioria absoluta dos Deputados e Senadores em sessão conjunta (CF, art. 66, § 4º), de modo a proporcionar a necessária segurança jurídica e estabilidade nas relações jurídicas de Direito Privado, nos segmentos das pessoas jurídicas de Direito Privado, das obrigações, da vedação da concessão de liminar em certos casos de ações de despejo e dos poderes emergenciais ao síndico do condomínio edilício. Por outro lado, o veto ao art. 7º, do PL se revela correto e, por isso, deve ser mantido pelo Congresso Nacional devido aos fundamentos expostos no capítulo próprio deste livro.

Desse modo, dois são os pontos fundamentais que devem ser remarcados nesta fase do desenvolvimento do Direito Privado emergencial: i) a reafirmação das conquistas civilizatórias decorrentes do período contemporâneo marcado pela busca da concretização dos direitos humanos e dos direitos fundamentais, inclusive no âmbito das relações privadas, ainda que com diferentes intensidades e gradações; ii) a necessidade de os períodos de crise serem tratados de modo adequado para permitir não apenas a saída do período emergencial e excepcional, mas também a construção de um modelo de sociedade de fato cada vez mais justa, livre e solidária.

O presente trabalho procura contribuir para este modelo de sistema jurídico que contribua eficazmente para a superação do período de crise aguda da humanidade e, ao mesmo tempo, para a construção e o desenvolvimento do Direito Privado baseado na valorização da justiça social e da segurança jurídica nas suas várias relações e diversos segmentos.

REFERÊNCIAS

AGUIAR JÚNIOR, Ruy Rosado. Da extinção do contrato. Arts. 472 a 480. In: TEIXEIRA, Sálvio de Figueiredo (Coord.). *Comentários ao novo código civil*: Rio de Janeiro: Forense, 2011. v. VI. t. II.

AGUIAR, João Carlos Pestana de. O fundo de comércio e os "shopping centers". In:

ALVES, Alexandre Ferreira de Assumpção. *A pessoa jurídica e os direitos da personalidade*. Rio de Janeiro: Renovar, 1998.

AMORIM FILHO, Agnelo. Critério científico para distinguir a prescrição da decadência e para identificar as ações imprescritíveis. *Revista de direito processual civil*. v. 3. a. 2. jan.-jun. 1961.

ARDUIN, Ana Lúcia Alves da Costa. A teoria jurídica da empresa. In: COELHO, Fábio Ulhoa (Coord.). *Tratado de direito comercial*: introdução ao direito comercial; teoria geral das sociedades. São Paulo: Saraiva, 2015. v. 1.

ARRUDA, José Soares; LÔBO, Carlos Augusto da Silveira (Coord.). *Shopping centers*. Aspectos jurídicos. São Paulo: Ed. RT, 1984.

ASQUINI, Alberto. Profili dell'impresa. *Rivista del diritto commerciale*. v. 41, I, 1943. Tradução de Fábio Konder Comparato. *Revista de direito mercantil, industrial, econômico e financeiro*. a. 35, n. 104, São Paulo, p. 109-126, out.-dez., 1996.

ASSIS, Araken de. *Da execução de alimentos e prisão do devedor*. 5. ed. São Paulo: Ed. RT, 2001.

ÁVILA, Humberto Bergmann. *Teoria dos princípios*. 5. ed. São Paulo: Malheiros, 2004.

AZEVEDO, Álvaro Villaça. Inaplicabilidade da teoria da imprevisão e onerosidade excessiva na extinção dos contratos. *Superior Tribunal de Justiça*: doutrina. Edição comemorativa 20 anos. Brasília, 2009.

AZEVEDO, Álvaro Villaça. *Teoria geral das obrigações*. 9. ed. São Paulo: Ed. RT, 2001.

AZEVEDO, Antonio Junqueira de. Princípios do novo direito contratual e desregulamentação do mercado. Direito de exclusividade nas relações contratuais de fornecimento. Função social do contrato e responsabilidade aquiliana do terceiro que contribui para inadimplemento contratual. *Revista dos tribunais*. v. 750. São Paulo: Ed. RT, abr./1998.

AZEVEDO, Fábio. *Sem shopping, sem aluguel: covid-19 e a alocação do risco*. Disponível em: [https://www.migalhas.com.br/coluna/migalhas-edilicias/324393/sem-shopping-sem-aluguel-covid-19-e--alocacao-de-risco]. Acesso em: 18.05.2020.

AZEVEDO, Plauto Faraco de. *Aplicação do direito e contexto social*. 2. ed. São Paulo: Ed. RT, 1998.

BAHIA, Saulo José Casali. Pandemia, relações privadas e eficácia horizontal dos direitos fundamentais: o caso dos condomínios edilícios. In: BAHIA, Saulo José Casali (Org.). *Direitos e deveres fundamentais em tempos de coronavírus*. São Paulo: Editora Iasp, 2020

BARCELLOS, Ana Paula de. *A eficácia jurídica dos princípios constitucionais*: o princípio da dignidade da pessoa humana. 3. ed. Rio de Janeiro: Renovar, 2011.

BARROSO, Luís Roberto. Aqui, lá e em todo Lugar: a dignidade humana no direito contemporâneo e no discurso transnacional. *Revista dos Tribunais*, a. 101, v. 919, p. 127-196, mai., 2012.

BARROSO, Luís Roberto. *Curso de direito constitucional contemporâneo*: os conceitos fundamentais e a construção do novo modelo. 6. ed. São Paulo: Saraiva, 2017.

BARROSO, Luís Roberto. *Curso de direito constitucional contemporâneo*: os conceitos fundamentais e a construção do novo modelo. 4. ed. São Paulo: Saraiva, 2013.

BASILIO, João Augusto. *Shopping center*. Rio de Janeiro: Renovar, 2005.

BELMONTE, Alexandre de Souza Agra. *Natureza jurídica dos shopping centers*. Rio de Janeiro: Lumen Juris, 1989.

BENACCHIO, Marcelo. Comentários ao art. 1.244. In: NANNI, Giovanni Ettore (Coord.). *Comentários ao Código Civil*: Direito Privado contemporâneo. São Paulo: Saraiva, 2019.

BENACCHIO, Marcelo. Comentários ao art. 1.331. In: NANNI, Giovanni Ettore (Coord.). *Comentários ao Código Civil*: Direito Privado contemporâneo. São Paulo: Saraiva, 2019.

BENACCHIO, Marcelo. Comentários ao art. 1.334. In: NANNI, Giovanni Ettore (Coord.). *Comentários ao Código Civil*: Direito Privado contemporâneo. São Paulo: Saraiva, 2019.

BENACCHIO, Marcelo. Comentários ao art. 1.335. In: NANNI, Giovanni Ettore (Coord.). *Comentários ao Código Civil*: Direito Privado contemporâneo. São Paulo: Saraiva, 2019.

BENACCHIO, Marcelo. Comentários ao art. 1.336. In: NANNI, Giovanni Ettore (Coord.). *Comentários ao Código Civil*: Direito Privado contemporâneo. São Paulo: Saraiva, 2019.

BENJAMIN, Antonio Herman V.; MARQUES, Claudia Lima; BESSA, Leonado Roscoe. (Coord.). *Manual de direito do consumidor*. 5. ed. São Paulo: Ed. RT, 2013.

BESSONE, Darcy. *Aspectos da evolução da teoria dos contratos*. São Paulo: Saraiva, 1949.

BESSONE, Darcy. *Do contrato*. Rio de Janeiro: Forense, 1960.

BETTI, Emilio. *Teoria geral do negócio jurídico*. Campinas: Servanda, 2008.

BEVILAQUA, Clovis. *Direito das obrigações*. Edição histórica. Rio: Rio, 1977.

BEVILAQUA, Clovis. *Teoria geral do direito civil*. 2. ed. Campinas: Servanda, 2015.

BORBA, José Edwaldo Tavares. *Direito societário*. 14. ed. São Paulo: Atlas, 2015.

BRASIL, STF, 2ª Turma, rel. Ministro Néri da Silveira, *RTJ* 149/164 e *RT* 703/231.

BRASIL, STF, ADI 6341. Rel. Ministro Marco Aurélio. DJe 25.03.2020.

BRASIL, STF, Tribunal Pleno, ADC 04. Rel. Ministro Sydney Sanches. Redator para o Acórdão Ministro Celso de Mello, DJe 30.10.2014.

BRASIL, STJ, Petição no HC 568.021/CE, relator Ministro Paulo de Tarso Sanseverino, decisão monocrática publicada em 30.03.2020.

BRASIL, STJ, Terceira Turma, REsp 1.401.815/ES, rel. Min. Nancy Andrighi, julgado em 03.12.2013.

BRASIL, Superior Tribunal de Justiça, HC 568.021/CE, relator Ministro Paulo de Tarso Sanseverino, decisão monocrática publicada em 25.03.2020.

BRASIL, Superior Tribunal de Justiça, Quarta Turma, REsp 1.819.075, Rel. Min. Luis Felipe Salomão.

BRITO, Rodrigo Toscano de. *Equivalência material dos contratos civis, empresariais e de consumo*. São Paulo: Saraiva, 2007.

CAHALI, Francisco José. Comentários ao art. 1.879. In: NANNI, Giovanni Ettore (Coord.). *Comentários ao Código Civil*: Direito Privado contemporâneo. São Paulo: Saraiva, 2019.

CAHALI, Yussef Said. *Dos alimentos*. 3. ed. São Paulo: Ed. RT, 1998.

CAHALI, Yussef Said. *Prescrição e decadência*. 2. ed. São Paulo: Ed. RT, 2012.

CÂMARA, Alexandre Freitas. *O novo processo civil brasileiro*. 3. ed. São Paulo: Atlas, 2017.

CAMPINHO, Sérgio. *Curso de direito comercial*: direito de empresa. 15. ed. São Paulo: Saraiva, 2018.

CARNEIRO, Paulo Cezar Pinheiro. In: WAMBIER, Teresa Arruda Alvim; DIDIER JR., Fredie; TALAMINI, Eduardo; DANTAS, Bruno. (Coord.). *Breves comentários ao novo código de processo civil*. São Paulo: Ed. RT, 2015.

CARRAZA, Roque Antonio. *Curso de direito constitucional tributário*. 22. ed. São Paulo: Malheiros, 2006.

CARVALHO, Luiz Paulo Vieira de. *Direito das sucessões*. 2. ed. São Paulo: Atlas, 2015.

CARVALHO, Nuno. *As concentrações de empresas no direito antitruste*. São Paulo: Resenha Tributária, 1995.

CARVALHOSA, Modesto. *Comentários à Lei de Sociedades Anônimas*. 4. ed. São Paulo: Saraiva, 2009. v. 3.

CASSETARI, Christiano. Da possibilidade de prisão do devedor de alimentos fixados em escritura pública de divórcio e de extinção da união estável. In: COLTRO, Antônio Carlos Mathias; DELGADO, Mário Luiz (Coords.). *Divórcios e inventários extrajudiciais*. 4. ed. Porto Alegre: Lex Magister Editora, 2016.

COELHO, Fábio Ulhoa. *Curso de direito comercial*: direito de empresa. Sociedades. 20. ed. São Paulo: Saraiva, 2016. v. 2.

COGO, Rodrigo Barreto. *A frustração do fim do contrato*: o impacto dos fatos supervenientes sobre o programa contratual. Rio de Janeiro: Renovar, 2012.

COMPARATO, Fábio Konder. *O poder de controle na sociedade anônima*. 3. ed. Rio de Janeiro: Forense, 1983.

CUEVAS, Guillermo Cabanellas de las. *Derecho antimonopólico y de defensa de la competência*. 1. Buenos Aires: Heliasta, 2005.

DADALTO, Luciana. A judicialização do testamento vital: análise dos autos n. 108440521.2015.8.26.0100/TJSP. *Civilistica.com* a. 7. n. 2. 2018.

DADALTO, Luciana. *O papel do testamento vital na pandemia da covid-19*. Disponível em: [https://testamentovital.com.br/blog/o-papel-do-testamento-vital-na-pandemia-da-covid-19/]. Acesso em: 03.05.2020.

DANTAS, San Tiago. *Programa de direito civil*: aulas proferidas na faculdade nacional de direito. Parte geral. Rio: Rio, 1979.

DENARI, Zelmo. In: Ada Pellegrini Grinover et al. *Código brasileiro de defesa do consumidor*: comentado pelos autores do anteprojeto. 11. ed. Rio de Janeiro: Forense, 2017.

DENARI, Zelmo. In: Grinover, Ada Pellegrini et. al. *Código brasileiro de defesa do consumidor comentado pelos autores do anteprojeto*. 7. ed. Rio de Janeiro: Forense Universitária, 2001.

DINIZ, Ana Carolina. *Condomínios já registram aumento de inadimplência*: taxa de não pagamento ficou em 18% em abril, enquanto a média histórica era de 9%, segundo Secovi Rio. *O GLOBO*. Rio de Janeiro: O Globo, 26.04.2020, p. 25: "A crise causada pela pandemia de Covid-19 provocou aumento de inadimplência nos condomínios em abril".

EHRHARDT JR., Marcos. *Direito Civil*: LICC e Parte Geral. Salvador: Jus Podivm, 2009. v. 1.

ELIAS, João Roberto. *Pátrio poder*. São Paulo: Saraiva, 1999.

ESPÍNOLA, Eduardo; ESPÍNOLA FILHO, Eduardo. *A lei de introdução ao código civil brasileiro*. 3. ed. Rio de Janeiro: Renovar, 1999. v. 1.

FACHIN, Luiz Edson. *A função social da posse e a propriedade contemporânea*. Porto Alegre: SAFabris, 1988.

FARIAS, Cristiano Chaves de; ROSENVALD, Nelson. *Curso de direito civil*: obrigações. 11. ed. rev., ampl. e atual. Salvador: JusPodivm, 2017. v. 2.

FARIAS, Cristiano Chaves; ROSENVALD, Nelson. *Curso de direito civil*: contratos; teoria geral dos contratos e contratos em espécie. 7. ed. Salvador: JusPodivm, 2017. v. 4.

FERNANDES, Micaela Barros Barcelos; BOUÇAS, Danielle Fernandes. *Breves notas sobre o PL 1.179/20*: o regime jurídico emergencial e transitório das relações jurídicas de direito privado (RJET) em virtude da pandemia de coronavírus. Disponível em: [https://www.migalhas.com.br/depeso/324650/breves-notas-sobre-o-pl-1179-20-o-regime-juridico-emergencial-e-transitorio-das-relacoes-juridicas-de-direito-privado-rjet-em-virtude-da-pandemia-de-coronavirus]. Acesso em: 18.05.2020.

FONSECA, Arnoldo Medeiros da. *Caso fortuito e teoria da imprevisão*. 3. ed. Rio de Janeiro: Forense, 1958.

FORGIONI, Paula A. *Os fundamentos do antitruste*. 2. ed. São Paulo: Ed. RT, 2005.

FRANCESCHET, Júlio César. Pessoa jurídica e direitos da personalidade. In: ALVES, Alexandre Ferreira de Assumpção; GAMA, Guilherme Calmon Nogueira da. *Temas de direito civil-empresarial*. Rio de Janeiro: Renovar, 2008.

FRANCO, Alberto Silva; STOCCO, Rui (Coord.). *Código penal e sua interpretação*: doutrina e jurisprudência. 8. ed. São Paulo: Ed. RT, 2007.

FRAZÃO, Ana. Breves reflexões sobre as soluções propostas pelo Projeto de Lei 1.179/2020: Impactos da Covid-19 sobre o Direito Antitruste. Disponível em: [https://www.jota.info/opiniao-e-analise/colunas/constituicao-empresa-e-mercado/impactos-da-covid-19-sobre-o-direito-antitruste-20042020]. Acesso em: 18.05.2020.

FUX, Luiz. *Locações*: processo e procedimentos. 5. ed. Niterói: Impetus, 2008.

FUX, Luiz. *Teoria geral do processo civil*. 2. ed. Rio de Janeiro: Forense, 2016.

GAGLIANO, Pablo Stolze; PAMPLONA FILHO, Rodolfo. *Novo curso de direito civil*: contratos: teoria geral. 11. ed. São Paulo: Saraiva, 2015. v. 4. t. I.

GAGLIANO, Pablo Stolze. As causas impeditivas e suspensivas da decadência no direito do consumidor e os seus reflexos no direito material e processual coletivo. In: DIDIER JR., Fredie. *Execução civil*: estudos em homenagem ao professor Paulo Furtado. Rio de Janeiro: Lumen Juris, 2006.

GAMA, Guilherme Calmon Nogueira da. Comentários ao art. 1.583. In: NANNI, Giovanni Ettore (Coord.). *Comentários ao Código Civil*: direito privado contemporâneo. São Paulo: Saraiva, 2019.

GAMA, Guilherme Calmon Nogueira da. Comentários ao art. 1.584. In: NANNI, Giovanni Ettore (Coord.). *Comentários ao Código Civil*: direito privado contemporâneo. São Paulo: Saraiva, 2019.

GAMA, Guilherme Calmon Nogueira da. Comentários ao art. 1.589. In: NANNI, Giovanni Ettore (Coord.). *Comentários ao Código Civil*: direito privado contemporâneo. São Paulo: Saraiva, 2019.

GAMA, Guilherme Calmon Nogueira da. Comentários ao art. 1.699. In: NANNI, Giovanni Ettore (Coord.). *Comentários ao Código Civil*: direito privado contemporâneo. São Paulo: Saraiva, 2019.

GAMA, Guilherme Calmon Nogueira da. Contrato de *Shopping Center*. Revista da EMERJ, v. 5, n. 18, p. 187-227, 2002.

GAMA, Guilherme Calmon Nogueira da. *Direito Civil:* família. São Paulo: Atlas, 2008.

GAMA, Guilherme Calmon Nogueira da. *Direito civil*: parte geral. São Paulo: Atlas, 2006.

GAMA, Guilherme Calmon Nogueira da. *Direito Civil*: sucessões. 2. ed. São Paulo: Atlas, 2007.

GAMA, Guilherme Calmon Nogueira da. *Direitos Reais*. São Paulo: Atlas, 2011.

GAMA, Guilherme Calmon Nogueira da; NEVES, Thiago Ferreira Cardoso Neves. *Relações jurídicas contratuais sob regime emergencial e transitório (parte II)*. Publicado em 10.05.2020 e disponível em https://www.conjur.com.br/2020-mai-10/direito-civil-atual-relacoes-juridicas-contratuais-regime-emergencial-parte-ii

GISERMAN, Cesar; SEIXAS, Tatiana Rocha. O direito de visitação dos avós: a importância da manutenção dos vínculos. In: PEREIRA, Tânia da Silva; OLIVEIRA, Guilherme de (Coords.). *O cuidado como valor jurídico*. Rio de Janeiro: Forense, 2008.

GOMES, Orlando. *Contratos*. 26. ed. Rio de Janeiro: Forense, 2009.

GOMES, Orlando. *Direitos reais*. 19. ed. Rio de Janeiro: Forense, 2008.

GOMES, Orlando. *Introdução ao direito civil*. 12. ed. Rio de Janeiro: Forense, 1996.

GOMES, Orlando. *Introdução do direito civil*. 18. ed. Atualização e notas de Humberto Theodoro Júnior. Rio de Janeiro: Forense, 2001.

GOMES, Orlando. *Obrigações*. 15. ed. Rio de Janeiro: Forense, 2002.

GONÇALVES, Aroldo Plínio. *A prescrição no processo do trabalho*. Belo Horizonte: Del Rey, 1983.

GONÇALVES, Carlos Roberto. *Direito civil brasileiro*: contratos e atos unilaterais 13. ed. São Paulo: Saraiva, 2016. v. 3.

GONÇALVES NETO, Alfredo de Assis. *Manual das companhias ou sociedades anônimas*. 3. ed. São Paulo: Ed. RT, 2013.

GRAU, Eros Roberto; FORGIONI, Paula A. CADE V. BACEN: conflito de competência entre autarquias. In: ROCHA, João Carlos de Carvalho; MOURA JÚNIOR, Flávio Paixão; DOBROWOLSKI, Samantha Chantal; SOUZA, Zani Tobias de (coords.). *Lei Antitruste*. Belo Horizonte: Del Rey Editora, 2005.

GRAU, Eros Roberto. *A ordem econômica na Constituição de 1988*. São Paulo: Ed. RT, 1990.

GRAU, Eros Roberto. Princípio da equivalência e o equilíbrio econômico e financeiro dos contratos. *Revista de direito público*. n. 96, v. 24, 1990.

GRISARD FILHO, Waldyr. *Guarda compartilhada*. São Paulo: Ed. RT, 2000.

JESUS, Damásio Evangelista de. *Direito penal*: parte geral. 28. ed. São Paulo: Saraiva, 2006. v. 1.

LACERDA, J. C. Sampaio de. *Manual das sociedades por ações*. Rio de Janeiro: Freitas Bastos, 1967.

LEAL, Antônio Luís da Câmara. *Da prescrição e da decadência*: teoria geral do direito civil. 4. ed. Rio de Janeiro: Forense, 1982.

LEITE, Eduardo de Oliveira. *Alienação parental*: do mito à realidade. São Paulo: Ed. RT, 2015.

LIMA, Sérgio Mourão Correa. A natureza jurídica das associações. In: FRAZÃO, Ana; GONÇALVES, Oksandro; CAMINHA, Uinie (Org.). *Associações*: constituição, fundamentos e perspectivas. Rio de Janeiro: Processo, 2017.

LÔBO, Paulo. *Direito civil*: famílias. 3. ed. São Paulo: Saraiva, 2010.

LÔBO, Paulo. *Direito civil*: parte geral. 6. ed. São Paulo: Saraiva, 2017.

LOPES, Miguel Maria de Serpa. *Comentários à lei de introdução ao código civil*. 2. ed. Rio de Janeiro: Freitas Bastos, 1959. v. I.

LOPES, Miguel Maria de Serpa. *Curso de direito civil*: fontes das obrigações: contratos. 6. ed. Rio de Janeiro: Freitas Bastos, 2001. v. III.

LOPES, Miguel Maria de Serpa. *Curso de direito civil*: introdução, parte geral e teoria dos negócios jurídicos. 9. ed. Rio de Janeiro: Freitas Bastos, 2000. v. I.

LOTUFO, Renan. *Código civil comentado*: parte geral (arts. 1º a 232). 3. ed. São Paulo: Saraiva, 2016. v. 1.

MADALENO, Rolf. A execução de alimentos pela via da dignidade humana. In: CAHALI, Francisco José; PEREIRA, Rodrigo da Cunha (Coords.). *Alimentos no Código Civil*. São Paulo: Saraiva, 2005.

MALUF, Carlos Alberto Dabus; MALUF, Adriana Caldas do Rego Freitas Dabus. *Curso de Direito de Família*. São Paulo: Saraiva, 2013.

MARINONI, Luiz Guilherme. In: CANOTILHO, J. J. Gomes; MENDES, Gilmar Ferreira; SARLET, Ingo Wolfgang; STRECK, Lenio Luiz. (Coord.). *Comentários à constituição do Brasil*. São Paulo/Coimbra: Saraiva/Almedina, 2013.

MARQUES, Claudia Lima; BENJAMIN, Antonio Herman V.; MIRAGEM, Bruno. *Comentários ao código de defesa do consumidor*: artigo por artigo; doutrina e jurisprudência; conexões rápidas para citação ou reflexão; diálogos entre o Código Civil de 2002 e o Código de Defesa do Consumidor. 2. ed. São Paulo: Ed. RT, 2006.

MARQUES, Claudia Lima. *Contratos no código de defesa do consumidor*: o novo regime das relações contratuais. 7. ed. São Paulo: Ed. RT, 2014.

MARTINS-COSTA, Judith. *A boa-fé no direito privado*: critérios para a sua aplicação. 2. ed. São Paulo: Saraiva, 2018.

MARTINS-COSTA, Judith. *A boa-fé no direito privado*. São Paulo: Ed. RT, 1999.

MARTINS-COSTA, Judith. Do inadimplemento das obrigações. In: Teixeira, Sálvio de Figueiredo (Coord.). 2. ed. Rio de Janeiro: Forense, 2009. v. V. t. II.

MARTINS, Fran. *Curso de direito comercial*. 40. ed. Rio de Janeiro: Forense, 2017.

MEIRELES, Rose Melo Vencelau. *Autonomia privada e dignidade humana*. Rio de Janeiro: Renovar, 2009.

MEIRELLES, Hely Lopes. *Direito administrativo brasileiro*. 33. ed. São Paulo: Malheiros, 2007.

MELO, Marco Aurélio Bezerra de. *Direito Civil*: coisas. 2. ed. Rio de Janeiro: Forense, 2017.

MENDES, Gilmar Ferreira; BRANCO, Paulo Gustavo Gonet. *Curso de direito constitucional*. 10. ed. São Paulo: Saraiva, 2015.

MENÉNDEZ, Sebastián Alfredo García. *Competencia desleal*. Buenos Aires: LexisNexis, 2004.

MOREIRA, Vital. *Economia e Constituição*. Coimbra: Coimbra Ed., 1974.

MULLER, Patrícia. Execução, revisão e exoneração de alimentos. In: FREITAS, Douglas Phillips (Org.). *Curso de direito de família*. Florianópolis: Vox Legem Editora, 2004.

NANNI, Giovanni Ettore. Comentários ao art. 396. In: NANNI, Giovanni Ettore (coord.). *Comentários ao Código Civil*: Direito Privado contemporâneo. São Paulo: Saraiva, 2019.

NAZO, Nicolau. *Decadência no direito civil brasileiro*. São Paulo: Max Limonad, 1959.

NEGREIROS, Teresa. *Teoria do contrato*: novos paradigmas. 2. ed. Rio de Janeiro: Renovar, 2006.

NEVES, Thiago Ferreira Cardoso. A decadência no direito civil brasileiro: revisitando os critérios de distinção da prescrição. In: MORAES, Maria Celina Bodin; GUEDES, Gisela Sampaio da Cruz; SOUZA, Eduardo Nunes de. *A juízo do tempo*: estudos atuais sobre a prescrição. Rio de Janeiro: Processo, 2018.

NEVES, Thiago Ferreira Cardoso. A dignidade da pessoa humana e os direitos da personalidade. In: NEVES, Thiago Ferreira Cardoso. *Direito e justiça social*: por uma sociedade mais justa, livre e solidária. Estudos em homenagem ao professor Sylvio Capanema de Souza. São Paulo: Atlas, 2013.

NEVES, Thiago Ferreira Cardoso. *Contratos mercantis*. 2. ed. Rio de Janeiro: GZ, 2018.

NEVES, Thiago Ferreira Cardoso. Da defesa do consumidor em juízo. In: SOUZA, Sylvio Capanema de; WERNER, José Guilherme Vasi; NEVES, Thiago Ferreira Cardoso. *Direito do consumidor*. Rio de Janeiro: Forense, 2018.

NEVES, Thiago Ferreira Cardoso. Direitos básicos do consumidor. In: SOUZA, Sylvio Capanema de; WERNER, José Guilherme Vasi; NEVES, Thiago Ferreira Cardoso. *Direito do consumidor*. Rio de Janeiro: Forense, 2018.

OLIVEIRA, Arthur Vasco Itabaiana de. *Tratado de direito das sucessões*. 5. ed. Rio de Janeiro: Freitas Bastos, 1987.

OLIVEIRA, Euclides de. In: AZEVEDO, Álvaro Villaça. *Código Civil comentado*. v. XX. São Paulo: Atlas, 2004.

OLIVEIRA, Euclides de. Separação extrajudicial, partilha de bens e alimentos. In: COLTRO, Antônio Carlos Mathias; DELGADO, Mário Luiz (Coords.). *Divórcios e inventários extrajudiciais*. 4. ed. Porto Alegre: Lex Magister Editora, 2016.

OLIVEIRA, José Lamartine C. de; MUNIZ, Francisco José Ferreira. *Curso de Direito de Família*. 4. ed. 2. tir. Curitiba: Juruá, 2002.

OLIVEIRA, Rafael Carvalho Rezende. *Curso de direito administrativo*. 7. ed. São Paulo: Método, 2019.

PENTEADO, Luciano de Camargo. *Direito das Coisas*. São Paulo: Ed. RT, 2008.

PEREIRA, Caio Mário da Silva. *Instituições de direito civil*: contratos. Declaração unilateral de vontade. Responsabilidade civil. 11. ed. Rio de Janeiro: Forense, 2004.

PEREIRA, Caio Mário da Silva. *Instituições de direito civil*: introdução ao direito civil. Teoria geral de direito civil. 20. ed. Revista e atualizada por Maria Celina Bodin de Moraes. Rio de Janeiro: Forense, 2005. v. I.

PEREIRA, Caio Mario da Silva. *Instituições de direito civil*: teoria geral das obrigações. v. II. 20. ed. Rio de Janeiro: Forense, 2004.

PEREIRA, Caio Mário da Silva. *Instituições de direito civil*: teoria geral das obrigações. 32. ed. Rio de Janeiro: Forense, 2020. v. II.

PEREIRA, Jane Reis Gonçalves. Apontamentos sobre a aplicação das normas de direito fundamental nas relações jurídicas entre particulares. In: BARROSO, Luis Roberto (Coord.). *A nova interpretação constitucional*. Rio de Janeiro: Renovar.

PERLINGIERI, Pietro. *O direito civil na legalidade constitucional*. Edição brasileira organizada por Maria Cristina De Cicco. Rio de Janeiro: Renovar, 2008.

PETTER, Lafayete Josué. Ato jurisdicional positivo na ordem econômica. In: ROCHA, João Carlos de Carvalho; MOURA JÚNIOR, Flávio Paixão; DOBROWOLSKI, Samantha Chantal; SOUZA, Zani Tobias de (Coords.). *Lei Antitruste*. Belo Horizonte: Del Rey Editora, 2005.

PINTO, Carlos Alberto da Mota. *Teoria geral do direito civil*. 3. ed. Coimbra: Coimbra Ed., 1999.

RAMOS, André de Carvalho; GRAMSTRUP, Erik Frederico. *Comentários à lei de introdução às normas do direito brasileiro – LINDB*. São Paulo: Saraiva, 2016.

RAÓ, Vicente. *O Direito e a Vida dos Direitos*. 5. ed. São Paulo: Ed. RT, 1999

REALE, Miguel. A boa-fé no código civil. *Revista de Direito Bancário e do Mercado de Capitais*. São Paulo, v. 6, n. 21, p. 12, jul./set., 2003.

REALE, Miguel. Visão geral do projeto do Código Civil. *Revista dos tribunais*. v. 752. São Paulo: Ed. RT, jun./1998.

REQUIÃO, Rubens. Considerações jurídicas sobre os centros comerciais ("shopping centers") no Brasil. In: ARRUDA, José Soares; LÔBO, Carlos Augusto da Silveira (Coord.). *Shopping centers*. Aspectos jurídicos. São Paulo: Ed. RT, 1984.

REQUIÃO, Rubens. *Curso de direito comercial*. 32. ed. São Paulo: Saraiva, 2013. v. 1.

REQUIÃO, Rubens. *Curso de direito comercial*. 30. ed. São Paulo: Saraiva. 2013. v. 2.

RIZZARDO, Arnaldo; RIZZARDO FILHO, Arnaldo; RIZZARDO, Carine Ardissone. *Prescrição e decadência*. Rio de Janeiro: Forense, 2015.

RODRIGUES JUNIOR, Otavio Luiz. *Revisão judicial dos contratos*: autonomia da vontade e teoria da imprevisão. 2. ed. São Paulo: Atlas, 2006.

RODRIGUES, Lorena; RODRIGUES, Ricardo. Com pandemia, empresas podem formar cartéis do bem. *Estadão* (O Estado de São Paulo). Disponível em: [https://economia.estadao.com.br/noticias/geral,empresas-se-ajudam-nos-carteis-do-bem,70003260039]. Acesso em: 04.04.2020.

RODRIGUES, Silvio. *Direito Civil*: dos contratos e das declarações unilaterais de vontade. De acordo com o novo Código Civil – Lei n. 10.406, de 10-1-2002. v. 3. 30. ed. São Paulo: Saraiva, 2007.

RODRIGUES, Silvio. *Direito civil*: parte geral das obrigações. 30. ed. São Paulo: Saraiva, 2008. v. 2.

RODRIGUES, Silvio. *Direito civil: parte geral*. 34. ed. São Paulo: Saraiva, 2007. v. 1.

ROPPO, Enzo. *O contrato*. Coimbra: Almedina, 2009.

ROSA JR., Luiz Emygdio Franco da Rosa. *Manual de direito financeiro & direito tributário*: doutrina, jurisprudência e legislação atualizadas. 20. ed. Rio de Janeiro: Renovar, 2007.

ROSENVALD, Nelson; BRAGA NETTO, Felipe. *Código Civil comentado*. Salvador: Editora Podium, 2020.

ROVAI, Armando Luiz. *Direito de empresa*. Rio de Janeiro: Elsevier, 2007.

RUGGIERO, Roberto. *Instituições de direito civil*: direito das obrigações; direito hereditário. São Paulo: Saraiva, 1973. v. III.

SALOMÃO, Luis Felipe. *Direito Privado*: teoria e prática, 2. ed. Rio de Janeiro: Forense, 2014.

SANTOS, Juliana Ribeiro dos. *Suspensão das visitas paternas em razão da pandemia do COVID-19*. Disponível em: [http://www.reginabeatriz.com.br/post/suspens%C3%A3o-das-visitas-paternas-em-raz%C3%A3o-da-pandemia-do-covid-19]. Acesso em: 30.04.2020.

SÃO PAULO, Tribunal de Justiça. 4ª Câm. Direito Privado, Embargos Infringentes n. 304.405.4/3-02, rel. Desembargador Francisco Loureiro, j. 12.01.2006, Boletim AASP n. 2.476/1.212.

SARLET, Ingo Wolfgang. A influência dos direitos fundamentais no direito privado: o caso brasileiro. In: MONTEIRO, António Pinto; NEUNER, Jorg; SARLET, Ingo (Orgs.). *Direitos fundamentais e direito privado*: uma perspectiva de direito comparado. Coimbra: Almeida, 2007.

SARLET, Ingo Wolfgang. *Dignidade da pessoa humana e direitos fundamentais na constituição federal de 1988*. 8. ed. rev., atual., e ampl. Porto Alegre: Livraria do Advogado, 2010.

SARMENTO, Daniel. *A ponderação de interesses na constituição federal*. Rio de Janeiro: Lumen Juris, 2000.

SARMENTO, Daniel. *Dignidade da pessoa humana*: conteúdo, trajetórias e metodologia. 2. ed. Belo Horizonte: Fórum, 2016.

SCAVONE JUNIOR, Luiz Antonio. *Juros no direito brasileiro*. 5. ed. Rio de Janeiro: Forense, 2014.

SCHREIBER, Anderson. *Equilíbrio contratual e dever de renegociar*. São Paulo: Saraiva, 2018.

SCHREIBER, Anderson. O princípio do equilíbrio das prestações e o instituto da lesão. In: SCHREIBER, Anderson. *Direito Civil e Constituição*. São Paulo: Atlas, 2013.

SILVA, Jorge Cesa Ferreira da. *A boa-fé e a violação positiva do contrato*. Rio de Janeiro: Renovar, 2002.

SILVA, José Afonso da. *Aplicabilidade das normas constitucionais*. 7. ed. São Paulo: Malheiros, 2007

SOMBRA, Thiago Luís Santos. *A eficácia dos direitos fundamentais nas relações jurídico-privadas*. Porto Alegre: SAFabris, 2004.

SOUSA, Analícia Martins de. *Síndrome da alienação parental*. São Paulo: Cortez Editora, 2010.

SOUZA NETO, Cláudio Pereira de; SARMENTO, Daniel. *Direito constitucional*: teoria, história e métodos de trabalho. 2. ed. Belo Horizonte: Fórum, 2014.

SOUZA, Sylvio Capanema de. *A lei do inquilinato comentada*: artigo por artigo. 10. ed. Rio de Janeiro: Forense, 2017.

SOUZA, Washington Peluso Albino de. Achegas à Lei 8.884/94. In: ROCHA, João Carlos de Carvalho; MOURA JÚNIOR, Flávio Paixão; DOBROWOLSKI, Samantha Chantal; SOUZA, Zani Tobias de (Coords.). *Lei Antitruste*. Belo Horizonte: Del Rey Editora, 2005.

TARTUCE, Flávio. O testamento particular de emergência hológrafo simplificado em tempos de pandemia: uma proposta legislativa. *GENJurídico*. Disponível em: [http://genjuridico.com.br/2020/04/30/testamento-particular-holografo-pandemia/]. Acesso em: 02.05.2020.

TAVARES, André Ramos. *Curso de direito constitucional*. 6. ed. São Paulo: Saraiva, 2008.

TEIXEIRA, Ana Carolina Brochado; RODRIGUES, Renata de Lima. Alienação parental: aspectos práticos e processuais. *Civilistica.com*. Rio de Janeiro, a. 2, n. 1, 2013. Disponível em: [http://civilistica.com/wp-content/uploads/2015/02/Teixeira-e-Rodrigues-civilistica.com-a.2.n.1.2013.pdf]. Acesso em: 18.05.2020.

TEIXEIRA, Ana Carolina Brochado. Algumas reflexões sobre os impactos da COVID-19 nas relações familiares. *GEN Jurídico*. Disponível em: [genjuridico.com.br]. Acesso em: 18.05.2020.

TEIXEIRA, Pedro Henrique da Costa. A prévia manifestação de vontade através de diretivas antecipadas em situações existenciais críticas. In: GAMA, Guilherme Calmon Nogueira da. *Direitos da personalidade da pessoa idosa*. Curitiba: Editora Prismas, 2017.

TEPEDINO, Gustavo; BARBOZA, Heloisa Helena; MORAES, Maria Celina Bodin de. (Org.) *Código civil interpretado conforme a constituição*: parte geral e obrigações (arts. 1º ao 420). 2. ed. rev. e atual. Rio de Janeiro: Renovar, 2011. v. I.

TEPEDINO, Gustavo; MONTEIRO FILHO, Carlos Edison do Rêgo; RENTERIA, Pablo. *Fundamentos do Direito Civil*. Rio de Janeiro: GEN/Forense, 2020. v. 5.

TEPEDINO, Gustavo; NEVARES, Ana Luiza Maia; MEIRELES, Rose Melo Vencelau. *Fundamentos do direito civil*. Rio de Janeiro: Forense, 2020. v. 7.

TEPEDINO, Gustavo; OLIVA, Milena Donato. *Fundamentos do Direito Civil*. Rio de Janeiro: GEN/Forense, 2020. v. 1.

TEPEDINO, Gustavo; SCHREIBER, Anderson. In: AZEVEDO, Álvaro Villaça. (Coord.). *Código Civil comentado*: direito das obrigações. Arts. 233 a 420. v. IV. São Paulo: Atlas, 2008.

THEODORO JÚNIOR, Humberto. *Curso de direito processual civil*: teoria geral do direito processual civil; processo de conhecimento; procedimento comum. 57. ed. Rio de Janeiro: Forense, 2016. v. 1.

TIBURCIO, Carmen. Comentários ao art. 13. In: TIBURCIO, Carmen; CALMON, Guilherme (Coords.). *Sequestro internacional de crianças*: comentários à Convenção da Haia de 1980. São Paulo: Atlas, 2014.

TORRES, Guillermo Cabanellas de. *Diccionario jurídico elemental*. Edición actualizada, corregida y aumentada por Guilhermo Cabanella de las Cuevas. Buenos Aires: Heliasta, 2006.

VASCONCELLOS, Marco Antonio Sandoval de; GARCIA, Manuel Enriquez. *Fundamentos de economia*. 5. ed. São Paulo: Saraiva, 2014.

VELOSO, Zeno. *Comentários à lei de introdução ao Código Civil*: artigos 1º ao 6º. 2. ed. Belém: Unama, 2006.

VENOSA, Silvio de Salvo. *Direito civil*: teoria geral das obrigações e dos contratos. 3. ed. São Paulo: Atlas, 2003. v. II.

VERÇOSA, Haroldo Malheiro Duclerc. *Direito comercial*: teoria geral. 4. ed. São Paulo: Ed. RT, 2014. v. 1.

WAISBERG, Ivo. *Direito de preferência para a aquisição de ações*: conceito, natureza jurídica e interpretação. São Paulo: Quartier Latin, 2016.

XADE, Carolina; ONETTO, Marina. Manutenção do regime de convivência durante a pandemia do COVID-19. Disponível em: [http://www.reginabeatriz.com.br/post/manuten%C3%A7%C3%A3o--do-regime-de-conviv%C3%AAncia-durante-a-pandemia-do-covid-19]. Acesso em: 18.05.2020.

YAMASHITA, Érica Sumie. *Reflexos concorrenciais da COVID-19*. Disponível em: [https://www.machadomeyer.com.br/pt/inteligencia-juridica/publicacoesij/concorrencial-e-antitrusteij/reflexos-concorrenciais-da-covid-19]. Acesso em: 18.05.2020.

ZANETTI, Andrea Cristina. *Princípio do equilíbrio contratual*. São Paulo: Saraiva, 2012. Coleção Prof. Agostinho Alvim.

ANEXO
Lei nº 14.010 de 10 de junho de 2020

Dispõe sobre o Regime Jurídico Emergencial e Transitório das relações jurídicas de Direito Privado (RJET) no período da pandemia do coronavírus (Covid-19).

O Congresso Nacional decreta:

CAPÍTULO I
DISPOSIÇÕES GERAIS

Art. 1º Esta Lei institui normas de caráter transitório e emergencial para a regulação de relações jurídicas de Direito Privado em virtude da pandemia do coronavírus (Covid-19).

Parágrafo único. Para os fins desta Lei, considera-se 20 de março de 2020, data da publicação do Decreto Legislativo nº 6, como termo inicial dos eventos derivados da pandemia do coronavírus (Covid-19).

Art. 2º A suspensão da aplicação das normas referidas nesta Lei não implica sua revogação ou alteração.

CAPÍTULO II
DA PRESCRIÇÃO E DECADÊNCIA

Art. 3º Os prazos prescricionais consideram-se impedidos ou suspensos, conforme o caso, a partir da entrada em vigor desta Lei até 30 de outubro de 2020.

§ 1º Este artigo não se aplica enquanto perdurarem as hipóteses específicas de impedimento, suspensão e interrupção dos prazos prescricionais previstas no ordenamento jurídico nacional.

§ 2º Este artigo aplica-se a decadência, conforme ressalva prevista no art. 207 da Lei nº 10.406, de 10 de janeiro de 2002 (Código Civil).

CAPÍTULO III
DAS PESSOAS JURÍDICAS DE DIREITO PRIVADO

Art. 4º ~~As pessoas jurídicas de direito privado referidas nos incisos I a III do art. 44 do Código Civil deverão observar as restrições à realização de reuniões assembleias presenciais até 30 de outubro de 2020, durante a vigência desta Lei, observadas as determinações sanitárias das autoridades locais.~~ (VETADO)

Art. 5º A assembleia geral, inclusive para os fins do art. 59 do Código Civil, até 30 de outubro de 2020, poderá ser realizada por meios eletrônicos, independentemente de previsão nos atos constitutivos da pessoa jurídica.

Parágrafo único. A manifestação dos participantes poderá ocorrer por qualquer meio eletrônico indicado pelo administrador, que assegure a identificação do participante e a segurança do voto, e produzirá todos os efeitos legais de uma assinatura presencial.

CAPÍTULO IV
DA RESILIÇÃO, RESOLUÇÃO E REVISÃO DOS CONTRATOS
(VETADO)

Art. 6º ~~As consequências decorrentes da pandemia do coronavírus (Covid-19) nas execuções dos contratos, incluídas as previstas no art. 393 do Código Civil, não terão efeitos jurídicos retroativos.~~ (VETADO)

Art. 7º ~~Não se consideram fatos imprevisíveis, para os fins exclusivos dos arts. 317, 478, 479 e 480 do Código Civil, o aumento da inflação, a variação cambial, a desvalorização ou a substituição do padrão monetário.~~ (VETADO)

§ 1º ~~As regras sobre revisão contratual previstas na Lei nº 8.078, de 11 de setembro de 1990 (Código de Defesa do Consumidor), e na Lei nº 8.245, de 18 de outubro de 1991, não se sujeitam ao disposto no caput deste artigo.~~ (VETADO)

§ 2º ~~Para os fins desta Lei, as normas de proteção ao consumidor não se aplicam às relações contratuais subordinadas ao Código Civil, incluindo aquelas estabelecidas exclusivamente entre empresas ou empresários.~~ (VETADO)

CAPÍTULO V
DAS RELAÇÕES DE CONSUMO

Art. 8° Até 30 de outubro de 2020, fica suspensa a aplicação do art. 49 do Código de Defesa do Consumidor na hipótese de entrega domiciliar (*delivery*) de produtos perecíveis ou de consumo imediato e de medicamentos.

CAPÍTULO VI
DAS LOCAÇÕES DE IMÓVEIS URBANOS
(VETADO)

Art. 9° ~~Não se concederá liminar para desocupação de imóvel urbano nas ações de despejo, a que se refere o art. 59, § 1°, incisos I, II, V, VII, VIII e IX, da Lei n° 8.245, de 18 de outubro de 1991, até 30 de outubro de 2020.~~ (VETADO)

Parágrafo único. ~~O disposto no *caput* deste artigo aplica-se apenas às ações ajuizadas a partir de 20 de março de 2020.~~ (VETADO)

CAPÍTULO VII
~~DA USUCAPIÃO~~

Art. 10. Suspendem-se os prazos de aquisição para a propriedade imobiliária ou mobiliária, nas diversas espécies de usucapião, a partir da entrada em vigor desta Lei até 30 de outubro de 2020.

CAPÍTULO VIII
DOS CONDOMÍNIOS EDILÍCIOS

Art. 11. ~~Em caráter emergencial, até 30 de outubro de 2020, além dos poderes conferidos ao síndico pelo art. 1.348 do Código Civil, compete-lhe~~: (VETADO)

~~I – restringir a utilização das áreas comuns para evitar a contaminação pelo coronavírus (Covid-19), respeitado o acesso a propriedade exclusiva dos condôminos;~~

~~II – restringir ou proibir a realização de reuniões e festividades e o uso dos abrigos de veículos por terceiros, inclusive nas áreas de propriedade exclusiva dos condôminos, como medida provisoriamente necessária para evitar a propagação do coronavírus (Covid-19), vedada qualquer restrição ao uso exclusivo pelos condôminos e pelo possuidor direto de cada unidade.~~

Parágrafo único. ~~Não se aplicam as restrições e proibições contidas neste artigo para casos de atendimento médico, obras de natureza estrutural ou realização de benfeitorias necessárias.~~ (VETADO)

Art. 12. A assembleia condominial, inclusive para os fins dos arts. 1.349 e 1.350 do Código Civil, e a respectiva votação poderão ocorrer, em caráter emergencial, até 30 de outubro de 2020, por meios virtuais, caso em que a manifestação de vontade de cada condômino será equiparada, para todos os efeitos jurídicos, à sua assinatura presencial.

Parágrafo único. Não sendo possível a realização de assembleia condominial na forma prevista no *caput*, os mandatos de síndico vencidos a partir de 20 de março de 2020 ficam prorrogados até 30 de outubro de 2020.

Art. 13. É obrigatória, sob pena de destituição do síndico, a prestação de contas regular de seus atos de administração.

CAPÍTULO IX
DO REGIME CONCORRENCIAL

Art. 14. Ficam sem eficácia os incisos XV e XVII do § 3° do art. 36 e o inciso IV do art. 90 da Lei n° 12.529, de 30 de novembro de 2011, em relação a todos os atos praticados e com vigência de 20 de março de 2020 até 30 de outubro de 2020 ou enquanto durar o estado de calamidade pública reconhecido pelo Decreto Legislativo n° 6, de 20 de março de 2020.

§ 1° Na apreciação, pelo órgão competente, das demais infrações previstas no art. 36 da Lei n° 12.529, de 30 de novembro de 2011, caso praticadas a partir de 20 de março de 2020, e enquanto durar o estado de calamidade pública reconhecido pelo Decreto Legislativo n° 6, de 20 de março de 2020, deverão ser consideradas as circunstâncias extraordinárias decorrentes da pandemia do coronavírus (Covid-19).

§ 2° A suspensão da aplicação do inciso IV do art. 90 da Lei n° 12.529, de 30 de novembro de 2011, referida no *caput*, não afasta a possibilidade de análise posterior do ato de concentração ou de apuração de infração à ordem econômica, na forma do art. 36 da Lei n° 12.529, de 2011, dos acordos que não forem necessários ao combate ou à mitigação das consequências decorrentes da pandemia do coronavírus (Covid-19).

CAPÍTULO X
DO DIREITO DE FAMÍLIA E SUCESSÕES

Art. 15. Até 30 de outubro de 2020, a prisão civil por divida alimentícia, prevista no art. 528, § 3° e seguintes da Lei n° 13.105, de 16 de março de 2015 (Código de Processo Civil), deverá ser cumprida exclusivamente sob a modalidade domiciliar, sem prejuízo da exigibilidade das respectivas obrigações.

Art. 16. O prazo do art. 611 do Código de Processo Civil para sucessões abertas a partir de 1° de fevereiro de 2020 terá seu termo inicial dilatado para 30 de outubro de 2020.

Parágrafo único. O prazo de 12 (doze) meses do art. 611 do Código de Processo Civil, para que seja ultimado o processo de inventário e de partilha, caso iniciado antes de 1° de fevereiro de 2020, ficará suspenso a partir da entrada em vigor desta Lei até 30 de outubro de 2020.

CAPÍTULO XI
DAS DIRETRIZES DA POLÍTICA NACIONAL DE MOBILIDADE URBANA
(VETADO)

Art. 17. A empresa que atue no transporte remunerado privado individual de passageiros, nos termos da Lei n° 12.587, de 3 de janeiro de 2012, inclusive por aplicativos ou outras plataformas de comunicação em rede, reduzirá, a partir da entrada em vigor desta Lei até 30 de outubro de 2020, sua porcentagem de retenção do valor das viagens em ao menos 15% (quinze por cento), garantindo o repasse dessa quantia ao motorista. (VETADO)

§ 1° Fica vedado o aumento dos preços das viagens ao usuário do serviço em razão do previsto no caput. (VETADO)

§ 2° As regras previstas no caput e no § 1° aplicam-se aos serviços de entrega (*delivery*), inclusive por aplicativos ou outras plataformas de comunicação em rede, de comidas, alimentos, remédios e congêneres. (VETADO)

Art. 18. As regras previstas no art. 17 desta Lei também se aplicam aos serviços e outorgas de táxi, para a finalidade de o motorista ter reduzidas em ao menos 15% (quinze por cento) todas e quaisquer taxas, cobranças, aluguéis ou congêneres incidentes sobre o serviço. (VETADO)

CAPÍTULO XII
DISPOSIÇÕES FINAIS

Art. 19. Caberá ao Conselho Nacional de Trânsito (Contran) editar normas que prevejam medidas excepcionais de flexibilização do cumprimento do disposto nos arts. 99 e 100 da Lei n° 9.503, de 23 de setembro de 1997, tendo em vista a necessidade de aumentar a eficiência na logística de transporte de bens e insumos e na prestação de serviços relacionados ao combate dos efeitos decorrentes da pandemia do coronavírus (Covid-19). (VETADO)

Parágrafo único. A norma editada pelo Contran terá vigência limitada ao período de calamidade pública reconhecido pelo Decreto Legislativo n° 6, de 20 de março de 2020. (VETADO)

Art. 20. O *caput* do art. 65 da Lei n° 13.709, de 14 de agosto de 2018, passa a vigorar acrescido do seguinte inciso I-A:

"Art.65 (...)

I-A – dia 1° de agosto de 2021, quanto aos arts. 52, 53 e 54;( )" (NR)

Art. 21. Esta Lei entra em vigor na data de sua publicação.

Brasília, 10 de junho de 2020; 199º da Independência e 132° da República.

JAIR MESSIAS BOLSONARO
André Luiz de Almeida Mendonça
Paulo Guedes
Tarcisio Gomes de Freitas
Walter Souza Braga Netto
José Levi Mello do Amaral Júnior

Este texto não substitui o publicado no *DOU* de 12.06.2020.

Anotações